미중 패권전쟁과
위기의 대한민국

미중 패권전쟁과 위기의 대한민국

김영호 지음

북앤피플

책을 펴내며

기술의 발전에 따라서 사람들이 지식을 공유하고 소통하는 방식은 시대마다 달라진다. 구텐베르크의 금속활자 발명을 통한 인쇄술의 혁신은 커뮤니케이션에 커다란 변화를 가져왔다. 그런 변화가 인터넷을 기반으로 하는 '유튜브(YouTube)'에서 일어나고 있다.

이 책은 저자가 2018년 7월부터 제2차 하노이 미북정상회담이 결렬된 2019년 3월까지 유튜브 프로그램 '김영호 교수의 세상읽기'에 매일 하나씩 올린 영상들 중 일부를 정리한 것이다. 그 영상들을 준비하면서 수집했던 자료들을 바탕으로 그 핵심적 내용을 모두 여섯 개의 장(章)에 60개 강의 형식으로 재구성했다. 이 책의 강의 제목은 유튜브에 있는 영상 제목과 같다.

유튜브 영상 제작 과정에서 저자가 갖고 있는 기준은 "구슬이 서 말이라도 꿰어야 보배"라는 생각이다. 탄핵정국으로부터 21세기 미중 패권경쟁에 이르기까지 한국 사회는 구한말보다 더한 격동의 시대로 들어섰다. 그만큼 '현재의 현재'를 이해하려는 사람들의 욕구는 더 커졌다.

쏟아져 들어오는 정보들을 일목요연하게 정리할 수 있는 관점과 시각이 절실히 요청되는 시대이다. 그것이 없으면 정보의 홍수 속에 떠내려가거나 미로 속에서 헤어나지 못할 것이다. 저자는 이 영상들을 제작하면서 '구슬'에 해당하는 수많은 사실들과 대내외적 사건들을 꿸 수 있는 '실(絲)'을 찾아내고 나름대로 재해석하여 제공하려고 노력했다.

그 '실'의 색깔은 너무나 다양하고 그 재질(材質)도 모두 다르다. 그 '다양성과 차이'가 우리 모두가 갖고 있는 현실 인식의 독자성이다. 영국 정치사상가 에드먼드 버크는 그것을 '편견(bias)'이라고 불렀다. 이때 편견은 나쁜 의미가 아니라 자신만이 갖고 있는 독특한 생각과 시각을 말한다. '세상읽기'를 보면서 시청자들이 자신의 편견을 확인하기도 하고 때로는 다시 생각해보는 기회를 가졌으면 하는 것이 저자의 바램이다.

헤겔은 《법철학》 서문에서 "미네르바 신전의 부엉이는 황혼이 지면 비로소 나래를 편다"라는 유명한 말을 남겼다. 철학자는 시간이 한참 흐른 뒤에야 그 시대의 의미를 해석하는 것이 가능하다는 어려움을 헤겔은 이 말을 통해서 이야기하고자 했다. '현재의 현재'를 연구하고 그것도 실시간으로 일어나는 사건에 바짝 달라붙어서 동영상을 제작한다는 것은 저자에게는 커다란 지적(知的) 도전이었다. '유튜브' 댓글 시스템을 통한 시청자들의 격려는 그 도전에서 부딪히는 어려움을 극복할 수 있는 용기를 불어넣어 주었다.

미국의 저명한 국제정치학자 한스 모겐소는 "권력을 가진 자는 진실을 말하지 않는다"고 했다. '세상읽기'를 제작하면서 '권력과 진실의 괴리'를 항상 염두에 두었다. 국내 언론뿐만 아니라 외신들을 통해서 이중삼중으로 사실을 확인하고자 했다. 그래도 부족한 부분은 정치학, 국제정치학, 정치사상, 한국현대사, 한국과 미국 정치 등에 관한 저자의 지식을 총동원하여 메우려고 했다. 이 책이 '세상읽기'의 배경에 깔려 있는 저자의 생각을 독자들이 이해하는 데 도움이 되었으면 하는 바램이다.

이 책은 일반 독자들을 대상으로 한 것이어서 따로 참고문헌을 달지는 않았다. 내용 전개상 꼭 필요하다고 판단되는 경우 본문에 저자와 책 이름을 명기해두었다. '세상읽기'가 '구슬'을 꿰기 위해 사용하는 '실'은 정치학, 국제정치학, 정치사상, 역사학, 한국과 미국 정치 등 다양한 분야에 걸쳐 있다. 이 책을 통해 일반 독자들은 대학에서 직접 강의를 듣고 기말시험을 치루고 리포트를 제출하는 번거로움 없이 한국과 미국 대학에서 이루어지는 강의를 들여다 볼 수 있는 기회를 가질 수 있을 것이다.

2013년 1월부터 지금까지 매주 한 번도 빠짐없이 진행되고 있는 혜사(蕙史) 노재봉(盧在鳳) 선생님과 함께하는 세미나는 '세상읽기' 제작에 커다란 도움이 되었다. 제자들과 세대를 뛰어넘는 격의 없는 수준 높은 대화를 통해서 많은 깨우침을 주신 선생님과 그 세미나에 참여하여 열띤 토론을 벌여준 참석자들에게 감사드린다.

저자에게 유튜브 '신의 한수'에 매주 한번 출연 기회를 주신 신혜식 대표와 '김영호 교수의 나침반'을 같이 진행해 주신 이옥남 바른사회시민회의 정치실장에게도 고마운 마음을 전한다. '세상읽기' 동영상 내용을 정리하여 인터넷 신문 뉴데일리 '핫! 유튜브'란에 게재할 수 있는 기회를 주신 이진광 사장님께도 감사의 뜻을 전하고자 한다. '세상읽기' 제작에 도움을 준 성신여대 정외과 이민서, 정은아, 장수아, 김선우 조교들에게도 감사의 마음을 전한다. 이 책의 교정 작업을 도와준 성신여대 유나영 박사와 이 책을 훌륭하게 편집해준 북앤피플 김진술 사장님과 편집진께도 감사드린다.

2019년 3월 30일

김 영 호

제2부 격동의 한반도와 국제정치

제1부

위기에 처한 대한민국

제1장

대한민국 '자유민주주의체제' 위기

제1강

박근혜 대통령 탄핵은 대한민국 탄핵의 시작이다

2016년 10월 시작된 촛불시위와 탄핵정국이 벌써 2년이 지났다. 헤겔은 《법철학》 서문에서 "미네르바 신전의 부엉이는 황혼이 지면 비로소 나래를 편다"는 유명한 경구를 남겼다. 이 말은 정치사상가는 사건이 일어난 지 일정 기간이 지난 후 그것을 비로소 이론화할 수 있다는 의미이다.

헤겔의 말대로 '현재의 현재'를 연구하는 것이 어려운 이유는 그것이 바로 우리 눈앞에서 실시간으로 일어나고 있는 일이기 때문이다. 또한 우리가 그런 사건에 개입되어 있어서 객관성을 잃고 편견을 갖기 쉽기 때문이다.

그럼에도 불구하고 정치학은 '현재의 현재'를 연구할 수밖에 없다. 그것은 정치학에 주어진 '숙명(宿命)'인지도 모른다. 모든 위대한 사상은 사상가 자신이 처한 시대적 위기를 극복하기 위한 성찰 과정에서 탄생했다. 촛불시위와 탄핵정국으로 이어진 한국 사회의 정치적 위기는 그 위기를 진단하고 극복하기 위한 정치학적 성찰이 그 어느 때보다도 중요하다는 것을 보여준다.

박근혜 대통령 탄핵이 헌법재판소에 의해 인용된 직후 노재봉 전(前) 국무총리는 "박근혜 대통령 탄핵은 자유민주주의체제 탄핵"으로 이어질 것이라고 주장했다. 당시 탄핵의 본질을 꿰뚫어본 그의 주장은 사람들의 이목을 끌지 못했다. 시대를 앞서 나가는 사상가와 그의 주장은 동시대인들이 이해하기 어렵다는 것을 다시 한번 확인시켜주었다.

노재봉 전(前) 국무총리의 혜안(慧眼)은 2017년 3월 23일 제2차 한국자유회의 주최 국민대토론회에서 발표한 '박근혜 대통령 탄핵에 대한 정치사상적 진단'이라는 글에서 잘 나타나 있다. 이 글은《한국 자유민주주의와 그 적들》이라는 책에 실려 있다.

이 글에서 그는 "이번 탄핵정국의 핵심은 체제문제를 두고 벌어진 정치대립에 있었던 것이지 한 여인의 이른바 국정농단에 있었던 것이 아니다. 이 사실은 정확히 이해되어야 한다. 그것은 판단의 혼돈상태에 있는 대부분의 국민들이 의식의 혼미에서 벗어나는 열쇠이기에 더욱 그러하다"고 주장한다. 계속해서 그는 "다시 말하여 반체제파의 목표는 대통령 탄핵이 아니라 국정농단 의혹을 미끼로 한 '체제탄핵'이었다. 헌재의 파면결정은 부작위적으로 그 체제전복세력의 활동에 예기치 않았던 정당성을 부여하는 결과를 낳았다"고 비판한다.

박근혜 대통령 탄핵이 대한민국 자유민주주의체제 탄핵으로 이어질 것이라는 그의 우려는 문재인 정부가 들어서고 나서 현실화되고 있다. 그의 주장이 점점 더 사실이었음이 입증되고 있다. 문재인 정부는 역사, 헌법, 자유시장, 안보, 동맹과 관련하여 연속성이 아니라 단절성을 강조하면서 '대한민국 탄핵'을 추진하고 있다.

문재인 대통령은 '1919년 건국설'을 주장하면서 '역사 탄핵'을 주도하고 있다. 위대한 3·1운동에 의해 탄생한 상해임시정부는 영토, 국민, 주권이라는 국가의 3요소에 비추어볼 때 국가성을 갖추지 못했고 국제사회로부터 국가로 인정을 받지도 못했다.

1941년 임시정부가 발간한 '임시정부 건국강령'을 보면 '복국(復國)'을 거쳐 '건국(建國)' 단계로 나아간다고 주장하고 있다. 이것은 임시정부 문건에서조차 1941년에 아직 복국, 즉 독립을 되찾지 못한 상태라는 것을 보여준다.

문재인 대통령은 제19대 대통령으로 취임 선서를 했다. 그것을 역산(逆算)해서 올라가면 초대 대통령 이승만은 1948년에 취임했다. 그런데도 1919년 건국설을 주장하는 문재인 대통령은 그 스스로 대한민국 대통령의 정체성을 부정하고 있다.

문재인 정부 하에서 만들어진 역사교과서 집필 기준은 자유민주주의에서 '자유'라는 용어와 한국이 한반도 상에서 유일합법성을 가진 정부라는 내용을 뺀다고 한다. 이 모든 사실들은 문재인 정부 하에서 '역사 탄핵'이 광범위하게 진행되고 있다는 것을 보여준다.

대통령이 발의한 헌법 개정안을 보면 국가정체성을 규정하는 제1조에 지방분권과 관련된 조항을 삽입하고 기본권 조항에서 '국민'을

'사람'으로 바꾸어 '헌법 탄핵'을 시도하고 있다. 문재인 정부는 주류 경제학에서 검증되지도 않은 소득주도성장정책을 추진하여 국민을 경제의 실험 대상으로 삼고 경제를 파탄으로 몰아가고 있다. 문재인 정부는 엄청난 세금을 거두어 국민 재산을 탈취하여 '뇌물성 복지정책'을 추진하면서 '자유시장 탄핵'에 나서고 있다.

문재인 정부는 남북군사분야 이행합의서를 북한과 합의하여 북방한계선(NLL)을 무력화시키고 있다. 북방한계선과 휴전선은 임시적 분할선이 아니라 대한민국이 반드시 지켜야 할 영토선이다. 그런데 이 합의서에는 북방한계선 남북 지역에 구역을 설정하여 영토선을 변경하고 있다. 또한 군사분계선 근처 해상, 육상, 공중에서 한국군, 한미연합군, 미군의 훈련과 작전을 못하게 하여 국군과 미군의 손발을 완전히 묶어놓은 '안보 탄핵'을 추진하고 있다.

미국은 북핵 문제가 완전히 해결되기 전까지는 대북한 제재를 해제해서는 안 된다고 주장하고 있다. 그런데 문재인 대통령은 미국 언론이 지적하는 것처럼 '북한의 수석대변인'이 되어 북핵 문제가 완전히 해결되기 이전에도 북한이 주장하는 '행동 대 행동의 원칙'에 따라 제재를 일부 완화해야 한다고 주장하고 있다.

그의 주장은 미국뿐만 아니라 유럽연합 국가들과 뉴질랜드로부터도 싸늘한 반응을 받았다. 문재인 대통령이 북한과 민족공조론에 서서 한미공조와 국제공조를 무시함으로써 한미동맹은 균열되고 있다. 이런 균열이 심화되면 결국 '동맹 탄핵'으로 갈 수밖에 없는 상황이 전개될 것이다.

이처럼 문재인 정부의 역사 탄핵, 헌법 탄핵, 자유시장 탄핵, 안보 탄핵, 동맹 탄핵은 궁극적으로 '대한민국 탄핵'으로 이어질 수밖에 없다. 문재인 정부 하에서 탄핵정국 당시에 우려했던 '박근혜 대통령 탄핵이 대한민국 탄핵'으로 이어질 것이라는 우려가 현실화되고 있는 것이다.

이런 사태의 전개를 예견한 노재봉 전 국무총리는 2017년 1월 23일 발표된 '한국자유회의 선언문'에서 한국인의 자유와 권리 확보를 위한 '근대성' 추구는 1948년 자유민주주의체제에 입각한 대한민국 '건국혁명'에서 시작되어 박정희 정부 하에서 추진된 '근대화'를 통한 '산업혁명'을 거쳐 '통일혁명'이라는 과제를 남겨두고 있다고 지적하고 있다.

문재인 정부 하에서 '대한민국 탄핵'이 다양한 분야들에 걸쳐 이루어짐으로써 통일혁명을 앞두고 대한민국이 주저앉고 있다. 이런 사실은 박근혜 대통령 탄핵이 대한민국 탄핵의 시작이었다는 점을 보여주고 있다.

제2강

문재인 대통령의 '1919년 건국설'은 역사왜곡이다

대한민국의 건국 시점을 대한민국임시정부가 수립된 1919년으로 보는 문재인 대통령의 '2017년 광복절 경축사'는 대한민국 대통령의 정체성뿐만 아니라 국가정체성에 대한 국민의 인식에 커다란 혼란을 불러일으키고 국론을 분열시키고 있다. 2017년 국민은 문재인 후보를 제19대 대한민국 대통령으로 선출했고 그는 스스로 제19대 대통령으로서 국민 앞에서 취임 선서를 했다.

문 대통령 이전으로 그 시기를 거슬러 올라가 보면 1948년 건국과 함께 취임한 이승만 대통령이 초대 대통령이라는 사실을 쉽게 알 수 있다. 그럼에도 불구하고 문 대통령의 1919년 건국설 주장을 받아들일 경우 대한민국 대통령의 정체성에 심각한 문제가 발생한다. 1919년에 건국되었다고 한다면 1948년 7월 17일에 제정된 헌법을 '수정헌법'이 아니라 '제헌헌법'이라고 부르는 이유도 전혀 설명이 안

된다.

문 대통령의 주장과 달리 "대한민국은 위대한 3·1운동에 의해 성립된 대한민국임시정부의 법통을 이어받아 1948년에 건국되었다"는 것은 역사적 사실(史實)이고 정치학적, 국제법적으로도 학계에서 정설로 받아들여지고 있다. 임시정부는 1948년 대한민국 건국의 정신적, 사상적 정당성의 근거를 제시한 것으로 봐야지 그 자체를 건국으로 볼 수 없다.

국가는 영토, 국민, 주권의 세 요소로 구성되어 있다. 임시정부는 3·1운동 직후 한반도라는 영토에 살고 있는 한국인에 대해서 주권과 실효적 지배력을 행사하지 못했다. 그 당시는 일제의 총독부가 한국인의 자유와 권리를 박탈하고 억압적 식민 지배를 하고 있었다.

1919년에 건국되었다고 한다면 그 이후 해방될 때까지 왜 한국인들은 일제의 억압 하에서 계속 신음하고 있어야 했는가? 1919년에 건국되었다고 한다면 1945년 해방이 될 때까지 목숨을 바친 애국선열들의 독립운동은 도대체 무엇을 위한 것이었으며 어떻게 설명될 수 있는가? 1919년 건국설은 이런 애국선열들의 나라의 독립과 건국을 위한 고귀한 희생을 오히려 폄훼하는 결과를 가져온다.

1919년 건국설을 부정하는 중요한 역사학적 사료로서 1941년 11월 임시정부가 발표한 '대한민국 건국강령'을 들 수 있다. 이 강령은 총강(總綱), 복국(復國), 건국(建國) 세 개의 장으로 구성되어 있다. 이 강령은 일제에 빼앗긴 나라를 되찾기 위한 독립운동시기를 '복국'시기로 보고, 이 시기가 완성된 다음에 본격적으로 '건국'에 착수해야 한다고 주장하고 있다.

여기서 보는 것처럼 임시정부는 그 자체의 문건에서 1919년 임시정부 수립 이후 1945년 해방될 때까지의 시기를 건국이 완료된 것이 아니라 독립운동시기로 보고 있다. 이런 임시정부의 문건에 비추어보면 1919년 건국설은 역사적 사료에 의해서도 전혀 뒷받침되지 않는다는 것을 알 수 있다.

1919년 임시정부 수립 이후 김규식 선생 등 임정 지도자들은 제1차 세계대전을 종결짓는 평화회담이 열리고 있던 파리로 가서 미국과 영국과 프랑스로부터 임시정부를 국가로서 국제적으로 승인을 받기 위한 독립외교운동을 펼쳤다. 그러나 임시정부는 열강들로부터 파리에서 뿐만 아니라 그 이후에도 국가로서 국제적 승인을 얻지 못했다.

3·1운동 때부터 오늘날까지 우리는 근대주권국가가 중심이 된 국제정치질서 하에서 살고 있다. 이런 근대국제정치질서의 구성원이 되기 위해서는 다른 국가들로부터 '국가성'을 인정받지 않으면 안 된다. 그렇지 않고 근대국가의 요소를 제대로 갖추지 못한 상태에서 우리 혼자 국가라고 주장하는 것은 위정척사파식의 시대착오적인 '우물 안 개구리식의 사고'에 불과할 뿐이다.

국제사회가 임시정부를 국가로서 인정해주지 않은 것은 임정이 한반도의 한국인에 대해서 최고의 권력인 주권을 행사하지 못하고 있다고 보았기 때문이다. 1948년 5월 10일 보통·평등·비밀·직접 선거라는 4대 원칙에 의거한 '1948년 민주혁명'을 통하여 제헌의회를 구성하고 제헌헌법을 제정하여 대한민국이 건국되고 정부가 수립되었던 것이다.

1948년 12월 12일 유엔총회는 대한민국을 한반도상의 유일한 합법정부로 인정하는 결의안 195(III)를 통과시켰다. 유엔 결의안 통과 이후 대한민국은 미국을 비롯한 많은 국가들로부터 근대국가로서 국제법적으로 인정받아 구한말 이후 한국인이 그렇게도 열망했던 독립적 주권국가로서 국제사회의 일원이 되었고, 오늘날의 번영을 구가할 수 있는 계기를 마련했던 것이다.

1948년 건국을 뒷받침하는 이런 근거들에도 불구하고 1919년 건국설을 주장하는 것은 대한민국의 국가정체성을 심각하게 훼손하는 결과를 가져온다는 사실을 잊어서는 안 된다. 문대통령은 올바른 역사인식을 갖고 대한민국 대통령으로서의 정체성을 분명히 하고 더 이상 국론분열을 불러일으키지 않도록 해야 할 것이다.

제3강

국가정체성 부정하는 '자유' 뺀 역사교과서

문재인 정부 하에서 발간되는 역사교과서는 국가정체성을 부정하는 심각한 문제점을 안게 되었다. 신이 눈에 보이지 않는다고 해서 존재하지 않는 것인가? '자유민주주의의 발전'이 아니라 '자유'를 빼고 '민주주의'로 자라나는 세대들을 교육하겠다는 교육부의 중고등학교 역사교과서 집필 기준을 보고 떠오른 생각이다.

우리 헌법은 전문, 총강, 기본권, 삼권분립, 견제와 균형 등으로 구성되어 있다. 그 내용들이 자유민주주의 이념을 그대로 구현하고 있는 것이다. 헌법에 '자유민주주의'라는 표현이 나오지 않는다고 해서 대한민국이 자유민주주의국가가 아니라고 주장하는 것은 어불성설이다.

'민주주의'라고 하면 그것이 '인민민주주의'인지 '민중민주주의'인지 구분이 잘 되지 않는다. 그래서 자라나는 세대들에게는 '자유민주주의'라고 분명하게 표현하여 가르치는 것이 옳다. 교육부가 '자유'를 빼려고 하다가 상식을 가진 시민들과 교육계의 강력한 반발에 부딪히자 이번에는 '민주주의'와 함께 '자유민주적 기본질서'라는 표현을 함께 쓰기로 했다. 이것은 '눈 가리고 아웅하는 것'으로서 신성한 교육을 책임지고 있는 교육부가 동원해서는 안 될 편법이다.

'자유민주적 기본질서'라고 하는 것은 자유민주주의 이념과 가치가 구체적으로 제도화되고 정착되었을 때 나타나는 질서를 말한다. 그 기본질서의 근원적 근거가 되는 자유민주주의를 먼저 분명하게 가르쳐야지 그것을 빼고 '자유민주적 기본질서'만을 표기해서 가르치겠다는 것은 상식적으로 앞뒤가 맞지 않는다. 이념과 가치가 우리의 생각에 영향을 미치고, 그 생각은 제도화로 나아간다. 그 제도에 따라서 우리가 행동하고 생활하면서 헌법에서 말하는 '자유민주적 기본질서'가 형성되어 가는 것이다.

자유민주주의를 명확하게 가르치지 않겠다는 것은 원인을 빼고 결과만을 가르치겠다는 것밖에 되지 않는다. 교육부가 제시한 기준을 보면 "자유민주적 기본질서가 정착하고, 자유·평등·인권·복지 등 다양한 가치를 포괄하는 민주주의가 발전하였음을 이해하게 한다"고 되어 있다. 이 문구를 보면 '자유'를 빼고 가르치려는 시안에 대한 반발이 심하자 이를 피해나가기 위한 전혀 설득력 없는 변명을 하고 있다는 것을 알 수 있다. 이 문구에 따르면 여전히 교육의 방점은 '민주주의'에 찍혀 있다는 것을 알 수 있다.

자유, 평등, 인권 등 가치를 포괄하는 이념은 단순히 '민주주의'가 아니라 '자유민주주의' 뿐이라는 점을 분명하게 이해하는 것이 중요하다. 만약 '민주주의'가 고대 그리스의 '직접민주주의'로 오해된다고 하면 또 어떻게 할 것인가. 그 당시는 노예마저 존재하고 있었기 때문에 오늘날 '자유민주주의'와는 그 정치체제의 성격이 완전히 다른 것이다.

자라나는 세대들에게 민주주의가 인민주주의라든지 직접민주주의라든지 하는 오해를 불러일으키지 않도록 분명하게 가르쳐야 한다. 헌법 제1조 1항이 규정하고 있는 것처럼 그리스와 달리 대한민국은 자유롭고 평등한 사람들이 만든 '민주공화국'이다. 2항의 국민주권론의 규정에서 보는 것처럼 우리 국민은 권력을 직접 행사하지 않고 투표를 통해서 대통령과 국회의원과 같은 대표를 뽑아 일정 기간 권력을 위임하는 '대의제 민주주의'를 채택하고 있다. 교과서에서 국민주권론과 대의제 민주주의를 근간으로 하는 대의제 민주주의가 자유민주주의의 핵심이라는 점을 분명하게 가르쳐야 학생들이 올바른 국가 정체성을 가질 수 있을 것이다.

우리는 자유민주주의가 무엇인지를 설명해보라는 질문을 받으면 막상 답하기가 어렵다는 것을 모두 느끼게 될 것이다. 사랑을 느끼기는 쉽지만 막상 설명하기는 어려운 것과 같은 이치이다. 자유민주주의는 다양한 사상들과 제도들의 복합체이다. 그 핵심적 원리들은 다음과 같다. 개인의 자유와 권리의 보호, 입헌주의, 시민사회의 존재, 법치주의, 국민주권론과 대의제 민주주의가 그것들이다.

더욱 중요한 것은 자유민주주의는 이념과 제도의 복합체임과 동시에 우리의 생활양식을 구성하는 것이다. 생활양식이란 우리가 어떤 방식으로 살아갈 것인가 하는 문제를 말한다. 남한에서 북한에 동조하는 '쓸모 있는 바보들(useful idiots)'에게 북한에 가서 살라고 하면 아무도 가려고 하지 않는다. 한국 자유민주주의체제와 북한 전체주의체제의 생활양식이 완전히 다르기 때문이다.

북한 전체주의체제는 조선노동당이라고 하는 유일 정당이 모든 권력과 선전 수단을 독점하고 주체 이데올로기에 기반하여 지배하는 폭압체제이다. 북한에는 시민사회도 존재하지 않고 사람들이 자유롭게 생각할 수도 없다. 또한 북한 사람들은 북한 정권이 왜곡한 김일성 가계 중심의 역사를 배워야 한다.

북한이 아무리 '용어혼란전술'을 통해서 남한에 대한 전복전략을 구사한다고 하더라도 '자유'라는 말은 왜곡할 수 없다. 그렇기 때문에 북한 정권은 절대로 '자유'라는 말을 입에 올리지 않는다. 남북한 정치체제의 차이점을 분명히 이해시키기 위해서도 학생들에게 단순히 '민주주의'가 아니라 '자유민주주의'라고 분명하게 가르치는 것이 중요하다.

그래야만 그들이 자유민주주의체제에 대한 확고한 신념을 갖고 살아가면서 한국 사회에 널리 퍼지고 있는 '전체주의적 사고의 일상화'에 젖어드는 것을 막을 수 있을 것이다. 왜곡된 역사교과서를 만들어 자라나는 세대들에게 독극물을 주입하려는 시도를 막을 방법은 이제 학부모와 시민사회가 적극적으로 나서는 길밖에 없다.

제4강

'유일합법정부' 뺀 역사교과서 문제 있다

대한민국이 유엔에 의해 한반도 전체에서 '유일합법정부'라고 인정받은 내용을 역사교과서에서 뺀다고 한다. 이것은 대한민국의 정통성을 훼손하는 것이다. 위대한 3·1운동에 의해 수립된 대한민국임시정부는 국제사회에서 인정받기 위해 수십 년 간 독립외교를 펼쳤다.

그런 노력이 1948년 8월 대한민국 정부수립과 함께 추진된 유엔승인외교를 통해서 결실을 맺었다. 유일합법정부를 교과서에서 뺀다는 것은 나라의 독립을 위한 애국선열들의 노력을 무시하는 것으로서 비판받아 마땅하다.

근대국제정치체제에서 주권은 '내가 주권국가이다'라고 선언한다고 해서 국가로 인정을 받는 것이 아니다. 주권 개념 그 자체에 이미 국가 간 상호인정과 승인이라는 의미가 들어가 있다. 대한민국임시정부는 국가로서 외교적 승인을 받기 위해 독립외교를 펼쳤지만 한반도라는 영토 내의 주민에 대해서 실효적 지배권을 행사하지 못한다는 이유 때문에 성공을 거두지 못했다.

그 독립외교의 중심에 서 있었던 이승만 대통령은 과거와 똑같은 실패를 되풀이해서는 안 된다는 결의를 갖고 있었다. 냉전 상황 하에서 소련과 공산권의 반대와 한국 단독정부 승인에 유보적 입장을 갖고 있는 영국과 영연방 국가들의 소극적 입장을 극복하는 것은 정부 수립 이후 한국 외교의 최대 과제였다.

냉전 종식 후 공개된 소련 극비문서에 따르면 스탈린은 1948년 9월 17일 유엔임시위원회 폐지와 한국 대표 초청 반대, 북한 대표 초청의 극비 지령문을 소련 유엔대표단에 보내고 있다. 이와 함께 스탈린은 10월 7일 극비문서에서 북한으로 하여금 소련과 동구권 국가들과 외교관계 수립 관련 성명을 발표하게 했다.

소련 평양주재 대사로 북한 군정 사령관 스티코프가 임명되었다. 소련은 한국 자유선거 불인정, 임시위원단 폐지, 북한 정권에 대한 외교적 승인을 추진함과 동시에 제3차 유엔총회에서 대한민국 정부 승인을 막고 북한 정권의 승인을 받는데 총력을 기울였다.

드디어 1948년 12월 12일 개최된 유엔총회는 유엔결의안 제195호(III)를 채택하여 한국 정부를 정식으로 승인했다. 이 결의안 제2항은 "유엔총회는 한반도의 유엔한국임시위원단이 감시하고 협의할 수 있었고 전체 한국 주민들의 절대 다수가 거주하는 지역에서 하나의 합법정부가 수립되었다"고 선언하고 있다.

이 결의안은 "이 정부는 임시위원단의 감시 하에 한반도 해당 지역

유권자들의 자유로운 의사가 정당하게 표출된 선거를 통해 수립되었다"고 지적하고 "따라서 이 정부는 한반도에 존재하는 유일한 그러한 (합법) 정부"라고 선언하고 있다.

남한에서만 자유선거가 실시되어 제헌의회가 구성되고 제헌헌법이 구성된 것을 두고 일부에서는 그 선거는 반쪽 선거이기 때문에 대한민국 정부가 유엔이 주장하는 것처럼 한반도의 유일한 합법정부로 인정받을 수 없다고 주장하고 있다. 그렇지만 유엔결의안이 말하는 '합법성'은 대한민국 정부가 '적법한 절차'에 의해서 수립되었다는 점을 강조하고 있는 것이다.

여기서 '적법한 절차'라는 것은 한국인의 자유로운 의사가 선거를 통해서 표출되어 대한민국 정부가 수립되었는가 하는 점이다. 이 점에서 본다면 대한민국 정부의 합법성에는 전혀 문제가 있을 수 없다. 이것은 오히려 비민주적 투표 방식에 의해서 성립된 북한 정권이 비합법적이라는 것을 말해준다.

그 이유는 북한 정권은 북한 주민의 자유로운 의사에 의해서 성립된 정권이 아니기 때문이다. 유엔결의안은 남한에서 한국민의 자유로운 의사 표출에 의해서 성립된 정부가 대한민국 정부이고 그러한 의미에서 이 정부는 한반도에서 '유일한 합법정부'라고 인정하고 있는 것이다.

북한이 1991년 한국과 함께 유엔 회원국으로 동시에 가입하고 정권 수립 후 일부 공산국가들로부터 승인을 받았다고 해서 북한 정권이 안고 있는 합법성 문제가 해소되는 것은 아니다. 유엔결의안이 말하는 '합법성'은 북한이 진정으로 자유선거를 통해서 주민의 자유의지가 표현되는 민주화가 이루어졌을 때 합법적 정부로 국제적으로 인정받을 수 있다는 것이다.

유엔결의안은 이 점에서 북한은 아직도 한국과 국제사회가 요구하는 수준의 합법성을 확보하고 있지 못하다는 것을 보여주고 있다. 따라서 통일은 북한지역에서 이러한 '합법성'을 확보하는 것으로부터 출발해야 한다는 것을 유엔결의안은 잘 보여주고 있다.

1948년 유엔총회에 의해 한국 정부가 외교적으로 승인을 받았기 때문에 북한이 소련과 중국과 공모하여 6·25전쟁을 일으켰을 때 유엔의 개입이 가능했던 것이다. 만약 한국이 유엔의 승인을 획득하지 못했다고 한다면 미국과 유엔의 전쟁 개입은 완전히 다른 양상으로 전개되었을 가능성이 높다.

유엔총회 결의안 통과 이후 1949년 1월 1일 미국은 대한민국을 가장 먼저 정식으로 승인했다. 중국은 1월 4일 한국을 정식으로 승인했다. 영국은 1월 18일, 캐나다는 4월 9일, 호주는 8월 15일 각각 한국을 정식으로 승인했고 1950년 3월까지 26개국이 한국과 정식 외교관계를 맺었다.

이로써 3·1운동 이후 대한민국 임시정부 수립 직후부터 미국과 국제사회로부터 승인을 받으려는 한국인의 노력은 대한민국 건국 이후 유엔총회 결의안 통과를 통하여 드디어 결실을 맺게 되었다.

유엔이 대한민국을 한반도 전체에서 '유일합법정부'로 승인한 것은 한국이 전 민족을 대표하는 정통성을 갖고 있다는 것을 의미한다. 그럼에도 불구하고 이런 내용을 자라나는 세대들에게 역사교과서에서 가르치지 않는다는 것은 대한민국의 정통성을 부정하는 것과 같다.

제5강

한국현대사 10대 거짓말은 무엇인가?

2018년은 대한민국 건국 70주년이 되는 해이다. 이 뜻 깊은 해에 우리 사회에서는 한국현대사와 관련하여 많은 역사적 왜곡이 일어나고 있다는 것은 문제라고 하지 않을 수 없다. 미국의 저명한 국제정치학자 한스 모겐소는 "권력을 가진 자는 진실을 말하지 않는다"는 유명한 말을 남겼다. 문재인 대통령이 나서서 아무런 역사적 근거도 없는 '1919년 건국설'을 주장하면서 역사 왜곡에 앞장서고 있다.

문재인 대통령은 평양남북공동선언문에서 2019년 3·1운동 100주년을 북한과 공동으로 기념하기로 했다. 북한은 3·1운동을 김일성 아버지 김형직이 주도했고 당시 8살에 불과했던 김일성도 적극 참여했다고 역사를 왜곡하여 선전하고 있다. 북한의 주장은 민족지도자 33인이 독립선언서를 발표하고 그 운동을 주도했다는 우리가 알고 있는 역사적 사실과 완전히 다르다.

그런데도 문재인 정부가 어떤 역사적 공통분모를 근거로 공동 기념행사를 하겠다고 하는 것인지 도무지 납득하기 어렵다. 이렇듯 우리 사회에 널리 퍼져 있는 한국현대사 10대 거짓말은 어떤 것들인지 살펴보고 그 왜곡 내용을 비판적으로 분석하면 다음과 같다.

한국현대사 첫 번째 거짓말은 남한이 북한을 먼저 침략하여 6·25 전쟁을 일으켰다는 '김일성의 북침설'이다. 김일성의 거짓 주장은 전쟁의 책임을 남한에 전가하기 위한 것이다. 냉전 종식 이후 공개된 소련과 중국의 극비문서와 전쟁 중 노획된 북한군의 남침 관련 작전 문서들을 보면 소련-중국-북한 북방 공산 3국이 사전에 긴밀히 공모하여 전쟁을 일으켰다는 것을 알 수 있다.

스탈린은 독소전쟁의 영웅 바실리예프를 단장으로 하는 소련군사 고문단을 1950년 2월 북한에 이미 파견하여 '선제타격계획'이라고 하는 3단계로 된 남침 계획을 작성하도록 했다. 이 계획은 1단계에서 서울, 2단계에서 대전, 3단계에서 부산까지 남한 전체를 점령하는 것으로 되어 있다. 이런 사실을 보면 '김일성의 북침설'은 거짓말이라는 것을 알 수 있다.

두 번째 한국현대사의 거짓말은 문재인 대통령이 주장하는 '1919년 건국설'이다. 그는 제19대 대통령으로 선서하고 취임했다. 역산해서 올라가보면 이승만 초대 대통령은 1948년에 취임했다. 문재인 대통령의 주장은 대한민국이 1948년에 건국되었다는 역사적 사실을 왜곡할 뿐만 아니라 대한민국 대통령의 정체성을 스스로 허물고 있다.

대한민국 임시정부는 영토, 국민, 주권이라는 3요소를 제대로 갖추고 있지 못했고 국제사회로부터 외교적 승인을 받지 못했다. 대한민국이 속해 있는 근대국제정치질서에서 국가는 '내가 국가다'라고 해서 국제사회의 일원이 될 수 있는 것이 아니다. 30년 종교전쟁 이전 유럽의 네덜란드를 보면 영토와 국민을 모두 갖추고 있었지만 종교적 이유 때문에 다른 유럽국가들이 인정을 해주지 않음으로써 국가로서 국제사회에 참여할 수 없었다.

1948년 5월 10일 자유선거를 통해 국회를 구성하고 헌법을 제정한 후 대한민국은 1948년 8월 15일 건국되었다. 그해 12월 12일 유엔 총회는 결의안 195(III)를 통과시켜 대한민국이 한반도에서 유일한 합법정부임을 선언했다. 유엔의 인정을 받은 직후 1949년 1월 1일 미국은 한국을 외교적으로 정식 승인하고 대사를 파견했다.

그해 대한민국은 세계 26개 국가로부터 인정받고 외교관계를 수립함으로써 비로소 국제사회의 일원이 될 수 있었다. 그런데도 '1919년 건국설'을 주장하는 것은 1948년 민주혁명을 통해서 세워진 대한민국의 정통성을 부정하기 위한 것으로 볼 수밖에 없다.

세 번째 거짓말은 우리 민족이 '김일성 민족'이라는 주장이다. 이것은 북한 3대 세습 전체주의체제를 옹호하기 위한 거짓말이다. 네 번째 거짓말은 북한이 갖고 있는 핵무기가 '민족의 핵'이기 때문에 북한이 남한에게 사용하지 않을 것이라는 주장이다. 통일이 되면 북핵이 우리 통일된 민족의 유용한 핵무기가 될 것이라는 한국 내의 '쓸모있는 바보들(useful idiots)'의 어리석은 주장도 이런 거짓말에서 나온다. 여기서 '쓸모 있는 바보들'이라고 하는 말은 소련 공산주의 지도자 레닌이 쓴 것으로 알려져 있다. 유럽 일부 지식인들은 억압적 소련 체제를 지지했다. 그런데 이들이 속한 나라가 공산화되었을 때 그들이 제일 먼저 숙청 대상이 될 것이라는 것을 몰랐다는 점에서 그들은 '바보들'이었던 것이다. 그렇지만 소련 공산당의 입장에서 볼 때는 선전용으로 '쓸모'는 있었던 것이다.

북한이 핵을 갖고 적화통일을 할 경우 한국에서 북한을 두둔하는 사람들이 제일 먼저 숙청 대상이 될 것이다. 이 점에서 북핵을 민족의 핵으로 두둔하는 이들도 북한의 선전과 선동의 관점에서 볼 때 일정 기간 쓸모가 있겠지만 한국이 공산화되면 그들이 숙청될 운명이라는 사실을 모른다는 점에서 바보들인 것이다.

다섯 번째 역사 왜곡은 한국의 민주화가 1987년 처음으로 이루어졌다는 주장이다. 이런 주장과 달리 한국 최초의 민주화는 한국사에서 처음으로 실시된 1948년 5·10선거를 통해서였다. 이 선거를 통한 '민주혁명'으로 자유민주주의체제에 바탕을 둔 대한민국이 건국되었다.

여섯 번째 역사 왜곡은 1948년 8월 15일 수립된 대한민국 정부가 한반도 전체를 통틀어 유일한 합법 정부가 아니라는 주장이다. 이 주장은 1948년 12월 12일 채택된 유엔총회 결의안 195(III) 영문 내용을 교묘하게 왜곡하여 해석하면서 시작되었다.

그런 왜곡과 달리 이 결의안은 대한민국 정부가 남한이 아니라 '한반도 전체를 통틀어 유일합법정부(the only lawful government in Korea)'라고 분명히 적시하고 있다. 여기서 '합법성'이라고 하는 것은 자유선거를 통해서 주민의 자유의사가 반영되었다는 것을 의미한다. 이렇게 보면 북한에서는 지금까지 자유선거가 실시된 적이 없다. 그런 의미에서 북한 정권은 합법성을 결여하고 있는 것이다.

일곱 번째 거짓말은 이승만 박사가 친일파였다는 주장이다. 이승만 박사는 일생을 미국과 해외에서 독립운동을 하는 데 바쳤다. 그의 책《일본내막기》가 보여주는 것처럼 그는 철저한 반일주의자였다. 그는 조지 워싱턴대학 학사, 하버드대학 석사, 프린스턴대학 박사 학위를 각각 받았다. 신념, 지식, 전략이라는 세 관점에서 볼 때 그는 동시대의 다른 인물들과 비교되지 않는 마키아벨리가 말하는 건국 지도자가 가져야 할 '비르투'를 가진 인물이었다.

여덟 번째 거짓말은 해방 후 한국이 북한보다 먼저 단독 정부를 수립했다는 주장이다. 냉전 종식 이후 공개된 소련 극비문서를 보면 스탈린이 해방 직후인 1945년 9월 20일 북한에 단독 정권을 수립할 것을 지시하고 있다. 그 직후 북한은 북조선임시위원회를 만들어 토지개혁을 하고 인민군을 창설했다. 이런 사실은 소련이 미국과 모스크바3상회의 합의에 따라서 겉으로는 미소공동위원회를 개최하면서도 뒤로는 남한보다 훨씬 먼저 북한에서 단독 정권을 세워가고 있다는 것을 보여 준다

아홉 번째 역사 왜곡은 미국이 38선을 단독으로 분할했고 분단의 책임이 미국에 있다는 주장이다. 그러나 공개된 미국 외교문서에 따르면 미국이 1945년 8월 14일 스탈린에게 38선을 중심으로 일본군의 무장해제를 제의했고, 8월 16일 스탈린이 미국 요구를 수용함으

로써 미국과 소련의 합의에 의해서 38선이 그어지게 되었다.

냉전 후 공개된 소련문서에 따르면 1945년 8월 9일 나가사키에 원자탄이 투하되고 일본의 항복이 분명해졌을 때 소련은 당일 일본에 선전포고하고, 150만 병력을 동원하여 '8월 폭풍작전'을 감행하면서 만주와 북한 지역으로 물밀 듯이 밀려왔다. 만약 미국이 38선 분할을 제시하지 않았다고 한다면 당시의 군사적 상황으로 볼 때 한반도 전체가 소련의 군사점령 하에 들어갔을 것이고 남한은 동구권처럼 공산화되고 말았을 것이다. 미국이 제안하고 소련과 합의 하에 그어진 38선은 남한의 공산화를 막는 데 기여했다.

열 번째 한국현대사 거짓말은 이 책을 보는 독자들이 나름대로 뽑아볼 것을 제안한다.

제6강

이승만 대통령은 박정희 대통령보다 '더 천재대통령'이다

한국인의 가난을 해결하고 부국강병(富國强兵)의 기틀을 다진 박정희 대통령을 '천재대통령'이라고 한 바른미래당 이언주 의원의 발언이 화제다. 코미디언은 '웃기는 사람'과 '더 웃기는 사람' 두 그룹으로 나눌 수 있다. 마찬가지로 천재도 '천재'와 '더 천재' 두 부류로 나누어볼 수 있다.

대한민국을 건국하고 전시(戰時) 대통령으로서 북한의 남침으로부터 나라를 지키고, 한미동맹 체결을 통해 국가안보를 반석에 올려놓은 이승만 대통령과 근대화라는 산업혁명을 통해 국가기반을 구축한 박정희 대통령 두 사람 모두 '천재대통령'이다. '건국(建國)'과 '부국(富國)' 중 어느 것을 더 중시하느냐에 따라서 두 사람 중 누가 '더 천재대통령'인지 각자의 생각이 달라질 수 있겠다.

자라나는 세대들은 왜곡된 역사교육을 받아 이승만 대통령을 친일파로 알고 있다. 그러나 이승만 대통령은 친일파가 아니고 대한민국 임시정부 대통령으로서 일본 제국주의와 타협 없는 독립운동에 평생을 바친 인물이다. 그는 미국 워싱턴대학 학사, 하버드대학 석사, 프린스턴대학 박사를 받은 한국이 낳은 최고의 지식인기도 하다.

이승만 박사는 1941년 8월에 쓴 《일본내막기》라는 책에서 일본과 미국 사이에 전쟁이 불가피하다는 점을 일본 정치체제의 특징에 초점을 맞추어 분석하고 정확하게 예측했다. 그해 12월 일본이 하와이를 기습공격함으로써 태평양전쟁이 발발했다.

이 책은 미국 내에서 베스트셀러가 되었고 미국 내에서 이승만의 지위를 높이고 한국 독립을 지지하는 미국인들의 여론을 형성하는 데 크게 기여했다. 1943년 12월 카이로회담에서 연합국은 한국의 식민지 해방과 독립을 처음으로 약속했다. 이런 결과는 이승만 박사가 주도한 '독립외교'의 커다란 성과였다.

이승만과 박정희 두 대통령은 한국의 보수 이념과 가치를 재정립해나가는 과정에서 매우 중요한 인물들이다. 현재 한국 보수의 위기는 '박근혜 대통령 탄핵이 대한민국 탄핵의 시작'이라는 점을 모르고 탄핵에 동조한 보수 정치세력의 몰락에서 비롯된 것이다. 탄핵 세력과 야합한 일부 보수정치세력의 몰락이 한국 보수 이념의 종언을 결코 의미하지 않는다.

'보수'는 말 그대로 '뭔가를 지킨다(conserve)'는 의미를 갖고 있다. 노재봉 전 국무총리의 지적처럼 "한국의 보수세력은 지킬 것을 만들어나간 세력이었다"는 점이다.

이승만 대통령은 왕조체제로 회귀하지 않고 자유민주주의 이념에 기반한 근대국민국가를 건설했다. 그는 국민주권론의 원리에 따라서 모든 국민이 자유롭고 평등하다는 것을 실현하기 위해 전근대적 지주-소작제도를 타파하는 혁명적 '농지개혁'을 단행했다. 건국과 함께 이승만 대통령에 의해 본격적으로 시작된 한국 보수주의는 전통을 중시하고 농촌사회를 동경하며 점진적 변화를 추구한다는 서구 보수주의 사상과 달리 그 출발부터 진보적이고 혁명적 성격을 갖고 있다는 것을 알 수 있다.

박정희 대통령은 근대화의 깃발을 내걸고 산업혁명을 달성했다. 그는 새마을운동이라는 농촌 발전과 국민정신개조운동을 추구했다. 이승만과 박정희 대통령은 한국인이 '보수'할 것을 만들어나간 지도자였다는 것을 알 수 있다.

'민족공조론'과 '우리민족끼리'라는 선전 하에 북한 주민을 기아선상으로 내몰고 인권을 탄압하는 북한 전체주의정권의 눈치만 보면서 돈이나 퍼주려고 하는 소위 한국의 '민주화 세력'을 자처하는 세력은 '진보'가 아니라 수구반동세력이라는 것을 알 수 있다. 이것은 우리 사회가 지금 사용하고 있는 '보수-진보 양분법'이 '자유민주세력 대 수구반동세력'으로 재설정되어야 한다는 것을 의미한다.

한국 보수주의는 이승만과 박정희라는 두 '천재대통령'의 '보수'할 것을 만들어나간 혁명적 노력에 대한 객관적 평가에 바탕을 두고 이루어질 때 소기의 성과를 거둘 수 있을 것이다. 현재의 한국 보수 정치세력이 그 역할을 하지 못한다고 한다면 '보수 부활 프로젝트'는 이승만과 박정희 두 천재대통령의 업적을 계승·발전시킬 수 있는 새로운 정치세력에 의해 추진되어야 할 것이다.

제7강

미 의회, 문재인 정부 관련 청문회 개최하나?

2018년 11월 6일 중간선거에서 하원을 장악한 야당 민주당이 트럼프 행정부의 지난 2년 국정수행 과정의 문제점을 찾아내기 위해 수많은 청문회를 개최하겠다고 벼르고 있다. 제116차 미국 의회는 2019년 1월 3일 개원되었다.

이런 민주당의 전략은 일부 민주당 내에서 제기되고 있는 트럼프 탄핵안 제출보다는 청문회를 통해서 트럼프 행정부의 불법 행위와 난맥상을 파헤치는 것이 2020년 대선에서 유리한 고지를 점할 수 있다는 당 지도부의 판단에 의한 것이다.

지난 2년 동안 민주당은 모두 64개 사안들과 관련하여 청문회 개최를 요구했지만 번번이 다수당인 공화당의 반대에 막혀 뜻을 이루지 못했다. 미국은 다수 의석을 차지한 정당이 위원회 위원장을 모두 차지하고 하원 의장도 맡는다. 의석 분포에 따라서 위원장을 나누어갖는 한국 국회시스템과는 다르다.

하원의장에는 낸시 펠로시 의원이 선출되었다. 그녀는 두 번째 의장을 맡게 되었다. 현재 거론되고 있는 청문회 사안들은 모두 85개에 이른다고 미국 대표적 인터넷 신문 악시오스(Axios)와 워싱턴포스트가 보도하고 있다.

예상되는 청문회 관련 사안들은 트럼프 대통령 세금 관련 자료, 트럼프 가족의 외국 기업으로부터 금품 수수, FBI 국장 해임 사건, 사위 재러더 쿠스너의 윤리 위반 문제 등이 포함되어 있다. 청문회 정국이 시작되고 나면 상황에 따라서 사안들은 더욱 늘어날 것으로 보인다.

민주당은 2020년 대선에 승리하기 위해서 트럼프 행정부의 문제점들을 폭로하고 기선을 장악하기 위해 노력하고 있다. 중간선거 하루 뒤인 2018년 11월 7일 백악관에서 열린 기자회견에서 트럼프 대통령이 민주당의 청문회 공세에 대해서 '전쟁하듯이 대할 것'이라는 의사를 표명한 것도 청문회 정국이 미국 정치의 뜨거운 감자로 떠오르고 있다는 것을 보여준다.

1974년 워터게이트 스캔들로 공화당 닉슨 대통령이 사임한 후 실시된 중간선거에서 민주당은 하원 의석 49석을 추가하는 압승을 거두었다. 그 여세를 몰아 민주당은 1976년 대선에서 조지아주 주지사 출신 지미 카터를 대통령으로 당선시키는 데 성공했다. 의회선거와 대선에서 민주당의 압승은 워터게이트 스캔들에 힘입은 바 크다. 이번에도 민주당은 트럼프와 그 행정부에 '청문회 폭탄'을 투하하여 1974년과 같은 정국 반전을 기대하고 있다.

2019년 전개될 미국 청문회 정국은 한국에게는 강 건너 불이 아니다. 민주당이 트럼프 행정부의 대북정책과 북핵 외교 문제를 따지기 위한 청문회를 요구할지 모르기 때문이다. 이 과정에서 문재인 정부가 유엔과 미국이 북한에 가한 제재 조치를 어긴 사실들이 발견될 경우 민주당은 한국의 기업과 은행에도 '세컨더리 보이콧' 제재를 가해야 한다고 요구할 것이다.

2018년 8월 한국 관세청은 일부 한국 수입업체가 북한산 석탄을 유엔 제재를 어기고 불법으로 수입한 사실을 찾아내고 이 사건을 검찰로 넘긴 상태이다. 이 사건을 포함하여 만약 한국 정부가 또 다른 부분에서 유엔 제재를 위반한 사건들이 미국 민주당 주도의 청문회에서 드러난다고 한다면 한국에 대한 '세컨더리 보이콧'의 요구가 거세지면서 한국 기업의 피해뿐만 아니라 한미관계에도 부정적 영향을 미칠 것이 크게 우려된다.

박정희 정부 시절 한미관계는 '박동선 로비 사건'에 의해서 파국을 맞았던 적이 있다. 1969년 닉슨은 '아시아의 방어는 아시아인의 손으로'라는 닉슨독트린을 발표한 후 1971년 한국에 주둔하고 있던 미군 두 개 사단 중 제7사단을 전격적으로 철수시켰다.

박정희 정부는 미국이 주한미군을 완전히 철수할 것을 우려하여 미국 의회 내 지지를 확보하기 위해 의원들을 상대로 적극적으로 로비에 나섰다. 이 과정에서 미국 하원 의원들이 박동선으로부터 불법적으로 금품을 받은 사례들이 다수 적발되었다.

이 사건을 조사하기 위해 미국 의회는 도널드 프레이저 의원 주도로 청문회를 열었다. 이 청문회에서 미국 의원들이 불법적으로 금품을 받은 사실이 확인됨으로써 '코리아게이트'로 발전했다. 미국 하원 의원 10명이 이 사건에 연루되어 사임하여 미국 정계에 커다란 충격을 던져주었다.

이 사건의 중심에 있었던 박동선은 1978년 면책을 조건으로 미 의회 청문회장에 나왔다. 1977년 민주당 후보로 대통령에 당선된 카터는 주한미군의 완전 철수와 박정희 정부의 인권 탄압 문제를 제기함으로써 한미관계는 파국으로 치닫고 말았다.

2019년 민주당이 주도하게 될 일련의 청문회에서 한국 정부와 기업의 대북경협이 유엔 제재를 위반한 사실들이 추가로 폭로될 경우 미국은 한국에 대해서 '세컨더리 보이콧' 카드를 꺼내들지 않을 수 없는 상황이 발생할 수 있다. 이렇게 될 경우 한국의 국가적 위신은 심각한 타격을 받을 것이고 경제적 손해도 상상을 초월하게 될 것이다.

미국과 한국이 현재 북핵문제와 남북경협 사안들을 조율하기 위해서 '한미실무그룹'을 만들어 2018년 11월 20일부터 가동에 들어갔다. 문재인 정부는 북한이 완전히 핵을 포기하기 이전에도 북핵 해결을 촉진시키기 위해서 남북경협을 추진하고 대북 제재를 완화해 줄 것을 미국과 국제사회에 요구하고 있다. 문재인 정부의 이러한 '대북한 유화정책'이 미국 의회에 문재인 정부와 한국 관련 청문회 개최의 빌미를 주지 않을까 크게 우려된다.

제8강

한국인, 미국 원정출산 어려워진다

이민 문제에 대해서 강경한 입장을 견지해온 트럼프 대통령은 2018년 10월 30일 미국의 인터넷 신문 악시오스(Axios)와 가진 인터뷰에서 미국 시민권이 없는 사람이거나 불법 이민자가 낳은 자녀에게 시민권을 부여하는 제도를 없애는 행정명령에 서명하는 것을 검토 중이라고 밝혔다.

미국은 수정헌법 제14조에 의해서 속지주의를 채택하고 있다. 미국은 지금까지 불법 이민자라고 하더라도 미국에서 태어난 아이들에게는 시민권을 부여해 왔다. 이것은 한국에서 흔히 '원정출산'으로 알려져 있다.

예를 들어 한국인이 관광 비자로 미국에 들어가서 아이를 낳으면 그 아이는 속지주의 원칙에 따라서 미국 시민권을 획득하게 된다. 외교관이라든지 유학생 부부가 미국 현지에서 출산한 아이들은 모두 미국 시민권을 얻는 것은 물론이다.

11월 6일 중간선거를 며칠 앞두고 나온 트럼프의 발언은 미국 내에서 커다란 법적, 정치적 논란을 불러일으키고 있다. 우선 하위법인 행정명령을 통해서 수정헙법 제14조에 명기된 속지주의 원칙을 무시하는 것은 위헌이라는 것이다. 미국 헌법 제6조는 '최고권 조항(supremacy clause)'을 두고 있다. 미국은 연방국가로서 연방의회와 주의회를 갖고 있고, 이들 의회가 각각 법을 제정한다. 최고권 조항에 따르면 헌법과 조약은 주법에 우선한다. 일개 행정명령이 헌법에 우선할 수 없음은 불문가지이다.

그런데 트럼프는 이번 발언을 하면서 백악관 내부 법률팀의 검토를 거쳤다고 말하고 있다. 현재 미국 대법원 판례는 수정헌법 제14조와 관련하여 불법적 이민자 자녀의 시민권과 관련해서는 아직 뚜렷한 결정을 내린 적이 없다는 점을 지적하고 있다. 그렇기 때문에 불법 이민자 자녀들에 대해서 시민권을 부여하지 않은 행정명령은 위헌이 아니라는 주장이다.

트럼프의 주장은 수정헌법 제14조가 합법적인 시민권자와 영주권자에 한해서 적용되어야 한다는 공화당 성향의 보수층의 입장을 대변하고 있다. 그래서 이번 그의 주장을 2018년 11월 6일로 예정된 중간선거용이라고 보는 견해도 있다.

그동안 미국법을 역이용한 불법 이민자의 원정 출산은 미국 사회 내에서 심각한 문제가 되어 왔다. 통계를 보면 1980년부터 2006년까지 불법적으로 시민권을 획득한 '앵커 베이비(미국에서 아이를 낳아서 미국에 닻을 내린다는 의미)'는 모두 37만여 명에 이르고 있다. 매년 3만 6천 명 정도의 아이들이 불법적으로 미국 시민권을 획득하고 있다.

트럼프는 이런 아이들이 80살이 될 때까지 미국인들의 세금으로 이들을 교육시키고 복지를 제공한다는 것은 커다란 문제라고 말하고 있다. 트럼프의 주장대로 이제 미국은 더 이상 과거처럼 미국의 법체계를 이용하려는 불법 이민자들을 관대하게 대할 수 없다는 입장이다. 이것은 바로 트럼프가 내세우는 '미국 우선주의'의 핵심 정책의 하나이다.

미국 독립선언서는 모든 인간이 평등하게 태어났다고 선언하고 있다. 그런데 미국 헌법 제정 과정에서 흑인 노예들은 1인이 아니라 3/5의 인간으로 계산될 정도였다. 건국 과정에서 해결되지 못한 노예 문제는 결국 1860년 60만 명이 죽는 남북전쟁에서 북부의 링컨이 승리함으로써 해결되었다.

이 전쟁 이후 미국은 1865년 노예제도를 폐지하는 수정헌법 제13조, 1866년 노예에게 시민권을 부여하는 수정헌법 제14조, 1869년 노예의 참정권을 인정하는 수정헌법 제15조를 발의하고 각 주들의 비준을 통해서 각각 1865년, 1868년, 1870년 통과시켰다.

참고로 미국 헌법은 상하 양원이 2/3 찬성으로 발의하고 전체 주의 3/4의 동의에 의해 비준된다. 현재 미국은 모두 27개 수정 헌법 조항들을 갖고 있다. 한국과 달리 미국은 원래 헌법은 그대로 두고 일부 조항을 수정하여 헌법에 수정을 가하고 있다.

미국 대통령은 미국에서 출생한 사람에게만 출마 자격이 주어진다. 예를 들어 독일에서 태어나 미국으로 이민 온 사람에게는 대통령 출마 자격이 주어지지 않는다. 미국 국무장관을 역임한 헨리 키신저는 한때 대통령 출마설이 돌았다. 그렇지만 그는 독일에서 출생했기 때문에 자격이 없었다.

이와 관련하여 흥미로운 것은 오바마가 대통령에 출마했을 때 당시 기업인이었던 트럼프는 오바마가 그의 아버지 고향인 케냐에서 태어나서 출마 자격 요건이 안 된다고 주장했다. 이런 주장에 대해서 오바마는 하와이 병원의 출생증명서를 공개해서 이 의혹으로부터 벗어났다.

지금은 세상을 떠난 존 맥케인 상원의원은 파나마 미군 부대 안에서 태어났다. 그가 출마했을 때 이런 사실이 문제가 되었지만 미군 부대 영내는 미국 영토의 일부이고 그렇기 때문에 맥케인은 출마 자격이 있다는 사실을 미국 의회가 확인해 준 적이 있다.

미국은 이민의 나라로서 속지주의를 채택하고 있다. 이와 달리 혈연을 중시하는 종족적 민족주의적 사고가 강한 한국과 중국의 경우에는 속인주의 원칙을 채택하고 있다. 이번 트럼프의 주장에 대해서 미국의 학자들과 법률가들은 1620년 메이플라워(Mayflower)호를 타고 종교 박해를 피해 자유를 찾아온 미국 조상들이 만들어온 전통을 무시하는 것이라고 비판하고 있다.

이들 조상들은 당시로 봐서는 불법 이민자들이었다. 이들의 자녀들이 번성하여 오늘의 미국을 만들었다는 것이다. 그런데 트럼프처럼 행정명령을 통해 수정헌법 제14조를 부정하려는 것은 법적으로 정치문화적으로 도저히 받아들일 수 없다는 것이다.

독일의 정치사상가 칼 슈미트(Carl Schmitt)는 정치의 본질을 누가 적(敵)이고 누가 친구인지를 분명히 구분하는 것이라고 했다. 이번 불법 이민 행정명령과 관련된 트럼프의 주장은 불법 이민자들이 정치적 의미에서 '미국의 적'이라는 점을 분명히 하고 있다. 국경선을 활짝 열어 제쳐 불법 이민 사태가 현재처럼 심각하게 만든 책임은 민주당에게 있다는 것이다.

그의 주장이 공화당의 정치적 적이고 경쟁 상대인 민주당을 향하고 있다는 이유가 여기에 있다. 그렇기 때문에 이번 선거에서 불법 이민 문제를 해결하기 위해서는 민주당이 아니라 공화당에게 지지를 보내고 공화당이 중간선거에서 승리해야 한다는 것이 트럼프의 주장이다. 이런 정치적 레토릭을 넘어서서 트럼프가 실제로 선거 후 행정명령에 서명할 경우 그 문제는 미국 대법원으로 넘어갈 수밖에 없다.

현재 미국 대법원은 최근 트럼프가 지명한 브렛 캐버너 대법관을 포함하여 총 9명의 대법관 중 5:4로 공화당 성향의 대법관이 주류를 차지하고 있다. 선거 후 트럼프의 행정명령이 위헌 판결을 받을지 아니면 불법 이민자에게만 적용할 경우 합헌이라는 결정을 끌어낼 수 있을지 세계인의 관심이 집중되고 있다.

제9강

국회의원 수 또 수십 명 늘릴 생각하는 국회

새해부터 국회 정치개혁특별위원회가 '연동형 비례대표제'를 통해서 비례성을 높인다는 명분을 내세워 국회의원 숫자를 수십 명 늘릴 생각을 하고 있다. 지금 선거제도는 소선거구제로서 현재 국회의원 숫자는 지역구 253명, 전국구 47명을 합쳐 모두 300명이다. 연동형 비례대표제로 바꿀 경우 국회의원 숫자는 최소 20~30명에서 최대 50~60명이 늘 것으로 예상된다.

2019년 1월 9일 국회 정개특위 자문위원단은 국회의원 정수를 360명으로 확대하고 연동형 비례대표제를 도입하는 선거제도 개혁안을 담은 의견서를 문희상 국회의장에게 제출했다. 새해부터 국회는 국민의 반대 여론을 완전히 무시하고 의원 수를 대폭 늘려 그들만의 잔치를 하겠다는 것이다.

그동안 국회의원 수는 꾸준히 증가해 왔다. 2000년 국회의원 정수는 273명이었다. 2004년 299명으로 늘었고 2012년부터 300명을 유지해 왔다. 2018년도 공공기관 신뢰도 조사에서 국회는 1.8%로 꼴찌를 차지했다. 이런 조사 결과를 보면 국회는 의원 수를 늘리기 전에 국민의 신뢰를 먼저 회복하기 위해 노력해야 할 것이다.

국회가 국민을 위해 일을 잘 한다고 한다면 그 숫자를 더 늘려도 아무도 반대하지 않을 것이다. 국민의 반대를 무시하고 자기들만의 리그를 위해서 의석을 더 늘리고 특권만 누리려고 한다면 엄청난 국민적 저항에 직면하게 될 것이다. 영국 정치가 액턴 경은 "권력은 타락하는 속성을 갖고 있고, 절대권력은 절대적으로 타락한다"고 지적한 바 있다. 국민의 여론을 완전히 무시하고 국회의원 숫자를 일방적으로 늘리려고 하는 국회의 모습을 보면 액턴 경이 말하는 것처럼 한국 국회가 타락의 늪으로 빠져들고 대의제 위기를 더욱 심화시키고 있다는 것을 알 수 있다.

현재 미국 인구는 3억 명이 넘는다. 1911년 미국은 법을 통과시켜 하원 의원 숫자를 435명으로 묶어두고 있다. 미국 헌법은 10년마다 인구센서스를 실시하도록 규정하고 있다. 각 주별로 인구 수에 따라서 하원 의원 수가 배정된다. 1911년 미국 인구는 9천만 명 정도였다. 현재 그 인구가 세 배 증가했지만 미국은 의원 숫자를 늘리기 않고 1911년에 제정된 법대로 435명으로 고정시켜 두고 있다.

한국보다 인구 비율이 6배인 미국도 하원 435명, 상원 100명 모두 535명의 의원을 갖고 있을 뿐이다. 미국과 비교해보면 한국의 국회의원 수는 너무나 많다고 할 수 있다. 국회에 대한 국민의 요구는 지금보다 국회의원 숫자를 더 줄이고 그 특권을 대폭 줄이라는 것이다. 그런데 한국 국회는 국민의 요구하는 것과 전혀 다른 방향으로 가고 있다.

미국은 의원 정수를 법으로 정하도록 하고 있다. 그런데 1987년에 개정된 헌법은 법이 아니라 헌법에 국회의원 수를 200명 이상으로 하도록 규정하고 있다. 이것도 도저히 납득하기 어려운 조항이다. 미국처럼 인구센서스를 실시해서 그 수를 조정한다고 하는 것이 합리적일 것이다. 한국의 경우 그 수를 헌법에 명기해 둠으로써 헌법 개정을 하지 않고서는 국회의원 수를 200명 이하로 줄이기조차 어렵게 해두고 있는 것은 문제라고 하지 않을 수 없다.

한국은 미국처럼 대통령중심제를 채택하고 있는 세계에서 몇 안 되는 나라 중 하나이다. 미국은 우리처럼 소선거구제 하에서 단순다수득표제를 채택하고 있다. 그 결과 미국은 공화당과 민주당 양당제가 정착되어 있다. 원래 대통령중심제 하에서는 미국처럼 양당제가 정착되는 것이 책임정치 구현과 정치의 효율성 확보를 위해서 바람직하다.

지금 국회 정개특위가 추진하고 있는 연동형 비례대표제를 채택할 경우 한국은 군소정당들이 난립하는 다당제가 될 수밖에 없다. 현 소선거구제도 하에서도 다당제가 되어 있는데 연동형 비례대표제를 도입할 경우 군소 정당들이 더욱 난립하고 국정 운영은 비효율적으로 될 뿐만 아니라 마비될 가능성이 매우 높다. 새로운 선거제도는 지금 국회를 구성하고 있는 소수 정당들이 강력하게 주장하고 있다. 새로운 제도가 도입될 경우 국정 마비 현상과 국회의 정치파업은 더 자주 일어날 수밖에 없을 것이다.

국회 신뢰도가 꼴찌인 것에서 보는 것처럼 대한민국의 대의제민주주의는 커다란 위기에 직면해 있다. 몽테스키외는 《법의 정신》에서 국회가 자신에게 주어진 기능을 제대로 수행하지 못할 경우 '체제 타락' 현상이 생겨난다고 주장한다. 여기서 '타락'은 단순히 부패를 의미하지 않고 그보다 넓은 의미를 갖고 있다. '체제 타락'이 계속되면 '체제 위기'로 연결되고 그 위기가 극복되지 못하면 '체제 붕괴'로 이어지고 만다. 현재 한국 대의제가 위기에 처해 있다는 것이 국민적 인식이다.

한국 대의제 위기는 국회의원 개개인이 대표로서 주어진 역할을 하지 못함으로써 생겨나는 '사람의 문제'이다. 그런데도 의원 수를 더 늘리겠다는 발상을 국민들은 납득하지 못하는 것이다. 영국의 사상가 에드먼드 버크는 "국회의원은 지역구 이익만을 챙기는 대사(大使)가 아니다"라고 말하고 있다. 서울에 주재하는 각국 대사들은 본국의 훈령에 따라서 행동한다. 국회의원이 항상 본국 지시를 따르는 대사처럼 행동해서는 안 된다는 그의 지적은 국회의원은 국민의 대표로서 두 가지 모습을 동시에 갖고 있다는 것을 의미한다.

국회의원은 '대표자 모델(Trustee Model of Representation)'과 '대리인 모델(Delegate Model of Representation)'이 있다. '대표자 모델'은 국회의원이 지역구 이익만을 챙기는 것이 아니라 국가이익을 위해서 독립성을 갖고 있다고 본다. 미국의 예를 들어보면 자기 지역구의 군사기지가 폐쇄될 경우 지역구 경제에 부정적 영향을 미칠 것이다. 그렇지만 그런 결정을 수용하는 것이 국익에 부합된다고 한다면 좁은 지역구 이해관계를 떠나서 국가적 관점을 중시해야 한다.

언론에서 '철새 정치인'이라고 부르는 당적(黨籍)을 변경하는 국회의원은 '대표자 모델'로서의 국회의원 상(像)을 갖고 있기 때문에 가능한 것이다. 국회의원이 단순히 대리인이라고 한다면 지역구 주민들의 뜻에 반해서 탈당을 하거나 당적을 변경하는 것은 가능하지 않을 것이다.

'대리인 모델'은 고무도장 역할을 하는 대표를 말한다. 이것은 북한과 과거 소련과 같은 전체주의국가들에서 보는 독자성이 전혀 없는 인민위원들을 말한다. 한국 자유민주주의는 대의제민주주의이다. 이때 대의제를 구성하는 국회의원들은 북한처럼 지역구 주민의 단순한 대리인이 아니고 국가이익을 중시해야 하는 '대표자 모델'에 속해 있는 것이다.

그럼에도 불구하고 국회는 북핵과 북한 인권과 같은 국가적 사안들에 대해서 초당적으로 목소리를 적극적으로 내어 본 적이 없다. 국민의 대표로서 제 기능을 수행하지 못해서 국회에 대한 국민의 신뢰도가 최저인 상황에서 또 다시 국회의원 수를 늘리겠다는 발상에 대해서 국민들이 반발하는 것은 당연하다고 할 수 있다.

'대의제 위기'가 심화되면서 우리 사회 일각에서는 국회의원 연임 횟수를 제한하여 임기를 제한해야 한다는 목소리가 커지고 있다. 미국의 경우 임기제한법은 대법원이 위헌으로 보고 있다. 그 이유는 국민들이 투표를 통해서 의원들을 갈아치울 수 있는 기본권을 침해받지 않았기 때문이다. 마찬가지로 한국의 경우도 국회의원 임기를 제한하는 것은 위헌의 소지가 높다.

그렇기 때문에 대의제 위기를 극복하기 위해서는 국민과 언론이 국회의원들의 활동을 끊임없이 감시하고 국민의 기대를 충족시키기 못하는 국회의원들은 다음 선거에서 뽑아주어서는 안 되는 것이다. 어떤 선거제도를 채택한다고 하더라도 지금과 같은 국회의원 자질과 국회운영 방식을 그대로 두고서는 의회정치발전을 기대하기가 매우 어렵다. 이런 상황에서 국회가 국민의 신뢰를 회복하려는 구체적 노력 없이 의원 숫자를 수십 명 늘린다고 한다면 국민적 저항에 직면할 것이다.

제2장

대한민국 자유민주주의와 그 적들

제10강

자유민주주의란 무엇인가?

대한민국은 자유민주주의를 그 이념으로 하고 있는 국가이다. 그렇지만 '자유민주주의가 무엇인가'라는 질문을 받으면 체계적으로 답하기가 쉽지 않다. 그것은 사랑과 날씨처럼 느끼기는 쉽지만 막상 설명하기는 어렵다. 자유민주주의는 다양한 사상들과 제도들이 오랜 기간에 걸쳐 결합되어 발전해 왔다.

문재인 정부는 교과서 집필 기준을 발표하면서 '자유'를 뺀 '민주주의'를 학생들에게 가르치도록 했다. 이것은 커다란 문제라고 하지 않을 수 없다. 자유를 빼면 그 민주주의가 '민중민주주의'인지 '인민민주주의'인지 구분이 되지 않는다. '자유민주주의'라고 정확하게 명기를 하고 그 핵심 원리들을 자라나는 세대들에게 분명하게 가르치는 것이 옳다.

자유민주주의의 핵심 원리는 크게 다섯 가지로 생각해 볼 수 있다. 첫째, 자유민주주의는 개인의 자유와 권리의 보호를 최우선적 목표로

하고 있다는 점을 이해하는 것이 매우 중요하다. 인간은 태어날 때부터 양도할 수 없는 권리를 갖고 태어났다. 우리는 이것을 '천부인권(天賦人權)'이라고 부른다. 미국 독립선언서는 이런 권리들에는 '생명, 자유, 행복추구권'이 포함되어 있다고 선언하고 있다.

이런 권리를 가진 인간을 우리는 '개인'이라고 부른다. 자유민주주의는 집단보다는 개인을 중시하는 사상이다. 자유롭고 평등한 개인이 바로 그 권리의 주체이다. 개인은 국가가 만들어지기 이전에 이미 이런 권리들을 갖고 태어났다. 그렇기 때문에 국가의 존재 이유는 개인의 자유와 권리를 보호하는 데 그 목적이 있다는 것이 자유민주주의의 핵심적 원리이다.

둘째, 자유민주주의는 입헌주의를 그 핵심으로 하고 있다. 입헌주의는 개인의 자유와 권리 보호를 헌법에 명문화하여 제도적으로 보장하고 있다. 오늘날 모든 국가의 헌법이 '기본권' 조항에 명시하고 있는 이유가 여기에 있다. 대한민국 헌법의 경우 전문과 총강에 이어 바로 '국민의 권리와 의무'라는 기본권 조항이 나온다.

그러나 이 조항이 헌법에 명시되어 있다고 해서 개인의 자유와 권리가 자동적으로 보장되는 것은 아니다. 국가는 개인보다 훨씬 더 막강한 권력을 가지고 있고 언제든지 폭정(tyranny)으로 바뀔 수 있다. 미국 《연방주의자 논고》에서 제임스 매디슨은 "만약 인간이 천사라고 한다면 국가는 필요 없을 것이라고 말했다. 만약 천사가 국가를 지배한다면, 국가에 대한 견제와 균형의 제도적 장치는 필요 없을 것이다"라는 유명한 말을 남겼다.

그의 주장을 다시 설명하면 인간은 천사가 아니기 때문에 국가가 필요하다. 천사가 국가를 지배하지 않기 때문에 지배자와 국가권력에 대한 견제와 균형의 장치가 필요한 것이다. 입헌주의는 국가권력의 남용을 막기 위해 국가를 입법부와 행정부와 사법부로 나누고 있다. 이들 사이의 견제와 균형을 통해서 개인의 자유와 권리가 보장되도록 하는 것이 입헌주의이고 이것이 자유민주주의의 또 다른 중요한 원리를 구성한다.

셋째, 자유민주주의는 시민사회(civil society)라고 하는 자율적 영역을 인정하는 것이 특징이다. 시민사회의 존재는 개인은 국가로부터 독립된 사적 영역을 인정받고 있다는 것을 의미한다. 큰 원 안에 작은 동심원을 그려보자. 안에 있는 작은 동심원이 국가라고 한다면 그 원과 밖에 있는 큰 원 사이에 존재하는 그 영역이 시민사회이다. 이 영역이 바로 개인의 종교와 경제 활동, 친목단체와 교육 활동 등 다양한 개인의 자율적 행위가 일어나는 곳이다. 이 공간이 국가에 의해서 압살될 경우 그 체제는 북한과 같이 전체주의로 타락하고 만다.

서양에서 종교혁명을 거치면서 인간이 종교를 남에게 강요하는 것은 피비린내 나는 내전과 종교전쟁을 불러온다는 것을 깨우치게 되었다. 자유민주주의는 종교와 사상과 양심의 자유를 누릴 수 있는 개인의 독립된 사적 영역을 확보하고자 하는 인간의 기나긴 투쟁 과정에서 탄생한 정치사상이다. 대한민국은 자유민주주의국가로서 국교가 존재하지 않고 종교의 자유가 허용되고 있다.

개인의 사적 영역은 종교를 넘어서서 집회와 결사의 자유와 같은 시민적 자유의 보장, 자유로운 시장경제활동의 보장, 다양한 이익단체의 결성 등으로 그 영역이 더욱 확대되면서 오늘날처럼 성숙한 '시민사회'의 모습이 형성되게 되었다. 건국 직후 한국의 시민사회는 매우 취약했지만 산업화와 경제발전과 함께 국가로부터 독립된 영역으로 확고히 자리 잡았다.

넷째, 자유민주주의의 핵심 원리는 법치주의이다. 이것은 인간이 남녀, 종교, 인종을 불문하고 모든 사람은 법 앞에 평등하다는 것을 의미한다. 법치주의는 자유민주주의의 또 다른 원리인 개인의 자유와 권리 보호와 밀접하게 연관되어 있다. 자유민주주의에서 말하는 '자유'는 자신에게 부여된 권리의 범위 내에서 행동하는 것을 의미하고, 남의 권리를 침해하면서까지 마음대로 하는 '방종'을 의미하지 않는다.

평등의 관점에서 보면 자유는 모든 사람이 공평하게 누려야 할 권리이다. 권리의 관점에서 보면 자유는 모든 사람에게 주어진 권리가 평등해야 한다는 것을 의미한다. 자유민주주의는 자유와 권리의 평등성은 법치주의에 의해서만 보장될 수 있다는 확고한 신념 위에 서 있다.

그럼에도 불구하고 영국 기자 마이클 브린은 《한국, 한국인》이라는 책에서 한국의 법치주의는 '국민정서법'에 의해서 종종 침해받고 있다고 비판하고 있다. 이 '국민정서'라고 하는 괴물을 감옥에 가두지 않는 한 한국에서 법치주의가 뿌리내리기 어려울 것이라는 그의 비판에 한국인들은 귀를 기울여야 할 것이다.

다섯째, 자유민주주의의 중요한 원리는 국민주권론과 대의제 민주주의이다. 대한민국 헌법 제1조 2항은 "대한민국의 주권은 국민에게 있고, 모든 권력은 국민으로부터 나온다"고 규정하여 국민주권론을 명시하고 있다. 국민주권론은 미국혁명과 프랑스혁명에서 처음 제시된 후 자유민주주의의 핵심적 원리로 자리 잡았다.

자유민주주의체제에서 국민은 주권자이지만 그 권력을 직접 행사하지 않는다. 위의 헌법 규정에서 말하는 "모든 권력은 국민으로부터 나온다"는 말의 의미는 국민이 투표권을 행사해서 대표를 뽑아 일정 기간 국정 운영을 맡기는 것이다. 우리의 경우 대통령은 전국구 대표, 국회의원은 지역구 대표인 것이다.

클로드 르포르가 주장하는 것처럼 왕조주권에서 국민주권으로 이행되는 과정에서 왕이 떠나버린 '빈 자리'에 왕을 대신해서 '국민'이라는 상징적 존재가 그 자리를 메우게 된 것이다. 한국의 경우 그 '빈 자리'에 5천만이 모두 앉을 수 없다. 그렇기 때문에 주권자인 국민이 투표권을 행사하여 대표를 뽑아 그들로 하여금 일정 기간 동안 그 '빈 자리'에 앉아서 통치를 하게 하는 것이다.

북한처럼 그 '빈 자리'에 김일성과 김정일이 앉았다가 김정은으로 세습되어 김씨 일가가 영구히 그 '빈 자리'를 차지하는 정치체제는 전체주의체제로 타락하는 것이다. 전체주의체제 하에서는 개인의 자유가 소멸되고 만다. 김씨 가문의 지배를 받는 북한 사람들은 김정은을 빼고 모두 평등하다. 그것은 '노예 속의 평등'일 뿐이다.

이와 달리 자유민주주의는 왕이 떠나버린 그 '빈 자리'를 항상 비워두고 복수의 정당들이 그 자리를 차지하기 위해 치열하게 경쟁한다. 그 경쟁이 바로 '정치'인 것이고, 그 정치는 대의제 민주주의로 수렴된다. 자유민주주의는 국민주권론을 대의제 민주주의를 통해 제도화시킴으로써 개인들은 '자유 속의 평등'을 누릴 수 있게 되는 것이다.

대의제 민주주의는 영토가 넓고 인구가 많아 직접민주주의를 못하기 때문에 편의상 채택된 제도라는 생각은 잘못된 것이다. 우리 사회에는 직접민주주의는 좋고 대의제 민주주의는 간접민주주의로서 나쁘다는 잘못된 인식이 널리 퍼져 있다.

고대 그리스의 직접민주주의는 노예의 존재에서 보는 것처럼 자유롭고 평등한 개인의 존재를 전제로 하는 오늘날의 대의제 민주주의와는 근본적으로 다른 정치원리라는 점을 이해하는 것이 중요하다.

한국에서 국민의 대표자들이 국민적 요구를 수용하지 못하고 사욕을 채우고 당파 싸움에 골몰하는 타락한 정치현실을 볼 때 대의제 민주주의에 대한 국민적 불신감이 생겨나는 것은 당연하다. 그렇다고 해서 대의제 민주주의를 직접민주주의로 대체하고자 하는 것은 한국 자유민주주의체제 그 자체를 부정하는 결과를 가져오고 만다.

국민들은 주기적으로 실시되는 선거를 통해서 국민적 기대에 부응하지 못하는 대표들을 교체해나가고 항상 대의제 민주주의가 정상적으로 작동할 수 있도록 비판과 감시의 역할을 하는 것이 매우 중요하다.

이상의 다섯 가지 자유민주주의 원리들과 함께 우리가 놓쳐서 안

되는 중요한 사실은 자유민주주의는 '우리가 어떻게 살 것인가' 하는 생활양식의 문제라는 점이다. 자유 없는 북한과 같은 전체주의체제 하에서 사는 것과 '자유 속의 평등'을 누리는 자유민주주의체제 하에서 사는 것은 생활양식의 측면에서 볼 때 완전히 다른 것이다.

우리가 자유민주주의체제에 기반한 통일한국을 추구하는 것은 북한 동포들도 우리처럼 자유와 인권을 누리면서 살 수 있기를 바라기 때문이다. 현재 한국 사회에는 '전체주의적 사고의 일상화'가 진행되고 있다. 이런 상황에서 자유민주주의를 지키기 위해서는 자유민주주의의 핵심적 원리들에 대한 이해가 그 어느 때보다도 중요하다고 할 수 있다.

제11강

전체주의란 무엇인가?

북한 정치체제를 흔히 '봉건왕조국가' 혹은 '세습체제'로 부르는 경우를 본다. 이것은 그 체제를 피상적으로 묘사한 것으로 그 본질을 제대로 설명해주지 못한다. 북한은 한국 자유민주주의의 대척점에 서 있는 '전체주의체제'이다.

전체주의는 서양에서 독일의 히틀러, 소련의 스탈린 하에서 경험한 체제이다. 북한 전체주의의 특징은 서양 전체주의체제와의 유사점과 차이점을 비교해보면 분명하게 드러난다. 그 둘 사이의 '편차(variations)'가 북한 체제의 특징이다.

서구에서 등장한 히틀러의 독일과 스탈린의 소련은 기존의 독재정치체제와는 완전히 다른 그 자체로서 독특한 전체주의체제로 분류된다. 레이몽 아롱(Raymond Aron)은 《민주주의와 전체주의》에서 전체주의의 특징으로서 다섯 가지를 제시하고 있다: 1)국가 권력을 독점하는 유일 정당의 존재, 2)국가 공식 이데올로기(official ideology)의 존재, 3)이 이데올로기 강요를 위한 폭력과 선전 수단의 국가 독점, 4)반체제 인사에 대한 테러와 공포정치, 5)국가에 의한 통제경제체제 운용.

아롱의 정의에 따르면 북한 김정은 정권은 전체주의로서의 특징을 모두 갖고 있다. 북한은 권력을 독점하고 있는 조선노동당에 의해서 지배되는 '당통제국가(party-state)'이다. 노동당 규약은 남한의 적화를 그 목표로 설정하고 지난 70년 동안 한국 자유민주주의를 무너뜨리기 위한 전복전략을 펴고 있다. 이런 북한의 전복전략에 주목하여 그 체제를 '혁명적 전체주의체제'라고 부르기도 한다.

북한은 주체사상이라는 국가 공식 이데올로기를 갖고 있고, 이를 어린 시절부터 모든 주민에게 강제로 주입하고 있다. 북한은 모든 선전과 선동 수단을 국가가 장악하고 있다. 한국 사회에서 보는 '언론'은 북한에는 존재하지 않는다.

북한 리선권 조평통위원장이 판문점 회담에 나와서 한국 언론들을 보고 어떤 언론은 잘 하고 있고 다른 언론은 잘못하고 있다는 식으로 품평회를 하는 것을 보면 어처구니가 없다. 제대로 된 언론은 없고 선전기관 밖에 없는 북한 전체주의정권의 하수인이 한국 언론을 평가하는 것 자체가 어불성설이다.

북한은 체제에 도전하는 사람들은 모두 정치범수용소에 가두고 있다. 북한에는 6개 정치범수용소에 약 10만여 명의 정치범들이 수용되어 있다. 이러한 사실은 워싱턴 소재 북한인권위원회(HRNK)가 발행한 보고서에 수록되어 있는 인공위성 사진들을 통해서 확인되고 있다. 소련의 굴락과 같이 반체제 인사를 수용하고 테러를 가하는 범죄가 북한에서도 자행되고 있다.

마지막으로 북한 경제를 사회주의 계획경제체제라고 하지만 경제학자들의 지적처럼 지금 북한의 경제 현실을 보면 경제가 국가의 계획대로 전혀 움직이지 않고 파탄상태로 이르고 있다. 이런 계획경제의 실패에도 불구하고 북한은 국가가 경제를 완전히 장악한 통제경제체제를 유지하고 있다. 이런 경제체제는 선군정치라는 미명 하에 핵과 미사일 개발을 위해 민간경제를 희생하고 국가 자원을 군사비 지출에 집중해야 하는 사정에서 비롯되고 있다.

서구와 북한의 전체주의체제는 많은 유사점을 갖고 있다. 여기서 우리가 놓쳐서 안 되는 중요한 것은 서구 전체주의는 산업사회를 배경으로 해서 등장했다는 사실이다. 산업사회는 과학·기술의 발전에 의해서 생산성이 증대되고 이에 상응하여 사회제도와 생산방식과 생활양식이 변화해가는 사회를 일컫는다.

이 과정에서 경제의 변화뿐만 아니라 국가 군사력의 증강과 전쟁 양태의 변화도 수반된다. 이와 함께 국가권력의 중앙집권화가 가속화되고 국가 지배기구는 확대·강화되어 나간다.

이런 산업사회를 기반으로 등장한 정치체제가 헌정주의에 의해서 견제와 균형의 장치를 제대로 갖추지 못할 경우 국가가 개인과 시민사회를 압도하는 전체주의체제로 타락해 간다. 북한은 서구의 전체주의체제와 마찬가지로 산업사회를 배경으로 등장했다는 사실을 절대로 잊어서는 안 된다. 그렇기 때문에 북한은 과거 독재정권에서는 상상도 할 수 없는 국가보위부와 같은 억압적 국가기관들을 만들어 주민들을 철저하게 통제할 수 있는 것이다.

이렇게 보면 북한 체제 특징의 하나인 부자세습에 초점을 맞추어 북한을 '봉건왕조체제'라고 부르는 것은 그 체제가 갖고 있는 산업사회적 특징을 간과한 것으로 볼 수 있다. 한 일본 학자는 북한 정권 수립 후 북한 지도부가 과거 유격대원들로 구성되었다는 점에 주목하여 '유격대 국가'라고 부른다.

또한 북한 체제가 김일성이라는 수령을 중심으로 하는 체제라는 점에서 '수령제 국가'라고 부르기도 한다. 그러나 이런 설명은 지나치게 북한 체제의 특징을 서술적으로 묘사하여 그 전체주의적 특징이 명확하게 드러나지 않은 문제점을 안고 있다.

우리 사회에서는 남북한 체제를 남한은 자본주의이고, 북한은 공산주의라고 하는 식으로 경제적 범주로 이해하려는 경향이 강하다. 북한 체제를 사회주의와 공산주의와 같은 '경제양식(economic mode)'에 초점을 맞출 경우 한국 자유민주주의와 북한 전체주의 사이에 존재하는 '정치양식(political mode)'이 제대로 포착되지 않는 '현실의 일식현상'이 생겨난다. 북한 체제의 전체주의적 속성이 흐려지지 않도록 정치적 범주로서 남북한 체제를 비교하고 이해하는 것이 중요하다.

남북관계를 혈연과 언어와 역사를 공유하는 '민족'이라는 프리즘을 통해서 보면 남북한 정치체제의 차이점이 분명하게 드러나지 않는다. 북한 선전기관들이 '민족공조론'과 '우리민족끼리'를 내세우는 것은 북한 전체주의체제의 속성을 감추기 위한 것이다. 자유민주주의와 전체주의는 절대로 융합될 수 없는 적대관계에 있는 체제이다.

그런데도 '민족'이라는 안경을 쓰고 보면 두 체제가 화해하고 화합할 수 있는 것으로 착각하게 된다. 남북관계와 통일 문제를 정치체제의 관점에서 분명하게 직시함으로써 '민족공조론'이라고 하는 북한의 선전에 속지 않도록 해야 할 것이다.

남북관계를 정치체제 관점에서 본다고 하면 통일은 종족적 민족의 통일이 아니라 북한 전체주의체제를 자유민주주의체제로 변화시켜 북한 동포들도 우리처럼 자유를 누리면서 살게 하는 것이다. 북한 전체주의에 대한 논의는 우리가 추구해야 할 통일이 '민족 문제'가 아니라 '정치체제 통일'의 문제라는 점을 다시 한번 일깨워주고 있다.

제12강

평화란 무엇인가?

영국 윈스턴 처질 수상의 제2차 세계대전에서 활약상을 다룬 영화 '다키스트 아워'를 보면 유럽 대륙에서 히틀러가 다른 나라들을 하나 둘씩 집어삼키고 있을 때 영국인은 평화무드에 젖어 있었다. 이런 분위기를 상징하듯이 네빌 쳄벌린은 1938년 체코의 일부를 히틀러에게 떼어주는 뮌헨조약을 체결한 후 영국 공항에서 그 조약문을 흔들면서 마침내 유럽에 평화가 찾아 왔다고 외쳤다.

많은 영국인들이 그의 주장에 환호했다. 히틀러는 영국의 '유화정책'이 독일과 맞서 싸울 의사가 없는 패배주의적 사고에서 나온 것이라고 보고 급기야 1939년 폴란드를 침공했다. 쳄벌린이 기대한 유럽의 평화는 깨지고 제2차 세계대전이 시작되었다. 전쟁과 함께 영국은 유화정책에 반대하고 히틀러의 침략정책을 정확하게 꿰뚫어본 처질에게 수상을 맡겼다.

지금 한국 사회는 제2차 세계대전 발발 직전과 같은 평화무드에 들떠 있다. 문재인 대통령은 북핵 문제가 완전히 해결되지 않았는데도 '4·27판문점선언'을 통해 마치 평화가 실현된 것처럼 말하고 있다. 6·12미북정상회담도 그릇된 평화무드 조성에 일조를 했다. 과연 우리 사회가 이런 잘못된 평화무드에 젖어 있어도 되는 것인지 묻지 않을 수 없다.

평화란 무엇인가? 이 질문에 대해서 가장 흔히 들을 수 있는 답변은 '평화는 갈등이 없는 상태'라는 것이다. 홉스가 저서 《리바이어던》에서 주장하는 것처럼 권력, 부, 명예를 추구하는 인간들이 모여 사는 사회는 갈등이 없을 수 없다. 중앙정부가 없는 무정부상태인 국제정치에서 갈등의 가능성은 언제나 존재한다. 한 인간이 삶을 마감할 때 우리는 천당에 가서 '평안(平安)'한 영생(永生)을 누리라고 조사(弔詞)를 해준다. 이런 사실들은 평화를 갈등 없는 상태로 보는 인식이 비현실적이라는 것을 보여준다.

갈등 없는 평화가 불가능하다고 한다면 갈등을 전제로 하고 평화를 모색해나가야 한다는 결론에 이르게 된다. 이런 관점에서 평화를 분류한 프랑스 정치사상가 레이몽 아롱의 주장이 관심을 끈다. 그는 평화를 1)세력균형에 의한 평화, 2)패권에 의한 평화, 3)제국에 의한 평화 세 가지로 나누어 설명하고 있다.

1950년 6월 북한이 남침한 이후 미국은 한국과 일본에 미군은 주둔시키고, 한미동맹과 미일동맹을 체결하여 동북아 지역의 세력균형을 유지하고 있다. 6·25전쟁 이후 동북아 지역은 미국의 세력균형자 역할로 인하여 평화가 유지되고 있다. 미국이 이 지역에 적극적으로 개입하기 이전에는 여섯 개의 대규모 전쟁이 일어났다.

1894년 청일전쟁, 1904년 러일전쟁, 1931년 만주사변, 1937년 중일전쟁, 1941년 태평양전쟁, 1950년 6·25전쟁을 포함한 여섯 개 전쟁이 일어나면서 20세기 전반 동북아 지역은 '전쟁의 시대'였다. 6·25전쟁 이후 미국을 중심으로 하여 양자동맹이 체결되어 '허브 앤 스포크(hub and spoke)' 안보구조가 형성되면서 이 지역은 70년이 넘는 '평화의 시대'를 구가하고 있다. 아래 그림의 자전거 바퀴처럼 미국이 허브이고 거기서 살대처럼 한미동맹과 미일동맹이 뻗어나가서 지역 안보의 바퀴가 굴러가고 있는 것이다.

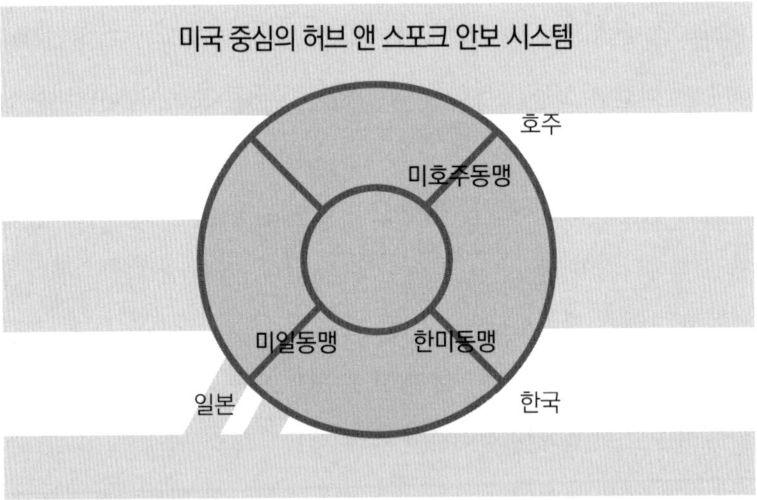

다음으로 평화는 패권국가에 의해서 유지된다. 국제법상으로 국가들은 모두 평등하다. 그렇지만 현실적으로 국가들은 국력에서 차이가 나기 때문에 불평등하다. 그 불평등성의 표현이 바로 패권국가의 존재이다.

냉전 시기에는 미국과 소련이 각각 패권국가로서 자신의 세력권을 형성하고 그 지역에 각각의 국제정치질서를 부여하고 평화를 유지해 나갔다. 패권국가는 자신의 세력권 내에서 압도적 힘의 우위를 바탕으로 평화를 유지한다. 1948년 건국 이후 대한민국은 미국 패권 하에 안보를 확보하고 평화를 누리고 있다.

아롱이 말하는 세 번째 평화의 형태는 제국에 의한 평화이다. 로마제국에 의한 평화를 '팍스 로마나(Pax Romana)', 대영제국에 의한 평화를 '팍스 브리태니카(Pax Britannica)', 미국에 의한 평화를 '팍스 아메리카나(Pax Americana)'라고 부른다.

만약 중국의 국력이 크게 부상하여 제국적 지위를 갖게 될 때 그것을 '팍스 시니카(Pax Sinica)'라고 부르게 될 것이다. 과거 조공체제(朝貢體制)에 의한 평화도 제국적 평화에 해당된다. 한반도 주변 4강은 단순히 강대국이 아니라 제국적 위상을 갖고 있는 국가들이다.

1948년 건국 이후 한국은 아롱이 말하는 세 가지 형태의 평화가 중첩된 상태에 놓여 있었다. 한국은 한미동맹과 주한미군을 통해서 북한과 북방 공산세력에 대한 세력균형을 유지하며 제국적 위상을 갖는 미국이 만들어둔 패권질서에 편입되었다.

한국은 그 패권질서 유지에 기여하면서 거기서 생겨나는 이익을 공유하면서 세계 10위권 경제대국으로 부상했다. 북한의 전쟁 도발과 핵 개발에도 불구하고 한반도와 동북아 지역은 미국이 주도한 세

가지 형태의 평화에 의해서 유지되어 왔다. 이런 역사적 경험에 바탕을 둔 현실주의적 평화관을 갖는 것이 중요하다.

패권국가는 국제정치질서의 생산자이고 한국은 그 질서의 소비자이다. 소비자는 시장에서 좋고 신선한 상품을 고를 수 있는 분별력(prudence)을 갖고 있어야 한다. 마찬가지로 국제정치질서의 소비자로서 한국은 누가 도움이 되는 패권국가인지를 판단하고 선택할 수 있어야 한다. 만약 한국이 소련이 주도하는 패권 지배 하에 들어갔다고 한다면 지금의 북한처럼 자유와 인권이 없고 경제적 번영을 누리지 못하는 나라가 되었을 것이다.

평화는 '갈등이 없는 상태'라는 사고에서 벗어나야 한다. 평화는 힘을 바탕으로 한 세력균형과 패권국가의 존재에 의해서 유지될 수 있다는 '현실주의적 평화관'을 갖는 것이 중요하다. 지난 70년간 대한민국은 한미동맹과 주한미군을 통해서 확고한 대북한 억지체제를 구축하고 패권국가 미국이 만들어낸 자유무역질서 하에 오늘의 경제적 번영을 누리고 있다.

21세기 미중 패권전쟁의 파도가 한반도로 밀려오는 시점에 한국의 생존과 번영을 위해서는 과거 영국과 같은 '유화주의적 평화관'이 아니라 '현실주의적 평화관'에서 국제정세를 바라보고 대처해나가는 것이 중요하다.

제13강

전쟁이란 무엇인가?

프랑스의 사상가 레이몽 아롱은 국제정치는 장군과 외교관에 의해 상징된다고 말했다. 여기서 장군은 전쟁, 외교관은 평화를 상징한다. 이미 다른 강의에서 '평화'에 관해서 설명했기 때문에 이 강의에서는 '전쟁'을 설명한다.

전쟁에 관한 가장 고전적인 책은 클라우제비츠가 쓴 《전쟁론》이다. 그는 수천 개 전쟁들에 대한 경험적 연구를 바탕으로 이 책을 썼다. 그는 어린 시절부터 프랑스혁명 이후 유럽에서 일어난 전쟁들에 직접 참여했다. 그는 나폴레옹을 몰락시킨 워털루 전투 참여를 끝으로 현역에서 은퇴하여 프러시아 사관학교 교장을 지내면서 이 책을 썼다.

"고전(古典)이라고 하는 것은 제목은 들어서 알고 있지만 읽어보지 않은 책"이라는 유명한 조크는 이 책에 대해서 서평을 쓴 학자가 한

말이다. 이 책은 전략과 전술 등 전쟁과 관련하여 수많은 뛰어난 내용을 담고 있다.

그의 전쟁 이론은 이 책의 제1장에 가장 잘 나타나 있다. 필자가 연구할 때 생각을 가다듬기 위해 자주 읽어보는 것은 홉스의 《리바이어던》 제13장과 마키아벨리의 《군주론》 제15장과 함께 클라우제비츠의 《전쟁론》 제1장이다.

그는 전쟁을 인간 집단들 사이의 폭력 행사를 통한 대결이라고 정의한다. 전쟁은 두 집단 사이의 야만적 폭력의 행사와 적개심과 증오심에 의해 특징지어진다. 그의 전쟁 정의는 여기서 한걸음 더 나아간다. 전쟁은 폭력적 대결일 뿐만 아니라 상대방을 자신의 의지에 굴복시켜 내가 원하는 바대로 하게 만드는 것이 그 목적이다.

그는 전쟁을 '절대전'과 '제한전'으로 구분 짓는다. 폭력의 행사인 전쟁을 그 자체의 논리에 맡겨두면 적개심과 증오심에 의한 전쟁은 상대방을 절멸시킬 때까지 폭력이 행사될 것이다. 이런 양상을 띠는 전쟁을 그는 '절대전'이라고 부른다. 투키디데스가 쓴 《펠로폰네소스 전쟁사》에 나오는 '밀로스의 대화편'에는 아테네가 밀로스의 항복 요구를 듣지 않자 남성들을 모두 살해하는 장면이 나온다. 그러나 이런 절대전 양상은 실제 전쟁에서는 보기 드문 일이다.

클라우제비츠는 근대국가들 사이에 일어난 전쟁들은 항상 상대방이 절멸될 때까지 싸우는 '절대전'으로 나아가지 않는다는 사실에 주목했다. 그는 폭력의 행사가 극단으로 치닫는 절대전으로 전쟁이 전개되지 않고 중간에 멈추는 '제한전'을 띤다는 것은 전쟁 외적(外的)

요인이 전쟁 과정에서 영향을 미치고 있다는 것을 의미한다. 이것은 매우 중대한 이론적 발견이었다.

그는 그 전쟁 외적 요인이 '정치적 목적'이라고 규정했다. 여기서 그 유명한 "전쟁은 정치적 목적을 달성하기 위한 수단"이라는 주장이 도출된다. 다른 말로 하자면 "전쟁은 또 다른 수단에 의한 정치의 연장"이라는 것이다. 이것은 전쟁에서 군사력 사용의 양과 강도를 결정하는 것은 전쟁 외부에서 작용하는 정치적 목적이라는 것을 의미한다. 대통령이 전쟁 목적을 결정하고 그 목적에 맞게 군사력을 동원하는 것이 오늘날 우리가 보는 전쟁 진행 과정이다.

클라우제비츠는 정치적 목적에 의해 영향을 받는 '제한전' 개념을 발전시켜 전쟁의 현실을 이해하는 데 크게 기여했다. 그런데 그의 주장이 여기에서 멈추지 않는다. 그렇기 때문에 그는 위대한 전쟁의 이론가로 자리매김 되고 있다. 그는 제한전 개념을 당위론적 차원으로 끌어올리고 있다.

여기서 '당위론적'이라고 하는 것은 분석적 차원에 대비되는 것으로서 '당연히 그렇게 되어야 한다'는 의미를 갖고 있다. 다시 말하면 클라우제비츠는 전쟁은 '제한전'이 되어야만 폭력의 행사가 완화될 수 있다는 점을 강조하고 있다.

중앙정부가 없는 무정부적 국제정치현실에서 전쟁이 일어날 수 있는 가능성을 배제할 수 없다. 그런 의미에서 홉스의 주장을 빌려서 국제정치의 무정부상태를 전쟁상태에 비유한다. 이런 전쟁상태에서 폭력 행사를 완화시킬 수 있는 방법은 전쟁을 제한전화시키는 것이다.

물론 모든 전쟁이 제한전화될 수는 없다. 그렇지만 전쟁이 자체의 논리에 따라서 폭력이 끝까지 행사되는 방향으로 나아가지 않고 정치적 목적에 의해서 제약을 받는다고 한다면 폭력 행사가 완화될 가능성이 열리게 되는 것이다.

민간인 지도자가 정치적 목적에 따라서 군사력 사용 여부를 결정해야 한다는 '문민우위' 혹은 '문민통제'는 바로 클라우제비츠의 제한전 개념에서 도출된 것이다. 미국과 한국 헌법은 대통령을 군통수권자로서 문민우위를 제도화해두고 있다. 이런 문민우위는 소련과 중국과 같은 공산국가들에서도 적용되고 있다는 점에서 클라우제비츠의 주장은 체제와 이념을 초월하여 보편성을 획득하고 있는 것이다.

물론 문민우위 통제를 벗어나려는 시도가 있는 것은 사실이다. 그 대표적인 예가 6·25전쟁 당시 "승리 이외에는 대안이 없다"는 맥아더의 주장이다. 당시 맥아더는 군사적 승리를 위해서 중국과 북한군의 보급기지가 되어 있던 만주를 직접 공격해야 한다고 공개적으로 주장했다. 그것은 한반도 밖으로 전쟁이 확대되는 것을 의미했다.

트루먼 대통령은 전쟁의 범위를 지역적으로 한반도 내부로 한정하는 '제한전'을 추구했다. 1950년 2월 6·25전쟁 발발 전 소련과 중국은 자동개입 조항이 포함된 군사동맹조약을 체결했다. 미국이 만주로 확전했다고 한다면 이 조항이 발동되어 소련이 전쟁에 참전함으로써 한반도는 제3차 세계대전으로 비화했을 것이다. 전면전을 막기 위해서 1951년 4월 트루먼은 맥아더를 전격적으로 해임시켰다.

휴전회담이 시작된 후 만주에서 휴전선까지 이르는 공산군의 보급선이 길어졌다. 그 결과 만주를 직접 공격하지 않고서도 미국의 막강한 공군력을 동원하여 한반도 내에서 공산세력을 무력화시키는 것이 가능했다. 문민지도자 대통령이 설정한 정치적 목적을 벗어나서 오로지 군사적 승리를 추구했던 맥아더의 군사적 논리에 전쟁을 맞겨 두었다고 한다면 6·25전쟁은 더 많은 인명 피해를 가져왔을 것이다.

중앙정부가 없는 무정부적 국제정치현실에서 전쟁을 완전히 제거할 수 있는 방법은 없다. 그렇다고 한다면 그 대안으로서 전쟁 가능성을 인정하면서 동시에 전쟁에서 폭력의 행사와 인명 피해를 막는 방법을 생각할 수밖에 없다. 클라우제비츠는 전쟁이 문민통제에 의해서 '제한전'의 양상을 띨 때 그것이 가능하다고 보았다. 이 점에서 그의 주장은 전쟁 연구를 통한 평화사상과 그 맥이 닿아 있다.

현재 한반도는 정전상태에 있다. 한반도는 전쟁상태와 평화상태라는 두 스펙트럼 사이인 준(準)전시상태에 처해 있다. 북한이 수십 개의 핵무기를 이미 보유함으로써 한반도뿐만 아니라 동북아 국제정세는 불안정해지고 있다.

21세기 미국과 중국 사이에 새로운 패권경쟁이 전개되고 있고 그 거친 파고는 어김없이 한반도로 밀려들고 있다. 북핵 폐기가 완전히 이루어지고 한반도 평화의 여건이 마련되지 않은 상황에서 체결되는 종전선언과 평화조약은 '전쟁의 초대장'이 될 뿐이다.

제14강

‘한국적 보수’란 무엇인가?

2018년 6·13 지방선거에서 보수정당인 자유한국당이 참패한 이후 ‘한국적 보수’의 이념과 가치를 새롭게 정립해야 한다는 논의가 활발하게 진행되고 있다. 보수 정치세력의 몰락이 곧 한국 사회에서 보수 이념의 종언을 의미하지 않는다는 점을 인식하는 것이 중요하다.

최근 우리 사회에서 진행되고 있는 보수 이념의 재정립과 관련하여 지적해 두고 싶은 것은 이 과정에서 ‘문맥의 에러(context error)’를 범해서는 안 된다는 점이다. 여기서 ‘문맥’이라고 하는 것은 동서고금의 사상이 특정 시대와 국가의 독특한 상황을 반영하고 있다는 것을 의미한다.

우리는 흔히 “그 단어의 의미는 문맥에 따라서 달라진다”는 말을 한다. ‘보수’의 개념과 이념도 서구와 한국의 역사적, 정치적, 국제정치적 상황이라는 ‘문맥’에 따라서 완전히 다르다. 그렇기 때문에 서구의 보수 이념을 '프로크루스테스의 침대'처럼 억지로 한국 상황에 적용시킬 수 없다. 그런 시도를 할 경우 일어나는 문제점이 바로 '문맥의 에러'이다.

'문맥'을 완전히 빼버린 보수 논의의 예는 영국의 사상가 오크셧(Michael Oakeshott)에게서 발견된다. 보수적 속성은 인간이라면 누구나 갖고 있다. 흔히 어머니의 손맛에 익숙해져 있는 우리는 사람의 입맛은 참 보수적이라는 말에 전적으로 공감한다. 이 경우의 보수성은 익숙한 것을 선호하는 인간 내면의 심리적 경향성을 의미한다.

이러한 보수의 정의는 신라, 고려, 조선시대부터 지금까지 존재해오고 있기 때문에 21세기 한국적 보수주의를 논의하는 데 크게 도움이 되지 않는다. 그 이유는 역사적 문맥을 제대로 포착할 수 없기 때문이다.

보수의 위기 극복을 위해서 우리 사회에서 널리 인용되고 논의되고 있는 문건들은 영국 보수당 당수 마이클 하워드의 '보수주의 16계명'과 미국 보수 정당 공화당의 아이콘 베리 골드워터의 '보수주의자의 양심'이다. 이 문건들은 영국과 미국의 독특한 정치문화와 종교적, 역사적 배경이라는 '문맥'을 바탕에 두고 보수주의 이념을 나름대로 설파하고 있다.

그런데 이들의 주장을 한국 보수 이념 재정립을 위해 원용하고 적용해보려고 하면 뭔가 2%로 부족하다는 느낌을 지울 수 없다. 이것은 나만의 생각이 아니라 그와 관련된 논의를 읽고 들어본 많은 사람들이 느끼는 공통된 생각일 것이다.

그 이유는 '한국적 문맥'이 보수 이념 재정립 논의에서 제대로 인식되고 반영되지 않았기 때문이다. 그렇다면 보수와 관련하여 '한국적 문맥'의 구체적 내용은 무엇인가? '보수'는 말 그대로 원래 '뭔가를 지킨다(conserve)'는 의미를 갖고 있다. 1948년 대한민국이 건국되었을 때 한국 사회는 지킬 것이 거의 없었다.

노재봉 전 국무총리의 지적처럼 이것은 "한국의 보수세력은 지킬 것을 만들어나간 세력이었다"는 점을 이해하는 것이 중요하다. 지킬 것이 아무 것도 없는데 마치 1948년에 자유민주주의를 위한 정치, 경제, 사회, 문화적 여건이 완전히 갖추어진 것처럼 생각하고 한국현대사를 선무당처럼 마구 난도질하는 '과거완료형적 사고의 오류'도 바로 여기에 기인하는 것이다.

한국의 보수세력을 대표하는 이승만 대통령은 왕조체제를 완전히 부정하고 자유민주주의 이념 도입이라는 '건국혁명'과 전통적 지주-소작제도를 타파하는 혁명적 '농지개혁'을 통해서 '보수(conserve)'할 것을 만들어 나갔다. 이렇게 보면 건국 이후 탄생한 한국의 보수주의는 전통을 지키고 점진적 변화를 추구한다는 서구 보수주의 사상과는 그 내용과 '문맥'이 완전히 다르다는 점을 알 수 있다.

한국 보수주의 형성에 결정적 영향을 미친 박정희 대통령은 근대화의 기치 하에 '산업혁명'을 달성했을 뿐만 아니라 새마을운동이라는 농촌의 경제적 발전과 '국민정신개조운동'을 동시에 추구했다. 이런 한국 보수주의 발전의 역사에 비추어보면 이승만과 박정희 대통령은 '보수'할 것을 만들어나가는 과정에서 혁명적 변화를 추구했다는 것을 알 수 있다.

이 점에서 이승만과 박정희는 '진보적'이었던 것이다. 그들은 진정한 의미에서 혁명가였고 진보주의자였다. 한국 보수주의는 끊임없이 뉴 프런티어를 개척하면서 앞으로 나아왔고 앞으로도 그렇게 할 수밖에 없는 역사적 사명을 부여받고 있다.

이런 한국 보수주의 발전의 역사적 문맥을 왜곡하여 한국 언론과 학계가 1987년 이후 분류하고 있는 '보수-진보' 양분법은 완전히 잘못된 것이라는 점을 알 수 있다. 이런 문제점과 관련하여 2018년 1월 발표된 《한국 자유민주주의와 그 적들》이라는 책에 수록되어 있는 '한국자유회의 선언문'에서 노재봉 전 국무총리가 말한 것을 인용하면 다음과 같다.

"우리는 자유민주세력과 전체주의세력이 마치 동일한 정통성에 합의 기반을 가진 두 개의 상대적 세력인 것처럼 '보수 대 진보'라는 허구의 도식으로 세력과 의식을 분류하는 의도적 조작을 엄중히 규탄하며, 한반도에서의 자유민주주의는 정치적으로 보수가 아닌 진보이며, 전체주의는 진보가 아닌 반동으로 규정함이 이론적으로나 현실적으로 정확한 정의(定義)임을 천명한다."

민족공조라는 미명 하에 북한 주민을 굶겨죽이고 정치범 수용소에 수만 명의 주민을 가두어 인권을 탄압하는 북한 정권에 대해서 비판 한마디 하지 못하는 한국의 '진보'를 자처하는 세력은 '진보'가 아니라 '반동'이라는 점을 쉽게 알 수 있다. 이것은 우리 사회에서 널리 통용되는 '보수-진보'의 양분법이 완전히 잘못되었다는 것을 보여준다.

이런 사실은 현재 한국 사회가 '전체주의적 사고의 일상화'가 널리 퍼져있는 얼마나 위험한 상황에 처해있는지를 보여준다. 보수 이념의 재정립은 이런 북한 전체주의에 대한 대항뿐만 아니라 한국 내부의 전체주의적 사고를 극복할 수 있는 방향으로 이루어져야 한다는 것을 보여준다.

최근 진행되고 있는 한국 보수주의 이념 재정립을 위한 논의는 앞서 지적한 한국 보수주의 발전의 역사와 문맥을 이해하고 이승만과 박정희라는 위대한 지도자들에 대한 객관적 평가에 바탕을 두고 이루어져야 한다. 이런 역사적 문맥을 뺀 채 진행되는 한국 보수주의 논의는 사상누각에 불과한 것이다.

영국 보수주의 사상가 에드먼드 버크가 지적한 것처럼 스스로를 혁신할 수단을 갖고 있지 못한 정체체제와 정치세력은 고인물처럼 썩어서 몰락을 길을 걸을 수밖에 없다. 항상 희망은 바닥을 짚었다는 절망적 상황에서 꽃핀다는 점을 인식하고 한국 보수주의 발전의 역사적 문맥을 분명하게 고려하는 보수 이념 재정립을 위한 논의가 더욱 활발하게 일어났으면 하는 바람이다.

제15강

대통령 개헌안, '국민'을 '사람'으로 바꾼다

2018년 3월 20일에서 22일, 3일에 걸쳐 청와대 조국 민정수석이 '대통령 개헌안'을 발표했다. 이번 개헌안은 발표 형식과 내용에 있어 많은 문제점을 안고 있다. 헌법은 우리 국가 최고의 법이다. 이 개정안을 청와대 민정수석이 발표한다는 것은 격이 맞지 않다.

아무리 수석비서관이라고 하더라도 대통령의 비서(祕書)이다. 비서는 전면에 나서지 않고 뒤에서 조용히 보좌하는 역할이다. 그래서 '비서'의 '비(祕)'자는 비밀 비(祕)이다. 영어 비서 secretary는 라틴어 secret에서 나온 말이다. 개헌안 발표 형식은 비서가 아니라 주무 부처 장관이 나서는 것이 옳다.

이번 사례는 문재인 정부가 부처 장관들을 무시하고 청와대가 국정을 주무르고 있다는 것을 보여준다. 그렇다고 한다면 그 많은 국민 세금을 들여서 그 많은 장관은 왜 각 부처마다 두고 있는지 국민은 납득하기 어렵다.

이번 대통령 헌법이 안고 있는 가장 큰 문제점의 하나는 기본권 주체를 일부 조항에서 '국민'에서 '사람'으로 바꾸겠다는 내용이다. 기본권 주체 확대와 관련한 청와대의 설명을 보면 우리 사회에 대해 국제사회가 갖고 있는 인권 수준의 기대에 부응하고 외국인 200만 명 시대에 걸맞게 헌법 일부 조항의 '국민'을 '사람'으로 바꾸어야 한다는 것이다.

이런 설명을 보면서 느끼는 것은 문재인 정부가 대한민국을 마치 '자선사업국가(慈善事業國家)'로 바꾸려고 한다는 생각이 든다. "천부인권적 성격의 기본권"에 대해서 그 주체를 '국민'에서 '사람'으로 확대한다는 설명도 납득하기 어렵다. 이런 설명은 헌정학의 기초조차도 전혀 이해하지 못한 결과라고 하지 않을 수 없다. 결론적으로 말해 지금처럼 헌법의 모든 조항에서 권리의 주체로서 '국민'이라는 용어를 그대로 사용하는 것이 옳다.

이 세상에는 '사람'이 정말 많다. 유엔 회원국을 기준으로 볼 때 전 세계에는 193개의 국가가 있다. 그 사람들은 특정 국가의 '국민'이 됨으로써 권리를 보호받고 있다. 나라를 잃어버린 적이 있는 한국인과 나라 없이 수백 년을 떠돌아다닌 유태인들은 이 점을 누구보다도 잘 이해하고 있을 것이다.

'나라 없는 백성의 설움'이라는 말은 바로 자신의 권리를 보호해줄 국가가 없는 비극을 말해준다. 우리가 국민으로서 정부에 세금을 내는 것은 우리 국민의 생명과 자유와 재산을 보호해 달라는 것이다. 그런데 이번 개헌안은 대한민국 국력의 범위를 훨씬 넘어서는 목표를 외국의 기대라는 비현실적 이유를 내세워 정당화하려고 하고 있다.

외국이 우리나라에 대해서 기대하는 것이 있다고 한다면 국가 능력이 되지 않고 국익에 부합되지도 않는데 헌법을 개정해서라도 그대로 따라야 한다는 것인지 묻지 않을 수 없다. 이런 발상은 헌정학과 국제정치의 기초조차 모르는 데서 나왔다고 하지 않을 수 없다. 이번 '사람 개정안'은 전혀 실현가능성이 없는 코스모폴리탄적인 국가를 지향하겠다는 비현실적인 유토피아적 발상에 불과하다.

정치사상의 차원에서 볼 때도 이번 개정안은 많은 문제점을 안고 있다. 국가가 없는 자연상태의 '사람'이 사회계약을 통해서 국가를 만들고 '국민'으로 거듭나면서 국가로부터 권리를 보장받고 있는 것이다. 그런데 그 '국민'을 '사람'으로 바꾼다는 것은 기존 계약을 허물고 또 다시 무정부상태인 자연상태로 되돌아가는 결과밖에 되지 않을 것이다. 이번 개헌안을 입안한 사람들이 그런 용어 변경이 가져올 정치사상적 문제점을 고려했는지 의문이다.

대한민국은 헌법에 국민의 요건을 법률로써 정하도록 하고 있다. 세상의 수많은 사람들 중 대한민국이라는 영토 내에 살면서 국민으로 권리를 누리고 부여된 의무를 다하면서 국가의 보호를 받아야 할 사람은 헌법에 법률로 정하도록 되어 있는 것이다. 대한민국에 들어와 있는 외국인이 200만이 되든지 그 이상이 되든지 간에 그들도 자격요건이 갖추어지면 법률에 따라서 국민의 지위를 부여받고 권리를 누릴 수 있다.

이것은 모든 사람은 천부인권을 갖고 있지만 그런 권리는 국민의 지위를 가질 때 비로소 국가로부터 보호를 받을 수 있다는 것을 의미한다. 그렇기 때문에 국민을 사람으로 바꾸어 국민의 자격 범위를 무한대로 확대시킬 필요가 없는 것이다.

현행 헌법 제10조는 "모든 국민은 인간으로서의 존엄과 가치를 가지며, 행복을 추구할 권리를 가진다. 국가는 개인이 가지는 불가침의 기본적 인권을 확인하고 이를 보장할 의무를 진다"고 규정하고 있다. 개정안 제10조는 기존의 "모든 국민"을 "모든 사람"으로 바꾸어놓았다. 현행 헌법은 세계 사람들이 만든 세계국가의 헌법이 아니고 한국인이 만든 대한민국의 헌법이라는 점을 인식하는 것이 중요하다. 천부인권 사상을 인정하면서 대한민국의 국민이 인간으로서 기본권을 갖고 있다는 점을 한국인이 헌법 제정 과정에서 재확인하고 그 권리를 대한민국이라는 근대국민국가가 보호해야 한다는 점을 헌법이 천명하고 있는 것이다.

비인간적 전체주의적 정치체제의 공식 이데올로기인 북한의 주체사상은 모든 것을 '사람 중심'으로 포장하고 있다. 주의해야 할 것은 '북한 사람'과 '한국 사람'은 혈연과 언어를 강조하는 '낭만적 민족주의'의 관점에서 보면 차이가 없다는 것이다. 이와 달리 '정치적 정체성'의 관점에서 보면 이들은 완전히 다르다는 것을 알 수 있다.

북한 사람은 자유와 인권을 전혀 누리지 못하는 '인민'에 불과하다. 북한 정권이 북한 인민의 평등을 허구적으로 내세우지만 그것은 '노예 속의 평등'일 뿐이다. 이와 달리 '한국 사람'은 자유롭고 평등하고 기본권을 보장받는 개인으로서 '국민'이다.

그런데도 헌법 개정안처럼 '국민'을 '사람'으로 바꿀 경우 남북한 사람의 정치적 정체성의 구분이 제대로 되지 않을 뿐만 아니라 남북한의 정치체제가 완전히 이질적이라는 점이 망각되고 만다. 통일은 북한 사람을 자유민주주의체제 하의 대한민국 국민으로 통합하는 것이다. 이 점에서 이런 식의 개헌안은 반(反)통일적 발상이라고 하지 않을 수 없다.

세계화가 진행되고 있지만 한국인은 대한민국의 국민으로서 존재하면서 대한민국을 통해 국제사회와 교류하면서 활동하고 대한민국에 의해 보호받고 있다. 해외에서 활동하는 한국인이 어려움을 겪을 경우 대한민국이 그들을 보살핀다. 그 이유는 그들이 '사람'이 아니라 대한민국 '국민'이기 때문이다. 이것은 우리가 세계화 속에 살고 있다고 해서 대한민국 국민의 지위를 버리고 그냥 정체불명의 '사람'으로 살아가는 것이 아니라는 것을 의미한다. 이런 점들에 비추어볼 때 헌법 개정안처럼 국민을 사람으로 바꾸지 말고 현행 헌법대로 국민으로 두는 것이 옳다.

제16강

정치는 친구와 적을 구분 짓는 것이다

독일의 정치사상가 칼 슈미트(Carl Schmitt)는 《정치적인 것의 개념》이라는 책에서 "정치의 본질은 친구와 적을 구분 짓는 것이다"라고 정의하고 있다. 정치를 우적(友敵)관계로 구분 짓는 그의 유명한 정의는 우리에게 지적 쇼크를 주는 것이 사실이다.

우리가 흔히 이해하는 정치는 '여의도 정치'를 말한다. 여당과 야당이 어떤 정치적 사안들을 두고 대립과 타협을 통해서 문제의 해법을 찾아가는 협상 과정이 우리가 통상적으로 이해하는 정치이다.

이와 함께 우리가 알고 있는 정치는 국회에서 만들어진 법에 따라서 국가가 국민에 대해 행정적으로 지배 업무를 행하는 것을 뜻하기도 한다. 슈미트의 정치에 관한 정의는 우리가 알고 있는 이러한 일상적 의미의 '정치'와는 완전히 다르다는 것을 알 수 있다.

슈미트의 정치에 관한 정의가 중요한 의미를 갖는 것은 근대산업

사회로 들어오면서 '정치'의 영역을 완전히 배제하고 생각하려는 경향이 강하게 나타났기 때문이다. 그 대표적 주장이 마르크시즘이다. 카를 마르크스는 국가와 정치는 경제적 토대의 상부구조에 불과하고 그 자체로서 독립성과 자율성을 갖고 있지 못하다고 주장했다.

국가는 경제적 지배계급인 자본가들의 이익을 대변하는 이사회에 불과하다는 그의 주장은 유명하다. 이것은 정치를 완전히 경제의 종속물로 보고 독자적인 정치 영역의 존재와 그 자율성을 완전히 부정한다. 이런 마르크스의 실험은 소련과 동구권의 몰락으로 그 타당성을 상실하고 말았다.

한국의 경우에도 권위주의정권이 개발국가를 지향하면서 경제발전을 우선시하는 과정에서 정치의 영역은 후순위로 밀려나고 말았다. '정치의 복원'이 한국 사회에서 중요성을 갖는 이유가 여기에 있다. 그러나 한국 사회는 냉전의 종식과 함께 극한에 이르렀던 초강대국 사이의 군사적 대결 양상이 막을 내리면서 또 다시 정치를 빼놓고 생각하는 경향이 되살아나기 시작했다.

세계적 차원에서 냉전은 종식되었지만 북한이라는 전체주의체제와 여전히 대립하고 있는 한국은 정치를 뺀 경제주의적 사고만으로는 대내외적으로 직면하고 있는 문제들을 해결해나갈 수 없다. 이런 점에서 슈미트의 정치에 관한 정의는 우리에게 매우 시사하는 바가 크다고 할 수 있다.

슈미트는 "국가의 개념은 정치의 개념을 전제로 한다"는 점을 지적하고 있다. 그런데 통상적으로 정치는 지배의 업무를 의미한다. 그렇다고 한다면 그 지배의 업무를 담당하는 주체가 바로 국가이다. 이처럼 그는 국가와 정치의 개념이 일종의 순환론의 고리에서 벗어나지 못한다는 점을 알게 되었다. 이 과정에서 그는 정치의 개념을 통상적 의미와 달리 우적개념으로 정의하는 독창적 생각을 하게 되었다.

그는 정치적 우적관계는 선과 악의 구분을 중시하는 도덕론, 이윤 추구를 중시하는 경제적 사고, 아름다움과 추함을 구분하는 미학과는 완전히 다른 독자적 영역이라는 점을 강조하고 있다. 그는 정치를 다른 영역과 구분 짓지만 이들 영역이 그 내에서 친구와 적의 관계를 만들어낼 경우 '정치적 관계'로 발전한다는 점을 강조하고 있다.

그 예로서 그가 들고 있는 것이 노사분쟁이다. 노사분쟁이 임금 문제를 넘어서서 총파업을 하고 사회적 파장이 매우 커지거나 노조가 경제 영역을 넘어서서 정치투쟁으로 나아갈 경우 그것은 경제문제에 그치지 않고 정치적 차원으로 옮겨간다는 것이다.

슈미트의 정치관은 북핵 위기와 함께 군사적으로 대치하고 있는 남북관계, 문재인 정부가 들어서고 나서 추진되고 있는 적폐청산과 여야 정치권의 극한 대립 양상을 보이는 한국 정치 상황, 21세기 미국과 중국 사이의 한치 앞을 내다볼 수 없는 '냉전 2.0'과 같은 상황들을 이해하는 데 도움을 준다.

이런 상황들을 바라보면 국내정치든지 국제정치든지 간에 친구와 적, 우리와 남을 뚜렷하게 구분해서 보는 슈미트의 정치관은 오늘날 한국이 직면하고 있는 대내외적 현실을 이해하는 데 커다란 도움을 준다.

그의 정치관을 구체적으로 살펴보면 첫째, 그가 말하는 우적관계는 개인적 원한 관계를 말하는 것이 아니다. 그는 사적 관계가 아니라 우리와 남으로 구분되는 집단적이고 공적 차원에서 친구와 적을 구분하여 정치를 정의하고 있다.

둘째, 친구와 적을 구분 짓는다는 것은 정치현실이 항상 '갈등'을 수반하고 있다는 것이다. 갈등이 전제로 되는 '갈등의 장'으로서의 정치는 국내정치든지 국제정치든지 간에 이 갈등에 수반되는 폭력 행사의 가능성을 항상 배제할 수 없다는 것을 의미한다.

우리는 흔히 '평화'가 무엇인지를 물어보면 '갈등 없는 상태'라는 대답이 돌아오는 것을 본다. 그러나 인간들 사이에는 권력과 부와 명예를 둘러싸고 끊임없는 갈등이 존재한다. 중앙정부가 없는 무정부상태인 국제정치에서 갈등을 제거한다는 것은 불가능하다. 그런데 이런 현실을 완전히 무사하고 평화를 갈등 없는 상태라고 규정하는 것은 비현실적이고 유토피아적 주장이라고 하지 않을 수 없다.

슈미트는 우적 관계를 강조하고 친구와 적을 뚜렷하게 구분할 것을 중시한다. 그렇지만 그가 갈등 그 자체를 옹호하거나 결코 찬양하는 것은 아니다. 정치라는 현실은 갈등의 존재를 항상 전제로 하는 것이다. 이런 현실주의적 생각에 설 때 갈등이 폭발하여 재앙을 가져오는 것을 막고, 나아가 전쟁 발발을 막고 평화를 유지할 수 있다.

인간 사회와 국가들 사이에 갈등이 엄연히 존재함에도 불구하고 이 갈등이 싫다고 애써 무시한다고 해서 보이지 않은 손에 의해서 조화로운 정치가 행해진다거나 국제정치에서 평화가 저절로 찾아오지 않는다. 1928년 국가들이 전쟁을 국가정책의 수단으로 선택하지 않을 것을 선언한 '파리협정'은 그 잉크가 마르기도 전인 1931년 만주사변과 1934년 무솔리니의 에티오피아 침략으로 휴지조각이 되고 말았다.

역으로 갈등이 없는 세상을 무리하게 만들려고 하면 인류는 더 큰 위험에 직면할 수 있다. 국제정치현실은 중앙정부가 없는 무정부상태이다. 그런데 이런 무정부성을 극복하기 위해 세계정부를 만들려고 하면 세계에 존재하는 193개 국가들은 자신의 주권을 지기키 위해 모두 여기에 반발할 것이다.

그 결과 더 큰 전쟁이 일어날 것이고 인류는 지금보다 더 엄청난 희생을 치룰 수밖에 없다. "천사의 세상을 만들려는 정치인은 그의 의도와는 반대로 지옥을 만들어내고 만다"라는 주장이 설득력을 갖는 이유가 여기에 있다. 갈등의 존재를 완전히 무시하는 것만큼이나 갈등의 존재를 완전히 제거하려는 시도도 커다란 문제점을 안고 있다는 것을 알 수 있다.

슈미트의 정치관에서 이해하기 어려운 것이 바로 그의 '적' 개념이다. 그 개념을 이해하기 위해서는 '정치적 적'과 '군사적 적'을 구분해서 생각해보면 크게 도움이 된다. 여기서 '정치적 적'이라고 하는 것은 '경쟁의 대상'이고, '군사적 적'이라고 하는 것은 '절멸의 대상'이다.

국내정치에서 자유민주주의라는 정치이념을 공유하고 있는 여당과 야당의 경우 서로 갈등을 하더라도 경쟁적 관계에 있다고 할 수 있다. 그래서 여당과 야당의 관계는 '정치적 경쟁 상대'로서의 적이라고 할 수 있고 이것을 '정치적 적'이라고 부를 수 있다.

이와 달리 북한은 북한 체제를 비판하고 적화통일에 방해가 되는 남한의 정치세력과 북한 내 반체제 세력을 '원수'라고 부른다. 이때 북한이 말하는 원수는 '군사적 적'에 해당된다고 할 수 있다. 북한이 말하는 원수로서의 적은 정당한 경쟁의 대상이 아니라 절멸의 대상이 된다.

적에 대한 이런 두 가지 구분에 비추어보면 이해찬 의원이 지난 대선 과정에서 제기한 '보수궤멸론'은 많은 문제점을 안고 있다는 것을 알 수 있다. 그의 발언을 보면 그가 보수세력을 자유민주주의체제를 공유하는 정당한 '정치적 경쟁 상대'로 보는 것인지 아니면 '군사적 적'으로서 궤멸시켜야 하는 상대로 보는 것인지 잘 이해가 되지 않는다.

이해찬 의원의 발언은 슈미트가 말하는 우적관계와 그 적 개념의 두 가지 구분에 대한 혼돈에서 나온 것이 아닌가 하는 생각이 든다. 이해찬 의원과 같은 혼돈과 오해를 피하고 슈미트의 적 개념을 제대로 이해하기 위해서는 '정치적 적'과 '군사적 적'으로 구분해서 보는 것이 크게 도움이 된다.

셋째, 슈미트가 말하는 우적관계는 실존적 의미를 갖고 있다. 여기서 '실존적'이라고 하는 것은 죽고 사는 문제라는 의미이다. 북한은 핵무기와 화생방 무기를 갖고 대한민국의 생존 그 자체를 위협하는 실존적 적에 해당된다. 노재봉 전 국무총리는 한국 정치를 지상정치,

국제정치, 지하정치 세 차원으로 구분했다.

여기서 말하는 지하정치는 자생적으로 혹은 북한과 연계되어 한국의 자유민주주의체제를 타도하려는 전복세력을 의미한다. 그러한 전복세력도 대한민국에게는 '실존적 적'에 해당된다.

넷째, 슈미트는 선과 악이라고 하는 도덕적 기준을 적용하여 친구와 적을 구분해서는 안 된다고 주장한다. 이것은 적의 대상이 되는 것은 항상 도덕적으로 악하고, 미학적으로 추할 필요가 없다는 것을 의미한다.

국가의 생존이 위태로울 경우 정치 이념의 차이도 우적관계를 구분하는 기준이 될 수 없다. 제2차 세계대전 당시 미국은 나치 히틀러에게 대항하기 위해서 전체주의국가 독재자 스탈린과 연합했다. 1971년 베트남전쟁 개입으로 국력이 약화된 미국은 숨 돌릴 틈을 만들기 위해 공산주의국가 독재자 마오쩌둥과 손잡고 3각외교를 통해 대소련 봉쇄전략을 재정비하고 결국 소련을 몰락시켰다.

이런 예들에서 보는 것처럼 '군사적 적'에 의해서 국가의 생존이 위협받을 경우 도덕적, 미학적, 이념적 기준을 적용하여 적을 구분해서는 안 된다는 것을 의미한다. 국가가 몰락하고 나면 이런 가치들은 전혀 쓸모가 없는 것이기 때문이다.

슈미트의 이상과 같은 정치관에 비추어볼 때 현재 한국이 직면한 대내외적 상황과 관련하여 몇 가지 중요한 교훈을 도출해낼 수 있다. 정치를 적대적 집단들 사이의 생사(生死)를 건 존재론적 대결 양상인 우적관계로 본다고 한다면 정치의 영역은 도덕, 경제, 미학 등 다른 영역과 독자적으로 존재하는 영역이라는 것을 알 수 있다.

우리는 흔히 국가 지도자를 평가할 때 여기까지는 잘 했고 저기까지는 문제가 있었다는 식으로 보는 '공과론(功過論)'을 접하게 된다. 이런 인식은 정치를 일종의 응용도덕적 관점에서 바라보는 잘못된 사고이다. 마키아벨리가 《군주론》에서 주장하고 있는 것처럼 도덕에서 정치가 나오는 것이 아니고 정치가 도덕을 규정하는 것이다. 슈미트의 정치관은 마키아벨리의 주장에 맞닿아 있다는 것을 알 수 있다.

우리 사회에서 이승만 대통령의 업적 평가는 '공과론(功過論)'이 주류를 이루고 있다. 그러나 국가 지도자에 대한 평가는 도덕교과서식으로 이루어지는 것이 아니다. 모든 지도자에게는 자신에게 주어진 시대적 소명이 있다. 이런 소명을 완수했는지 여부가 지도자 평가의 기준이 되어야 한다.

이승만 대통령에게 부여된 시대적 소명은 자유와 인간의 권리를 보장하는 자유민주주의체제에 기반한 나라를 세우라는 것이었다. 그는 자유 대한민국의 건국혁명을 완성하고 전시 대통령으로 북한의 남침으로부터 나라를 지키고 한미동맹 체결을 통해서 국가안보를 반석에 올려놓음으로써 시대적 소명을 다했다.

박정희 대통령에게 주어진 시대적 소명은 우리 민족을 가난에서 벗어나게 하라는 것이었다. 그는 수출주도형 경제발전을 통해서 산업혁명을 이룩하고 부국강병의 기반을 닦았다. 한국은 과학과 기술의 끊임없는 발전에 의해서 경제가 발전하고 그 경제력을 바탕으로 군사력을 증강시킬 수 있는 산업사회에 살고 있다.

이런 여건 하에서 박정희 대통령의 산업혁명 추구는 선택이 아니라 필수였다. 이승만의 건국혁명과 박정희의 산업혁명은 대한민국이 자유민주주의체제 하에 통일혁명을 달성할 수 있는 이념적, 물질적 기반을 마련했다.

한국의 정치문화는 슈미트가 말하는 정치적 사고에서 크게 벗어나서 경제중심적 사고에 깊이 물들어 있다. 그 하나의 예로서 들 수 있는 것이 남북관계를 경제적 교류와 협력을 통해서 발전시키고 이를 바탕으로 통일을 달성할 수 있다는 기능주의적 접근방식이다.

그러나 유럽통합에서 보는 것처럼 정치체제의 동질성이 확보되어 있지 않으면 낮은 수준의 경제협력을 통해서 점차적으로 정치 분야로 나아가는 기능주의적 방식이 그 효과를 발휘할 수 없다. 유럽연합 28개 국가들은 모두 정치체제가 동질적이다.

이와 달리 한국은 자유민주주의체제이고 북한은 전체주의체제로서 그 체제의 성격이 완전히 이질적이다. 이런 상황 하에서 유럽처럼 기능주의적 방식을 적용한다는 것은 애초부터 불가능하다. 남북한은 이질적 체제를 동질적 체제로 만들어내야 하는 과제를 안고 있다. 통일이 민족의 통일이 아니라 정치체제의 통일이라고 하는 이유가 바로 여기에 있다. 북한이 한국처럼 자유민주주의체제로 변화되지 않는 한 남북한 사이의 교류와 협력을 통해서 통합을 실현한다는 것은 불가능하다.

남북한 사이의 정치체제의 차이점에서 생겨나는 우적관계는 '민족'이라는 안경을 쓰고 남북관계를 바라보면 제대로 포착이 되지 않는다. 20세기 정치사상가 에릭 보글린(Eric Voegelin)이 말하는 '현실의 일식현상'이 일어나게 되는 것이다.

프랑스혁명에서 출발한 '민족(nation)'은 두 가지 의미를 갖고 있다. 하나는 '시민적 민족'이고 다른 하나는 '종족적 민족'이다. '시민적 민족'은 프랑스 영토 내에 살고 있는 모든 사람들을 자유롭고 평등한 개인으로 인정했을 때 비로소 탄생했다.

그런데 독일에서는 여전히 혈연과 종족을 강조하는 '종족적 민족'의 개념이 발전했다. 그 영향이 일제시대 일본을 거쳐 한국에 들어와서 오늘날까지 지대한 영향을 미치고 있다.

1948년 건국혁명을 통해서 남한에서 종족적 민족이었던 한국인은 '시민적 민족'으로 전환되어 국민으로 거듭났다. 그러나 북한에는 해방 이후 인민민주주의가 들어섬으로써 '종족적 민족'이 온존되고, 김일성 3대 세습적 전체주의체제가 성립되면서 그런 경향이 더욱 강화되었다.

남한 사회에도 여전히 종족적 민족주의적 사고가 깊이 뿌리를 내리고 있기 때문에 북한이 내세우는 선전 구호인 민족공조론과 우리민족끼리가 먹혀들고 있다. 종족적 관점에서 보면 남북한 정치체제 구분이 모호해질 뿐만 아니라 북한이 대한민국의 생존을 위협하는 실존적 적이라는 인식이 약화된다.

우적관계로서 정치를 규정하는 슈미트의 정치관은 종족적 민족주의적 사고에 깊이 물들어 있는 우리 사회의 허구적 민족 이데올로기를 극복하는 데 결정적 도움을 준다.

1991년 냉전이 종식되었을 때 우리 사회에는 우적관계에서 바라보는 정치인식과 군사적 갈등 관계를 중시하는 국가안보관이 희석되기 시작했다. 이런 인식은 군사 문제는 완전히 빼놓고 경제문제만을 중시하는 그릇된 경향을 낳았다. 한국인은 국제정치의 압도적 영향을 받고 살아왔고 살고 있으면서도, 국제정치를 빼놓고 생각하는 잘못된 정치문화가 21세기 미중 '냉전 2.0'이 본격화되고 있는 현 시점에도 그 영향력을 발휘하고 있다.

국제정치는 우적관계가 가장 적나라하게 드러나는 영역이다. 과거 국제정치 때문에 나라를 잃기도 하고 찾기도 했던 한국인은 우적관계를 핵심으로 하는 국제정치에 대한 더욱 명확한 인식을 갖는 것이 중요하다. 그것은 바로 누가 한국의 친구이고 적인지를 정확하게 구분하고 대응방안을 모색하는 것이다. 동맹국 미국은 우리의 친구이고 대한민국을 타도하려는 북한과 자유민주주의체제를 타도하려는 한국 내 전복세력은 우리의 적이다.

슈미트의 정치관이 주는 중요한 교훈은 우적관계를 분명히 인식하고 행동하는 집단에게 그렇지 못한 집단은 패배하거나 잡아먹히고 만다는 사실이다. 북한은 남북관계를 철저하게 우적관계로 파악하고 있다. 남한 적화라고 하는 북한의 대남 혁명노선은 전혀 변화가 없다. 그것은 노동당 규약에 잘 나타나 있다.

그런데도 남한은 기능주의적 방식으로 북한 문제를 해결하려고 하고 있다. 햇볕정책, 비핵개방 3000, 한반도 신뢰프로세스 이 모든 것들이 슈미트가 말하는 우적 관계에 대한 뚜렷한 인식 없이 추진되어

온 것들이다. 이것들은 모두 소기의 성과를 거두지 못했다.

남북관계는 경쟁관계가 아니라 적대관계이다. 우리와 정치 체제와 이념을 달리하는 북한이 우리를 적으로 규정하는 상황에서 남북관계에서 전쟁과 갈등의 가능성을 제거하는 것은 불가능하다. 그럼에도 불구하고 우리 사회에서는 평화를 갈등 없는 상태로 보는 비현실적 사고가 팽배하다.

평화에 대한 이런 잘못된 인식은 대북한 유화정책(宥和政策)을 낳고 한미동맹을 악화시킨다. 한미동맹은 대북한 위협인식을 공유할 때 유지될 수 있고 대북한 억지력을 발휘할 수 있다. 문재인 정부 하에서 그 위협인식에 커다란 괴리감이 생기면서 한미관계가 악화일로를 걷고 있다.

우리가 적이 누구인지를 선택하지 않으면 적이 우리를 적으로 규정하여 궤멸시키고 절멸시킬 것이다. 북한은 남한을 엄연히 타도의 대상인 적으로 규정하고 있는데 국방부가 국방백서에서 주적 개념을 삭제했다고 하는 것은 커다란 잘못이라고 하지 않을 수 없다. 우적관계를 분명하게 인식하고 행동하는 집단에게 그렇지 못한 집단은 패배하거나 잡아먹히고 만다.

북핵 문제 해결에 아무런 진전이 없는데도 북한에 퍼주기 위해서 평양선언과 남북군사분야 이행합의서를 '셀프 비준'을 통해서 밀어붙이려는 문재인 대통령의 무리수는 납득하기 어렵다. 상식을 가진 사람의 눈에는 그런 행위는 핵을 가진 북한에게 굴복하여 조공(朝貢)을 갖다 바치려는 굴종적인 것으로밖에 보이지 않는다.

한국은 수십 개의 핵무기를 가진 북한과 대치하고 있다. 한반도 주변 정세는 21세기 미중 '냉전 2.0'이 심화되면서 구한말과 냉전 시작 때처럼 요동치고 있다. 이런 엄중한 상황에서 남북관계와 외교정책 수립 과정에서 우적관계를 분명히 하는 정치관을 갖고 대응 방안을 모색해 나가야 할 것이다.

제17강

'자유'를 부정하는 '전체주의적 사고의 일상화' 심각하다

한국 사회에는 '전체주의적 사고의 일상화'가 급격히 진행되고 있다. 이제 그 위험성이 도를 넘어서 한국 사회가 전체주의사회로 타락해가고 있는 것이 아닌가 하는 우려가 커지고 있다. '전체주의적 사고'라고 하는 것은 자유민주주의체제를 부정하고 전체주의에 의식적으로 혹은 무의식적으로 동조하는 생각을 말한다.

우리는 자유민주국가의 시민으로서 당연히 체제 부정적 사고와 행위에 대해서 적극적으로 반대하고 대항해야 한다. 그럼에도 불구하고 지금 우리 사회에서는 전체주의적 사고와 행동에 반대하기는커녕 이를 방관하고 심지어 적극적으로 동조하는 '전체주의 일상화'라는 위험한 현상이 나타나고 있다.

우리는 "저 사람은 참 생각 없는 행동을 한다"라는 말을 종종 듣는 경우가 있다. 그러나 생각이 잘못되었을 수는 있어도 생각 없는 행동은 없다. 생각이 인간 행위를 추동하고 그 근거가 된다. 수많은 사람들의 행위가 모여서 현실이 만들어져 나간다. 이렇게 보면 우리의 생각이 현실을 만들어나간다는 사실을 알 수 있다.

전체주의적 생각이 우리 사회에 일상화된다고 한다면 우리 사회의 현실이 정치, 경제, 교육, 문화 등 모든 영역에서 전체주의적으로 타락해갈 수밖에 없다고 하는 이유가 여기에 있다. 이처럼 타락해가는 한국 사회의 현실에 대한 정치사상적 경보음은 촛불시위가 한창이었던 2017년 1월 노재봉 전 국무총리가 쓴 '한국자유회의 선언문'에 잘 나타나 있다. 이 선언문과 그 해제는 최근 출간된 《한국 자유민주주의와 그 적들》이라는 책에 수록되어 있다.

한국 사회에서 전체주의적 사고의 일상화가 본격적으로 등장하게 된 계기는 촛불시위였다. 이 시위에서 등장한 것이 '전체주의적 국민주권론'이었다. 대한민국 헌법 제1조 2항에 나오는 국민주권론의 '국민'은 상징적 존재이다. 이때 '국민'은 광화문에 촛불을 들고 나온 '조직화된 대중'을 말하는 것이 아니다. 그럼에도 불구하고 이런 '자유민주주의적 국민주권론'은 마치 광화문에 촛불을 들고 나온 사람들을 '국민'으로 선동하는 '전체주의적 국민주권론'에 의해서 부정되고 말았다.

이런 선동에 의해 본격화된 전체주의적 사고는 헌법재판소가 만장일치로 박근혜 대통령을 탄핵함으로써 그 극점에 이르게 된다. 이런 만장일치적 결정은 전체주의 국가에서나 볼 수 있는 일이다. 헌재는 대한민국을 뒤집어엎으려는 통진당 사건도 만장일치로 결정하지 않고 소수 의견이 있었다.

박근혜 대통령 탄핵에 관한 헌재의 결정은 한국 사회에 전체주의의 일상화를 더욱 가속화시키고 체제 전복세력에게 붉은 카펫을 깔아주는 결과를 가져왔다. 이제 한국 사회는 젖은 스펀지에 붉은 잉크를 한 방울 뿌리면 스펀지 전체가 금방 붉어지는 것처럼 전체주의의 일상화에 무방비상태로 노출되고 말았다.

문재인 대통령은 대한민국 건국이 1948년이 아니라 1919년이라고 우기고 있다. 대통령이 나서서 역사적 사실을 왜곡하고 있다. 정치권력이 역사를 왜곡하는 것은 전체주의 국가에서나 볼 수 있는 일이다. 문 대통령은 판문점에서 김정은을 비밀리에 접촉한 후 그를 '친구'라고 부르고 있다.

대통령의 말과 행동과 태도는 국민의 대북한 인식에 직접적 영향을 미친다. 문 대통령이 김정은을 대하는 태도라든지 그의 종족적 민족주의적 사고에 기초한 대북정책은 한국 사회에서 '일상적 전체주의'를 더욱 부추기고 있다. 자라나는 세대들에게 가르칠 역사교과서에 '자유민주주의'에서 '자유'를 빼고 가르칠 예정이라고 한다.

중국에서 탈북한 13명의 북한 종업원과 태영호 공사를 북한으로 되돌려보내라고 하는 어처구니없는 주장이 우리 사회에서 공공연하게 제기되고 있다. 자유를 찾아서 대한민국의 품으로 돌아온 그들을 북한으로 되돌려보낼 수 있다는 발상이 전체주의에 동조하는 생각이 아니면 도대체 어떻게 가능하다는 것인가.

대통령이 내놓은 개헌안을 보면 '국민'을 곳곳에서 '사람'으로 바꾸어놓았다. 북한에 살고 있는 '사람'은 모두가 사람이 아니다. 전체주의정권에 적대적인 계급은 '사람' 취급을 받지 못한다. 이들은 사람이 아니기 때문에 정치범 수용소에 가두고 인권을 탄압해도 문제가 없는 것이다. 북한정권이 북한에 인권문제가 없다고 강변하는 것은 이런 이유에서이다.

대한민국 대통령이 내놓은 개헌안이 북한식의 '사람'으로 잘못 해석될 수 있는 여지를 남겨둔다는 것은 문제라고 하지 않을 수 없다. 그 개헌안을 국민들 앞에서 공청회 한번 하지 않고 뒷방에서 비밀리에 만든 그 사람들의 생각 속에는 전체주의적 사고가 깊이 박혀 있다고 보지 않을 수 없다. 이런 그릇된 사고와 그에 바탕을 둔 행동들의 예들은 이제 우리 주변에서 수없이 찾아볼 수 있기 때문에 일일이 열거하기가 어려울 정도이다.

독일이 히틀러의 전체주의로 빠져들었던 것은 당시 독일에 '전체주의적 사고의 일상화'가 급격히 진행되고 있었기 때문이다. 니묄러 목사는 그 당시의 상황을 지식인으로 참회하면서 독일 지식인들과 시민들이 나치에 적극적으로 대항하지 못함으로써 어떻게 자유와 종교를 말살당하게 되었는지를 통렬하게 반성하고 있다.

그의 반성을 보면 오늘날 한국의 현실이 겹쳐진다. 대한민국의 자유민주주의가 전체주의의 일상화에 의해서 안락사하지 않도록 우리 모두 경각심을 가져야 할 때이다. 특히 시대의 어둠을 밝히려는 지식인들의 지적 용기와 노력이 그 어느 때보다도 절실히 요청되는 때이다.

제2부

격동의 한반도와 국제정치

제3장

북한 핵, 해법은 무엇인가?

제18강

북한 핵보유 인정하는 '파키스탄 모델' 안 된다

북핵 해결과 관련하여 여러 가지 방안들이 제시되어 있다. 북한이 보유하고 있는 핵무기와 핵물질을 미국이나 외국으로 실어내어 폐기하는 '리비아 모델'은 미국 대통령 국가안보보좌관 존 볼턴이 공개적으로 주장해오고 있는 모델이다.

다음으로 남아프리카공화국처럼 백인정권에서 흑인정권으로 교체되면서 그 나라가 갖고 있던 전술핵무기를 스스로 폐기하고 국제원자력기구(IAEA)의 사찰을 받은 '남아공 모델'이 있다. 북한에게 남아공 모델은 기대하기 어렵다.

북핵의 완전 폐기라는 리비아모델이 가장 바람직하지만 북핵 위기가 장기화되고 북한의 핵무기 보유 숫자가 증가하면서 북한에게 핵보유를 인정하되, 사용은 못하게 하는 '파키스탄 모델'이 거론되고 있다. 이 모델은 과거 북한이 6자회담에서 비공식적으로 미국 대표단에게 거론한 적이 있는 것으로 알려지고 있다.

지난 2018년 7월 폼페이오 장관이 미북 제3차 협상을 위해 평양을 방문했을 때 미국은 북한에게 북한 핵무기와 핵물질 리스트를 제출할 것을 요구했다. 그런데 미국은 핵무기의 경우 모든 핵무기의 폐기가 아니라 그 중에서 60%만 우선적으로 미국이나 해외로 보내서 폐기할 것을 요구했다는 사실이 미국의 인터넷 신문 '복스뉴스(Vox News)'의 특종 보도로 알려지게 되었다. 2018년 8월 국회 정보위원회에 출석한 서훈 국정원장은 북한 핵무기의 60% 폐기를 제1차 목표로 설정하고 있다는 입장을 밝혔다.

이런 사실들을 종합해보면 북핵의 완전한 폐기가 아니라 그 대안으로서 북핵 일부 폐기와 일부 보유를 인정하는 방안들이 논의되고 있다는 사실을 알 수 있다. 김정은은 2019년 신년사에서 북한은 핵무기를 생산, 실험, 사용, 확산하지 않겠다고 선언했다. 그렇지만 그는 북핵을 폐기하겠다는 말은 하지 않고 있다.

이것은 북한이 이미 개발한 핵은 보유하겠다는 의사를 분명히 한 것이다. 여기에서 보는 것처럼 김정은의 주장은 '파키스탄 모델'로 불릴 수 있는 것이다. 이 방안은 북한이 핵을 보유하되, 사용은 하지 않을 것이라는 전제를 깔고 있는 위험한 생각이다.

파키스탄은 1998년 5월 여섯 번 핵실험을 통해서 사실상(*de facto*) 핵보유 국가로 등장했고, 현재 60개 정도의 핵무기를 갖고 있는 것으로 알려져 있다. 파키스탄의 경우 그 핵무기는 인도에 대한 억지용으로서의 목적을 갖고 있다. 인도가 제2차 핵실험을 한 직후 파키스탄이 이에 대응해서 바로 핵실험을 성공시켰다는 사실에서도 인도-파키스탄의 핵무기 개발 경쟁의 의미를 알 수 있다. 파키스탄이 핵 기술을 해외에 팔았다는 사실이 알려지기도 했지만 이 나라의 핵 개발의 최종 목표는 인도로 향하고 있다.

북한의 경우 핵을 부유할 경우 파키스탄과 달리 그 핵무기를 군사적 목적 외에 정치적 목적을 위해 사용할 가능성이 확실하다. 이 점에서 북핵 협상에 '파키스탄 모델'을 적용한다는 것은 매우 위험하다. 이것은 북핵이 갖고 있는 군사적 위협과 동시에 정치적 위협 요인들을 고려해야 한다는 것을 의미한다. 그렇지만 핵무기가 갖고 있는 살상력 때문에 군사적 위협에 대해서는 잘 이해하고 있지만 북핵이 갖고 있는 정치적 위협 요인들에 대해서는 우리 사회에서 이해가 매우 부족한 것으로 보인다.

북한 핵무기가 갖고 있는 정치적 목적 중에서 가장 우선적인 것은 김정은과 그 지배계급을 보호하는 것이다. 그 다음으로 북한 핵무기는 조선노동당 규약이 규정하고 있는 것처럼 남한의 적화라고 하는 정치적 목적을 달성하기 위한 군사적 수단이다. 북한은 '혁명적 전체주의체제'로서 남한의 적화 통일이라는 것을 빼고서는 존속할 수 없는 체제이다.

나아가 북한 핵무기의 목표는 남한을 핵공갈로 협박하여 한국으로부터 경제 원조를 받아내는 것이다. 이것은 북한이 핵을 보유할 경우 그 최종적 대상은 한국이라는 사실을 알 수 있다. 그렇기 때문에 북한의 핵 보유를 용인하되, 사용하지 않으면 된다는 '파키스탄 모델'은 북핵이 갖고 있는 군사적 측면만 생각하고 그 정치적 위험 요인들을 무시한 아주 잘못된 북핵 해결 방안이라는 것을 알 수 있다.

미국이 '리비아 모델'을 추구하지 않고 북한의 핵보유를 인정하는 '파키스탄 모델'에 만족할 경우 패권국가로서 미국의 위신은 크게 추락할 것이다. 이것은 패권국가로서 미국이 국제정치질서를 유지하는 정당성을 크게 약화시키고 궁극적으로는 미국의 쇠퇴로까지 연결될 수도 있을 것이다.

미국이 '파키스탄 모델'을 용인할 경우 일본, 한국, 대만으로 핵 도미노 현상이 일어날 것은 불을 보듯이 빤하다. 이런 도미노현상은 미국의 패권적 지위를 더욱 약화시킬 것이다.

북한에게 파키스탄 모델을 적용할 경우 전후 미국이 만들고 냉전과 탈냉전 시기를 거치면서 미국이 70년간 유지해온 동북아 국제정치질서에 질적 변화가 생겨날 것이다. 트럼프행정부가 2017년 국가안보전략보고서에서 얘기한 것처럼 중국은 미국의 패권질서에 도전하는 '질서교란국가(revisionist state)'이다. 중국의 영향권 하에 있는 북한의 핵무기 보유는 중국을 동북아에서 지역패권국가로 등장하는 것을 도울 것이다.

헨리 키신저의 지적처럼 글로벌 패권국가가 되기 위해서는 먼저 지역적 패권국가가 되어야 한다. 중국이 지역적 패권국가가 될 경우 중국이 글로벌한 차원에서 미국의 패권에 도전할 수 있는 발판이 마련될 수 있을 것이다. 이처럼 파키스탄모델은 21세기 국제정치질서 자체를 뒤흔드는 결과를 가져올 것이다.

북핵 문제는 단순히 남북한 문제가 아니라 지역적 패권과 21세기 미중 '냉전 2.0'과 밀접하게 연관되어 있다. 그럼에도 불구하고 문재인 정부가 국제공조를 벗어나서 남북한 민족공조론과 반미친중(反美親中)노선에 서서 북한의 주장에 맞장구를 치고 있다는 것은 커다란 문제라고 하지 않을 수 없다.

2018년 내내 문재인 대통령은 북한 전체주의정권의 독재자 김정은의 심부름 역할을 하기 위해 전 세계를 돌아다녔다. 문재인 대통령은 한국 국민의 세금으로 비행기를 타고 다니면서 대한민국의 국익이 아니라 미국 블룸버그 통신이 지적한 것처럼 '김정은의 대변인' 역할을 했던 것이다.

2019년 김정은 신년사에서 보는 것처럼 김정은이 핵을 포기할 의사가 없는 데도 그런 의사가 있는 것처럼 미국, 유엔, 유럽연합 등에 나가서 김정은을 두둔하고 제재 해제를 요구함으로써 한국은 외교적으로 외톨이가 되고 말았다.

역대 한국 정부들의 외교노선은 이승만-박정희-노태우 대통령을 잇는 '현실주의 노선'과 김대중-노무현-문재인 대통령을 잇는 '민족공조 노선'으로 나누어볼 수 있다. 그 중에서 문재인대통령은 가장 교조주의적으로 '탈미접북'(脫美接北) 노선과 민족공조 노선을 추구하고 있다.

이 노선은 북한에게 '파키스탄 모델'을 결과적으로 용인할 수 있다는 커다란 문제점을 안고 있다. 북핵이 갖고 있는 군사적 위협과 동시에 정치적 위험 요인들을 고려할 때 '파키스탄 모델'은 한국이 절대로 받아들일 수 없다는 점을 분명히 할 필요가 있다.

제19강

트럼프, 협상으로 안 되면 '플랜 B'로 간다

새해 들어 제2차 미북정상회담 개최가 논의되고 있다. 2019년 1월 18일 북한 통전부장 김영철은 백악관에서 김정은의 친서를 전달하고 트럼프 대통령과 90분간 회담을 가졌다. 19일 트럼프 대통령은 기자들에게 이번 회담 내용을 직접 설명했다.

김정은과 제2차 회담이 2월말에 열리게 될 예정이다. 장소는 정해졌지만 그것은 추후에 발표하도록 되었다. 트럼프와 김정은 모두 이 회담을 기대하고 있다. 그리고 트럼프는 비핵화문제와 관련하여 많은 진전이 있었다는 점을 지적하고 그 밖에 "다른 문제들"에 관해서도 논의가 진행되고 있다는 점을 강조했다. 이것은 미국과 북한이 북핵 문제를 포함하여 현안들을 일괄타결방식으로 협상하고 있다는 것을 보여준다. 그동안 열리지 않았던 비건-최선희 회담도 스웨덴에서 트럼프-김영철 회담 직후 2박 3일간 개최되었다.

작년 미국 중간선거가 끝난 직후 11월 8일 뉴욕에서 폼페이오-김영철 회담이 예정되어 있었다. 그런데 그 회담은 갑자기 전격적으로 취소되었다. 미국은 김영철 교체를 요구했다는 보도가 나왔다. 그동안 폼페이오-김영철 회담이 네 번 개최되었지만 아무런 진전이 없었다. 미국은 북한이 김영철을 내세운 것은 시간끌기라고 보고 리용호 외상이 협상 대표로 나올 것을 요구했다고 한다.

태영호 공사가 쓴 《3층 서기실의 암호》라는 책을 보면 북한 내부에는 '미국담판파'와 '한국중시파'로 정책결정 그룹이 나누어져 있다고 한다. 물론 최종적 결정은 김정은이 할 것이다. 그렇지만 북한이 안고 있는 여러 가지 대외적 현안에 대처하는 접근방식을 두고 차이점이 존재하는 것이 사실이다.

'미국담판파'는 미국과 직접 협상을 통해서 핵과 미사일, 종전선언과 평화협정 문제를 해결해나가야 한다는 입장을 갖고 있는 그룹이다. 이 그룹의 헤드는 강석주 제1부상이었다. 그는 2016년 후두암으로 사망했다. 현재는 김계관 제1부상-리용호 외상-최선희 국장을 잇는 라인이다.

'한국중시파'는 한국과 협상을 통해서 북한이 직면한 현안들을 처리해나가자는 그룹이다. 이 그룹은 1990년 초 소련 공산권이 붕괴되었을 때 남북한 기본합의서, 남북불가침선언, 한반도비핵화선언 등을 이끌어내는 데 주도적 역할을 했다. 이런 합의들은 모두 휴지조각이 되고 말았다.

미국은 김계관-리용호-최선희 라인에서 누군가가 나와야 실질적

회담 성과를 기대할 수 있을 것으로 보고 있다. 이번 스웨덴 회담에 최선희가 비건을 만난 것은 그동안 미국의 요구가 관철된 것으로 봐야 할 것이다.

미국의 입장은 분명하다. 북한이 갖고 있는 핵과 핵물질과 핵시설 리스트를 내놓아야 한다는 것이다. 이 리스트에 관한 사찰과 검증이 이루어져야 한다. 그 이후 이들 중 일부 혹은 전부 폐기가 이루어져야 한다. 이것은 '리비아모델'이라고 할 수 있다.

리비아 카다피는 미국의 군사공격 위협에 굴복하여 핵 개발을 포기하기로 결정했다. 리비아는 북한처럼 핵 실험을 하지 못했고 핵시설을 일부 갖고 있었다. 2003년 카다피가 핵 시설 포기를 결정하고 난 후 미국 군 수송기가 리비아로 들어가서 그 시설들을 실어내어 테네시 오크 리지에 있는 핵 실험실에 갖다 놓았다. 미국이 '리비아 모델'을 추구한다는 것은 핵과 미사일을 북한 내에서 혹은 외부에서 폐기해야 하겠다는 것을 의미한다.

북한은 북핵 폐기 이전에 제재를 완화하고 체제 보장을 요구하고 있다. 북한은 영변 핵시설을 동결한 후 궁극적으로 폐기하겠다고 제안하고 그 대신 미국이 제재를 일부라도 완화시켜야 한다고 주장하고 있다. 그러나 미국은 "같은 말을 두 번 사지 않는다"는 속담을 상기시키고 있다.

미국은 1994년 제네바협정과 2005년 9·19합의를 했지만 아무런 실효성이 없었다. 북한은 시간끌기용으로 합의를 해주었을 뿐이다. 이런 합의를 완전히 무시하고 북한은 비밀리에 핵 개발을 계속하여

2006년 핵 실험에 성공했다. 트럼프행정부는 이런 과거 사례에 유념하면서 두 번 속지 않겠다는 결의를 다지고 있다.

제2차 미북회담 장소는 베트남이 유력한 가운데 태국, 하와이, 싱가포르도 떠오르고 있다. 문제는 비건-최선희 실무회담에서 북한의 핵 폐기 조치 수준과 미국의 상응 조치에 대한 합의가 있어야만 정상회담의 길이 열릴 수 있다는 것이다.

이번 김영철의 방미를 대하는 트럼프 대통령의 자세는 완전히 달라졌다. 작년에는 김영철이 떠날 때 백악관 밖에까지 배웅을 나왔다. 그렇지만 이번에는 나오지 않았다. 트럼프는 북핵 폐기 이전에는 제재 완화는 없다는 점을 분명히 하고 있다.

미국 의회를 중심으로 제1차 미북정상회담에 대한 비판의 목소리가 높다. 미국 의원들은 이구동성으로 북핵 폐기 목적을 달성하지 못하는 '회담을 위한 회담'은 안 된다고 목소리를 높이고 있다. 실무회담에서 북핵 폐기와 관련된 북한의 확답이 있어야 정상회담이 열릴 수 있을 것으로 보인다.

미국은 외교적 협상으로 북핵 문제가 해결되지 않을 경우에 대비하여 '플랜 B'를 준비하고 있다. 미국은 유엔군사령부를 강화시키고 있다. 2018년 5월 캐나다 현역 중장을 유엔사 부사령관으로 임명했다. 이것은 유엔사 창설 이후 70년 만에 처음 있는 일이다. 그동안 미군 장성이 그 자리를 맡아 왔다.

미국은 유엔사 영관급 장교들도 영국, 캐나다, 호주 출신으로 채우고 있다. 외교적 해결 실패 이후 군사적 위기에 대비하여 6·25전쟁에 참전했던 국가들로 강화된 다국적군 체제를 강화시켜 나가고 있다. 여기에는 민족공조론에 서서 탈미접북(脫美接北)노선을 추구하고 있는 문재인 정부에 대한 불신감이 깊이 배어 있다는 점도 무시할 수 없다.

제20강

문재인 대통령, 민족공조론 버려야 한다

문재인 대통령은 김정은과 함께 2018년 '4·27판문점선언'에서 외세를 배격하고 민족공조를 하기로 합의했다. 이 선언은 "남과 북은 우리 민족의 운명은 우리 스스로 결정한다는 민족 자주의 원칙"에 서서 남북관계를 발전시킨다고 적고 있다. 이런 민족공조 노선에 따라서 2018년 내에 종전선언을 하고, 정전협정을 평화협정으로 전환시키기로 했다.

종전선언은 주한미군과 한미동맹에도 영향을 미칠 수 있기 때문에 미국은 한국 정부에게 조기 종전선언에 신중을 기해줄 것을 요청해왔다. 판문점선언은 대한민국이 북한에게 요구해야 할 전시·전후 납북자, 국군포로와 북한 인권 문제 등은 일체 언급하고 있지 않다. 이 선언은 민족공조론에 바탕을 둔 합의문이다.

'4·27판문점선언' 이후 미국은 문재인 대통령이 종전선언 문제를 내세워 한국-북한-중국의 반미연대(反美連帶)를 강화해나가고 국제공조노선에서 이탈하여 반미노선(反美路線)으로 기우는 것이 아닌지 매우 우려해 왔다. 미국의 우려는 현실화되고 있다.

대북정책과 외교정책을 제대로 이해하고 비판적으로 평가하기 위해서는 그 정책이 딛고 서 있는 생각의 근거가 무엇인지를 살펴보는 것이 중요하다. 판문점선언과 문재인 대통령의 연설문에 나타난 대북정책은 민족공조론적 사고에서 나온 것으로 볼 수 있다. 민족공조론은 '종족적 민족주의'에 그 뿌리를 두고 있다. 북한이 말하는 '우리민족끼리', '우리는 하나다'라는 주장은 종족적 민족의 관점에서 펼치는 정치적 선전이다.

앤더슨(Benedict Anderson)은 '민족'을 '상상의 공동체(imagined community)'로 규정했다. 문제는 '민족'을 생각할 때 어떤 측면을 상상하느냐 하는 것이다. 한국 사회에서 민족이라고 하면 같은 피붙이라고 하는 혈연적 측면과 언어와 역사를 공유하는 문화적 측면을 떠올리게 되는 경우가 대부분이다. 이것을 '종족적 민족주의'라고 부른다.

물에 젖은 스펀지에 붉은 잉크를 뿌리면 금방 전체로 퍼지듯이 한국 사회에 '종족적 민족주의'의 신화가 강하게 퍼져 있다. 그렇기 때문에 '민족공조론'과 '우리민족끼리'라는 북한의 선전과 선동이 한국 사회에 쉽게 먹혀들고 있다. '4·27판문점선언'과 '남북평양공동선언'에 그런 주장이 반영되고 있다는 것은 그 영향력을 그대로 보여주고 있다.

종족적 민족주의를 이해하기 위해서는 '낭만주의(romanticism)'와 '정치적 낭만주의(political romanticism)'를 살펴볼 필요가 있다. 낭만주의는 프랑스혁명과 산업혁명과 같이 정치와 경제의 영역에서 근대성(modernity)을 대표하는 흐름인 개인주의와 합리주의를 비판하고 전근대적 종족공동체를 중시한다. 그 결과 낭만주의는 종족과 혈연, 언어와 문화를 공유하는 '민족'에 커다란 관심을 기울이게 된다. 이러한 낭만주의가 바로 종족적 민족주의의 뿌리를 형성하고 있다.

프랑스혁명은 자유롭고 평등한 개인을 주체로 하여 '국민(nation)'을 탄생시키고 국민주권론에 기초한 근대국민국가를 탄생시켰다. 그 국민국가를 탄생시키려는 정치운동이 바로 민족주의이다. 이 점에서 프랑스 민족주의는 '시민적 민족주의(civic nationalism)'라고 할 수 있다. 그런데 이 nation이 구한말 일본 사람들에 의해서 '국민'이 아니라 '민족(民族)'으로 번역되어 한국 사회에 수용됨으로써 시민적 의미보다는 종족적 의미가 강하게 반영되고 말았다.

그런데 독일은 프랑스혁명 이후 프랑스에 의해 점령당함으로써 '시민적 민족주의'에 대한 반발로서 '종족적 민족주의'를 발전시키게 된다. 독일의 '종족적 민족주의'는 프랑스혁명을 통해서 탄생한 국가형태인 근대국민국가와 그 국가이념인 자유민주주의를 비판하고 전근대적인 성격을 갖는 유기체적 공동체로서 '민족'을 바탕으로 하여 새로운 정치체제를 수립하려는 시도이다.

그러한 주장은 피히테의 그 유명한 '독일 민족에게 고함'에서 잘 나타나 있다. 프랑스혁명에 의해 탄생한 '시민적 민족주의'와 그에 대한 반발로서 독일을 중심으로 생겨난 '종족적 민족주의'는 완전히 다르다는 것을 알 수 있다.

nation을 민족으로 번역한 일본의 경우에서 보는 것처럼 '종족적 민족주의'는 프랑스혁명 이후 후진국이었던 독일에서 시작되어 일본을 거쳐 식민지 한국에 전파된 이후, 그리고 분단 이후 지금까지 한국인의 의식에 강력한 영향력을 미치고 있다. 식민지 한국의 경우 종족적 민족주의는 단군 신화 부활, 민족의 혼과 얼에 대한 강조, 민족 영웅 발굴하기, 한글 연구의 본격화 등에 커다란 영향을 끼쳤다.

식민지 시대 한국의 종족적 민족주의는 국권을 상실한 상황에서 독립운동을 위한 저항민족주의로 발전했다. 이런 민족주의의 저항성은 위대한 3·1운동에서 보는 것처럼 한국인의 근대적 의식을 깨우치고 국권 회복을 위한 독립운동에 긍정적 역할을 했다.

한국 사회는 개인의 자유와 권리를 중시하는 자유민주주의를 이념으로 채택한 근대국가 대한민국의 건국을 통하여 '종족적 민족주의'를 벗어나서 '시민적 민족주의(civic nationalism)'로 나아갔다. 그럼에도 불구하고 남북으로 분단되면서 여전히 '종족적 민족주의'의 정서가 한국 사회에 두드러지게 남아 있다.

우리가 흔히 상상하는 혈연적·문화적 측면과 달리 '민족'은 '국민' 혹은 '시민'이라는 측면을 갖고 있다는 점을 결코 잊어서는 안 된다. 1948년 대한민국은 혈연과 언어와 역사를 공유하는 종족적 의미의 '민족'을 근대국가 통치 명분의 주체인 '국민'으로 승화시켜 '국민주권론'을 핵심 원리로 하여 세워진 근대국가이다. '시민적 민족주의'에 따르면 '국민'은 종족 집단과 같은 유기체가 아니라 자유롭고 평등하고 권리를 가진 개인들의 집합체를 의미한다.

이와 달리 '종족적 민족주의'는 집단으로서의 민족을 유기체로 취급하고 북한 헌법 제63조에 나오는 '하나는 전체를 위하여, 전체는 하나를 위하여'라는 조항과 같이 '집단적 개체 의식'을 정당화시켜 전체주의로 나아가고 만다.

북한 주체사상의 이념적 뿌리는 종족적 민족주의라고 하는 이유가 여기에 있다. 한국과 북한이 자유민주주의체제와 전체주의체제라고 하는 완전히 이질적 정치체제로 대립하고 있는 것은 시민적 민족주의와 종족적 민족주의의 차이에서 비롯되고 있다는 것을 이해하는 것이 중요하다.

종족적 민족주의는 '국가형태'와 '정치체제'가 갖고 있는 밀접한 연관성을 제대로 인식하지 못하도록 가로막고 있다. 이것은 종족적 민족주의에 가려져서 한국인의 생각에 보글린(Eric Voegelin)이 말하는 일종의 '일식현상(日蝕現狀)'이 일어나고 있다는 것을 의미한다. 이런 현상에 의해서 종족적 민족주의와 같은 왜곡된 이데올로기가 들어서서 우리의 생각과 행위를 오도(誤導)하는 것이다.

자연에서 일어나는 일식현상은 시간이 지나면 저절로 해결된다. 이와 달리 종족적 민족주의와 같은 잘못된 이데올로기에 의한 일식현상은 정치학적 비판 작업에 의해서만 극복될 수 있다. 이데올로기 비판의 관점에서 종족적 민족주의의 부정적 영향에 대한 정치학적 자기성찰이 그 어느 때보다도 절실히 요청되는 이유가 바로 여기에 있다.

여기서 더욱 문제가 되는 것은 민족 전통을 중시하고 서구적인 것을 배격하는 종족적 민족주의는 '반외세(反外勢)'의 논리와 바로 연결된다는 점이다. 이런 논리에 따르면 해방 후 단일 민족을 분단시킨 책임은 전적으로 '외세'에게 떠넘겨지게 된다. 현재 북한에는 외세가 주둔하지 않는데 한국에만 미군이 주둔하고 있다는 점을 들어서 한미동맹 때문에 한국을 미제국주의 지배 하에 있는 식민지로 보는 것이 종족적 민족주의의 논리이다.

통일은 낭만적 민족주의가 말하는 것처럼 민족공동체의 회복이 아니라 우리 전체 민족이 한국식의 자유민주주의인지 아니면 북한식의 전체주의 하에서 살 것인지를 결정하는 정치체제 선택의 문제이다. 더욱 큰 문제는 종족적 민족주의적 인식이 대북정책과 통일문제 뿐만 아니라 한국 외교정책을 반외세(反外勢)적 경향, 그 중에서도 반미(反美)의 방향으로 몰고 가고 있다는 데 있다.

한미동맹은 전후 한국의 정치와 경제발전을 위한 국가안보의 든든한 버팀목이었다. 한국은 종족적 민족주의가 주장하는 '반외세(反外勢)'가 아니라 '용외세(用外勢)'의 관점에 서서 한미동맹을 체결하고 개방정책을 통해서 오늘의 정치발전과 경제적 번영을 누리고 있다는 점을 잊어서는 안 된다.

제21강

핵 포기 않는다는 김정은, 스스로 무덤파고 있다

2019년 1월 1일 발표된 북한 전체주의정권의 독재자 김정은의 신년사는 핵을 포기할 의사가 없다는 점을 분명히 했다. 그는 북한이 더 이상 핵 생산, 실험, 사용, 확산을 하지 않을 것이라고 말했다. 그러나 한국, 미국과 국제사회가 기대한 북한이 현재 보유하고 있는 핵무기는 포기할 의사가 없다는 점을 분명히 했다.

이번 신년사는 2018년 한 해 동안 이루어진 남북한 사이의 세 번에 걸친 정상회담과 미북 싱가포르 정상회담이 북핵 폐기와 관련하여 아무런 성과 없이 원점으로 되돌아오고 말았다는 것을 보여준다. 그런데도 문재인 정부가 북핵을 폐기하지 않고 보유하겠다는 김정은의 신년사를 환영한다고 하니 북핵 해결을 위한 의지가 있는 것인지 의심하지 않을 수 없다.

신년사에서 김정은은 미국과 국제사회가 북한에 대한 제재를 해제하고 대북한 적대시정책을 포기하지 않으면 '새로운 길'을 모색할 것이라며 협박성 발언을 서슴지 않고 있다. 여기서 '새로운 길'이란 핵과 미사일 실험을 재개하고 한국에 대해서 예측할 수 없는 도발을 강행하는 것을 의미한다. 이렇게 될 경우 2019년 한반도 안보 정세는 한치 앞을 내다볼 수 없는 불안정한 상황으로 빠져들고 말 것이다.

김정은은 미국과 외부 세계가 북한을 위협하고 적대시정책을 펴고 있다고 말한다. 그러나 미국을 포함한 국제사회는 북한이 핵을 포기하고 개혁과 개방으로 나올 경우에는 언제든지 적극적으로 돕겠다는 입장을 분명히 하고 있다. 북한이 입만 열면 말하는 '대북한 적대시정책'은 냉전 당시 소련이 미국에 대해서 사용하던 말이다.

소련은 미국의 '대소련 적대시정책'을 내세워 소련 사회가 안고 있는 모든 문제점들을 외부의 책임으로 돌렸다. 소련이 안고 있는 경제와 인권 문제 등 모든 것들은 억압적인 소련 정치체제와 활력을 잃어버린 사회주의 통제경제체제에서 비롯된 것이었다. 그럼에도 불구하고 소련은 그 책임을 외부로 돌리면서 자신의 억압적 체제를 정당화시켰다.

대소련 봉쇄전략을 입안한 조지 케넌은 소련 내부 정치체제의 문제점 때문에 외부의 위협이 존재하지 않는다고 하더라도 소련은 그것을 조작해내지 않으면 안 된다는 점을 강조했다. 외부의 위협을 강조하는 소련의 선전과 선동에 속을 경우 마치 미국의 대소련 정책에 문제가 있다는 인식의 오류가 생겨날 수 있다. 김정은이 신년사에서 과거 소련처럼 '대북한 적대시정책'을 강조하는 이유는 핵 개발과 인권 탄압 등 북한 전체주의체제가 안고 있는 모든 문제점들을 미국과 외부 세계의 책임으로 돌리기 위해서라는 점을 절대로 잊어서는 안 된다.

김정은은 이번 신년사에서 '조선반도 비핵화'라는 용어혼란전술을 또 사용하고 있다. 1990년 초 미국은 냉전 종식과 함께 군산 비행장 등 남한에 있던 모든 전술 핵무기를 철수시켰다. 현재 한국에는 핵무기가 없다. 그렇기 때문에 정확한 용어는 '북핵 폐기'이지 '한반도 비핵화'가 아닌 것이다. 김정은이 '한반도 비핵화'를 통해서 노리는 것은 미국의 한국에 대한 핵우산 철거와 전략자산 배치 금지이다.

북한이 핵을 개발한 상황에서 한국이 이런 최소한의 대북한 핵 억지력을 확보하지 못할 경우 한국은 북한의 핵 인질로 전락하고 말 것이기 때문에 김정은의 용어혼란전술을 항상 경계하지 않으면 안 된다.

김정은은 "아무런 전제 조건이나 대가 없이" 개성공단과 금강산관광을 즉시 재개해야 한다고 문재인 정부를 압박하고 있다. 북한이 핵을 포기하지 않는 상황에서 개성공단을 열어 북한 근로자들에게 임금을 주거나 금강산관광을 통해서 북한에게 현찰을 주는 것은 유엔 제재를 위반하는 것이다. 그렇게 될 경우 한국 기업과 은행은 미국으로부터 '세컨더리 보이콧'을 당해서 커다란 피해를 입게 될 것이다.

미국은 문재인 정부에게 북핵 문제 해결 진전 상황과 대북 경제협력 추진에 대해 서로 보조를 맞추도록 요구하고 있다. 미국은 문재인 정부가 미국의 요구를 무시하고 대북 경제협력을 앞서 추진하려고 하자 우방국 한국이 '세컨더리 보이콧'을 당하는 불행한 사태를 막기 위해서 2018년 11월 '한미 워킹그룹'을 만들었다.

미국의 정책은 동맹국과 상의하고 합의를 중시하는 '왕도적 패권국가'의 모습을 잘 보여준다. 만약 소련과 중국과 같은 '패도적 패권국가'의 경우에는 자신들의 요구 사항을 다른 나라들에게 강압적으로 관철시켰을 것이다.

김정은은 판문점선언과 평양선언의 남북군사분야 이행합의서가 '사실상 불가침선언'에 합의했다는 것을 의미한다고 신년사에서 주장했다. 제2차 세계대전 이전에 유럽 국가들이 수많은 불가침협정들을 체결했다. 그러나 그 협정들은 모두 파기되고 전쟁의 초대장이 되고 말았다.

그렇기 때문에 제2차 세계대전 이후에는 국가들이 불가침협정을 체결하지 않고 나토와 같은 다자동맹과 한미동맹과 같은 양자동맹을 통하여 자신들의 안보를 확보하고 있다. 불가침협정 체결을 주장한 국가가 다른 상대국가를 어김없이 침략한 역사를 볼 때 이번 김정은의 불가침 관련 발언은 북한의 도발에 의해서 한반도가 또 다른 전쟁으로 휘말려 들어가는 것이 아닌가 하는 우려를 낳게 한다.

핵을 포기하지 않겠다는 김정은 신년사는 싱가포르 미북정상회담을 통해서 북핵 문제를 해결하려고 했던 트럼프 대통령의 정책이 실패로 돌아갔다는 것을 의미한다. 이 신년사 이후 미국 내에서는 의회를 중심으로 북핵 완전 폐기에 대한 보장이 없을 경우 쇼를 위한 제2차 미북정상회담은 해서는 안 된다는 비판의 목소리가 점점 커지고 있다. 2019년 상반기에 북핵 폐기와 관련된 구체적 성과들이 나오지 않은 경우 트럼프 대통령의 2020년 대선 가도(街道)에 먹구름이 낄 것으로 보인다.

그동안 문재인 대통령은 김정은이 핵 포기 의사가 분명하기 때문에 북핵 해결을 촉진하기 위해 대북한 제재를 일부 해제해야 한다고 주장해 왔다. 김정은 신년사는 문재인 대통령의 중재자론이 완전히 잘못된 것이었음을 보여주고 있다. 문재인 정부는 미국과 국제사회로부터 완전히 신뢰를 상실하고 국제사회에서 외교 외톨이가 되는 결과를 가져오고 말았다.

북한이 지금처럼 핵을 포기하지 않을 경우 미국이 대북한 제재를 더욱 강화하고 군사적 옵션을 선택할 가능성이 높아지면서 새해에 한반도 안보 정세는 한치 앞을 내다볼 수 없는 상황으로 빠져들고 있다.

제22강

국방개혁 2.0, 한미동맹체제 허문다

송영무 국방장관은 2018년 5월 11일 "국방개혁 2.0'이 완성되는 2023년에 전작권(전시작전통제권)이 환수될 것"이라고 말했다. 한국과 미국은 2014년 10월 '조건에 기초한 전작권 전환'에 합의했고 그 시기를 못 박지는 않았었다. 그런데 이번에 국방장관이 처음으로 그 전환 시기를 2023년으로 구체적으로 명시하고 나왔다.

송영무 장관의 발언은 문재인 대통령에게 국방개혁안을 보고한 직후에 나왔다. 문재인 대통령은 대선 때 '임기내 전환'을 공약으로 내걸었다가 집권 후 북한 핵과 미사일 위협 때문에 '전작권 조기 전환'으로 입장을 바꾸었다. 그러다가 문재인 정부는 이번 평창올림픽과 남북정상회담 이후 평화 무드를 등에 업고 전작권 전환 시기를 구체적으로 못 박고 나온 것이다.

문재인 정부가 북핵 위기가 완전히 해소되지도 않은 시점에서 한미연합방위체제를 약화시킬 수 있는 전작권 전환을 집요하게 주장하는 그 이유가 궁금해진다. 나토(NATO) 29개 회원국은 전작권을 환수하기는커녕 미국의 전작권 행사 권한을 더욱 강화시켜주는 방향으로 나아가고 있다.

미국과 병렬형 안보협력체제를 구축하고 있는 일본은 한미연합사와 같은 더욱 통합된 미일방위체제를 구축하려고 하고 있다. 이런 국제적 추세와 달리 유독 한국의 문재인 정부만이 한미연합체제를 허물고 가건물(假建物)같은 '미래 한미연합사'를 만들어 한미동맹을 약화시키려고 한다. 그 이유가 궁금해지고 그런 발상이 어디에서 나오는 것인지 의문이 생기는 것이다.

전작권을 반드시 전환해야겠다는 문재인 대통령의 발상은 '종족적 민족주의적 인식'에서 나온 것으로 보인다. 그는 전작권을 한국이 단독으로 행사하는 것이 과거 노무현 대통령이 주장했던 것처럼 마치 빼앗긴 군사주권을 되찾아오는 것으로 착각하고 있는 듯하다. 2017년 7월 문재인 대통령은 베를린 연설에서 "통일은 쌍방이 공존공영하면서 민족공동체를 회복해 나가는 것"이라고 주장했다. 이 연설은 그의 의식 구조 속에 '종족적 민족주의'가 얼마나 뿌리 깊게 박혀있는지를 잘 보여준다.

개인의 자유와 권리를 강조하는 '시민적 민족주의(civic nationalism)'와 달리 '종족적 민족주의(ethnic nationalism)'는 혈연과 언어와 문화를 공유하는 민족을 강조한다. 2018년 4월 27일 발표된 '판문점 선언'을 보면 '민족'과 '겨레'라는 말이 10번 이상 되풀이되면서 북한이 선전하는 '우리 민족끼리'와 '민족공조론'이 그대로 반영되어 있다. '종족적 민족주의'에 바탕을 둔 베를린 연설과 판문점 선언은 '민족'을 앞세워 북한 핵과 미사일에 대한 위협 인식을 마비시키고 우리의 적이 누구인지를 제대로 인식하지 못하게 만들고 있다.

통일은 '종족적 민족주의'가 말하는 것처럼 '민족통일'이 아니라 우리가 한국의 자유민주주의체제 하에서 살 것인지 아니면 북한의 전체주의체제 하에서 살 것인지를 결정하는 정치체제 선택의 문제이다. 종족적 민족주의적 관점에 서게 되면 남북한 사이에 존재하는 정치체제의 차이점이 가려져서 제대로 보이지 않고 북한의 위협에 대한 안보의식도 마비되고 만다.

더욱 큰 문제는 종족적 민족주의적 인식이 한국의 군사·외교 정책을 '반외세(反外勢)적 노선'으로 몰고 가고 있다는 데 있다. 그 반외세의 대상은 바로 미국이다. 이런 반외세적 경향이 군사적 자주권을 주장하면서 문재인 정부가 추진하고 있는 '전작권 전환'에서 그대로 드러나고 있는 것이다. 이렇게 보면 문재인 정부의 대북 및 외교정책은 김대중-노무현-문재인 대통령을 잇는 '종족적 민족주의 노선'에 서 있다고 할 수 있다. 이 점은 저자가 쓴 《대한민국과 국제정치》에 잘 정리되어 있다.

미국의 동맹국이면서 자유민주주의체제를 가진 선진국들 중 미국과 전작권을 공유하고 있지 않는 나라는 이 세상에 없다는 점을 이해하는 것이 중요하다. 유럽의 나토(NATO) 29개 회원국은 미군이 맡고 있는 나토 총사령관에게 군사작전 계획 수립과 집행의 권한을 부여하고 있다. 오스트레일리아와 일본의 경우도 미국과 군사동맹을 맺고 공동으로 군사작전 계획을 수립하고 있다.

그럼에도 불구하고 이들 나라의 어느 지도자도 자국이 군사주권을 훼손당했다고 국민을 선동하지 않고 전작권 환수를 요구하지도 않는다. 그들은 미국과 군사동맹을 맺고 전작권을 공동으로 행사하는 것이 국가안보를 튼튼히 할 수 있을 뿐만 아니라 국방비 부담을 현저히 줄일 수 있다고 보기 때문이다. 국력의 한계에 대한 명확한 인식을 바탕으로 현실주의적 관점에서 국가안보를 추구해야 한다는 이러한 인식은 '종족적 민족주의적 관점'에서 보면 자주적이지 못하고 외세의존적이어서 극복되어야 할 대상으로 된다.

문재인 정부는 자주노선을 내세워 미국으로부터는 전작권을 환수해야 한다고 하면서도 중국에 대해서는 외교적 굴욕을 감수하고 있다. 2017년 10월 31일 중국과 '3불(不) 합의'가 발표되었다. 중국은 미국이 북한의 핵과 미사일에 대응하여 주한미군과 한국민을 보호하기 위해 한국에 사드를 배치하자 한국에 대해서 경제뿐만 아니라 다양한 차원에서 사드보복조치를 취했다.

문재인 정부는 이 문제를 해결하기 위해서 중국이 요구한 '사드 추가 배치 불가,' '미사일방어체제(MD) 참여 불가,' '한미일 군사동맹 불가'라는 '3불(不)'에 합의해 주었다.

이 합의는 중국이 한국의 군사주권을 침해한 것이 분명하다. 미국과 전작권 문제에서는 자주와 군사주권을 강조하는 문재인 정부가 중국의 군사주권 침해를 용인하는 자가당착(自家撞着)적 모습을 보여주고 있다.

그러나 이것은 '종족적 민족주의'의 관점에서 보면 전혀 모순된 것이 아니다. 그 이유는 문재인 대통령의 의식 속에 뿌리 깊게 박혀 있는 종족적 민족주의는 중국보다는 미국을 반외세의 주요 목표로 삼고 있고 '반미친중(反美親中)'을 그 정책 기조로 하고 있기 때문이다.

미국은 패권국가이지만 그 패권의 성격은 '왕도적(王道的)'이라는 점을 이해하는 것이 중요하다. 스탈린의 소련과 히틀러의 독일에서 보는 것처럼 '패도적(覇道的) 패권국가'는 상대 국가의 의사를 존중하지 않고 강압적으로 다룬다. '3불(不)' 합의를 강요한 중국도 패도적 패권국가에 해당된다.

이와 달리 미국은 영향권 내에 있는 국가들과 타협과 합의를 중시하고 패권질서 내에서 생겨나는 이익을 공유하는 '왕도적 패권국가'이다. 1948년 건국 이후 한국이 미국의 패권질서 하에서 미국과 동맹을 맺고 있었기 때문에 오늘날과 같은 정치발전과 경제적 번영을 이룩할 수 있었다는 점을 잊어서는 안 될 것이다.

북핵 위기가 아직 완전히 해결되지 않고 미중 패권경쟁이 가속화되고 국제정치의 불확실성이 더욱 증대되고 있는 시점에서 전작권 문제를 종족적 민족주의적 관점으로부터 벗어나서 현실주의적 관점에서 접근하고 한미동맹을 더욱 강화시켜 확고한 대북한 억지체제를 구축해나가는 것이 그 어느 때보다도 중요하다고 할 수 있다.

제23강

미국, 주한미군 철수 검토 중

2018년 11월 5일 조셉 던포드(Joseph Dunford) 미합참의장이 노스 캐롤라니아에 있는 듀크대학에서 '지정학적 긴장 시대의 미군의 역할'이라는 포럼에 참석하여 미북협상의 진전 상황에 따라서 '주한미군의 위상(posture)'에 변화를 줄 수 있다고 밝혔다. 여기서 '위상의 변화'라고 하는 것은 주한미군의 철수와 지위 변화를 포함하고 있다. 비록 '외교협상 트랙(diplomatic track)'의 진행 과정에 따른다는 단서 조항을 달았지만 미국 군 최고위 관리가 주한미군 철수 가능성을 언급했다는 점에서 커다란 충격을 안겨주고 있다.

그동안 문재인 정부는 한미공조와 국제공조에서 이탈하여 북한과 민족공조에 치우쳐 '탈미접북(脫美接北)'으로 나아갔다. 이런 잘못된 노선이 한미동맹의 균열을 불러오고 미국의 주한미군 철수 검토 중이라는 던포드 의장의 발언을 접하면서 드디어 올 것이 오고 말았다는 생각을 지울 수 없다.

백악관 비서실장을 지낸 존 켈리 장군은 퇴임 후 미국 언론과 가진 인터뷰에서 트럼프 대통령은 취임 직후부터 시리아와 아프가니스탄으로 미군을 철수시키겠다는 분명한 생각을 갖고 있었다고 한다. 켈리는 이와 관련하여 트럼프를 설득하려했지만 실패했고, 실제로 트럼프는 2018년 12월 전격적으로 시리아 철군과 아프가니스탄에 주둔 중인 미군 14,000명 중 그 절반을 철수하기로 결정했다.

트럼프는 한국과 나토에서도 미군을 철수시키기를 원했지만 켈리는 이 문제와 관련해서는 트럼프를 가까스로 설득했다. 그렇지만 주한미군 일부 철수 문제는 트럼프의 생각에서 완전히 지워지지 않은 것으로 보인다. 2018년 미국과 한국은 주한미군 분담금 협상을 10차례 가졌다. 거기서 양국은 합의를 도출해내지 못했다.

분담금 협상 논란이 주한미군 감축으로 연결되지 않을 것이라는 보장이 없다는 점에서 한미관계는 2019년 한치 앞을 내다 볼 수 없는 시계제로 상황으로 빠져들고 있다. 현재 북한은 핵무기를 20개 내지 60개를 갖고 있는 것으로 알려지고 있다. 북한이 사실상 핵 보유국이 된 상황에서 주한미군이 철수할 경우 한국의 안보는 완전히 북핵에 무방비로 노출될 것이다.

과거 한국에 주둔했던 미군이 대규모로 철수한 것은 모두 네 번이다. 제2차 세계대전 이후 미국은 38선 이남에서 일본군의 무장해제를 위해 들어왔다가 1949년 6월 30일 군사고문단 500명을 남기고 모두 철수했다. 1950년 6월 25일 북한이 남침했을 때 유엔군의 일원으로 참전한 미군은 정전협정과 한미동맹 체결 후 두 개 사단만을 남겨두고 철수했다.

미국이 베트남전쟁 개입 후 커다란 어려움을 겪게 되자 미국은 닉슨독트린을 발표하고 1971년 한국에서 미군 제7사단을 전격적으로 철수시켰다. 그 이후 한국에는 미군 제2사단만이 남게 되었다. 냉전 종식 이후 그 규모도 축소되어 현재 한국에는 28,500명의 미군이 주둔하고 있다. 과거 네 번의 주한미군 철수는 북한이 핵무기를 갖고 있지 않을 때 일어났다.

북핵의 완전한 폐기가 이루어지지 않고 남한에 전술핵 재배치 없이 주한미군 철수 혹은 그 위상에 변화가 올 경우 한국은 심각한 안보위기에 직면하게 될 것이다. 이 점에서 이번 던포드 합참의장은 발언은 커다란 충격으로 다가오고 있다.

이번 듀크대학 토론회에서 던포드 의장은 2017년 2월 부통령, 국무장관과 국방장관이 모두 참여한 국가안보회의에서 북한과 관련하여 논의된 중요한 내용을 설명하고 있다. 이 회의에 제출된 미 정보기관 보고서는 두 가지 핵심적 내용을 담고 있었다.

첫째, 북한은 절대로 핵을 포기하지 않을 것이다. 그 이유는 핵은 김정은 체제 유지를 위해서 꼭 필요하기 때문이다. 미국 정보기관이 한 가지 놓치고 있는 것은 북핵은 체제보호용일 뿐만 아니라 남한 협박과 적화를 위한 것이라는 점이다.

둘째, 중국은 북핵 문제 해결을 적극적으로 돕지 않을 것이다. 중국은 북핵은 그다지 위협적으로 생각하지 않는다. 중국은 한반도 안정을 중시한다. 이것은 21세기 미중 '냉전 2.0'이 전개되는 상황에서 중국에게 북한은 완충국가이고 북핵은 '전략적 부담'이 아니라 '전략적 자산'이라는 것을 의미한다.

이런 정보보고를 받은 당시 틸러슨 국무장관은 미국이 무엇을 어떻게 할 것인지를 물었다고 한다. 이 회의에서 내려진 결론은 정보보고서의 두 가지 가정들을 테스트하기 위해서는 유엔을 통해서 최대한 강력한 대북한 제재와 압박을 가해야 한다는 것이었다.

던포드는 미국이 중국과 러시아를 설득하여 유엔 안보리의 일련의 제재 결의안을 통해서 북한을 어떻게 압박했는지를 설명하고 있다. 그는 이런 압력을 견디지 못하고 북한이 결국 외교 협상 테이블로 나왔다고 결론짓고 있다.

이런 던포드의 주장을 보면 일련의 남북정상회담을 통해서 미북정상회담 성사를 위해 중재자 역할을 했다는 문재인 대통령의 주장이 전혀 설득력이 없다는 것을 의미한다. 오히려 김정은이 미국과 국제사회의 제재 압력을 견디지 못하고 그 압력을 피하기 위한 지렛대로 활용하기 위해 남북회담을 활용했다는 것이 더 설득력이 있는 것으로 보인다.

김정은은 문재인 대통령에게 조기 종전선언을 미국에게 요구할 것을 제의했다. 문재인 대통령은 이것이 어떤 결과를 가져올지 전혀 예상하지 못하고 중국까지 끌어들여서 조기 종전을 미국에게 요구했다. 그의 요구는 미국으로부터 싸늘한 반응을 받았을 뿐이다.

던포드는 듀크대학 토론회에서 이런 미국의 압박 정책이 북한을 협상 테이블로 끌어냈다고 주장하고 있다. 그는 미북회담이 성공적으로 진행되어 북핵 문제에 진전이 있을 경우 주한미군이 한반도 평화적 비핵화의 방해가 되지 않도록 주한미군의 위상 변화를 검토해야 한다고 주장하고 있다.

미합참의장의 이런 발언은 이미 미국 정부가 미북 협상 진전 상황에 맞추어 주한미군 철수와 감축 등 다양한 시나리오들을 마련해두고 있다는 것을 의미한다. 문재인 정부가 한미동맹과 국제공조를 무시하고 민족공조노선에 따라 북한과 연대하는 사이에 대한민국 안보의 근간을 뒤흔들 주한미군 철수 문제가 미국 정부 내에서 본격적으로 논의되고 있다는 사실은 매우 충격적이고 드디어 올 것이 오고 말았다는 우려를 금할 수 없다.

제24강

미국, 남북경협 관련 문재인 정부 ‘감시기구’ 만들다

미 국무부 대북특별대표 스티븐 비건이 2018년 10월 29일과 30일 서울을 방문하여 강경화 외교부장관, 조명균 통일부장관, 정의용 국가안보실장, 임종석 비서실장 등 한국 외교안보정책을 책임지고 있는 주요 인사들을 모두 만났다. 이 만남에서 그가 풀어놓은 정책 보따리는 ‘한미 워킹그룹’ 설치였다. 이 사실은 한국 정부가 발표하기 전에 워싱턴 현지에서 로버트 팔라디노(Robert Palladino) 국무성 부대변인이 기자의 질문에 답하는 형식으로 먼저 발표했다.

미국은 그동안 문재인 정부에게 북핵 문제 해결과 보조를 맞추어 남북경협과 철도사업을 추진해 줄 것을 요청했다. 그렇지만 문재인 정부가 한미공조를 무시하고 민족공조에 입각하여 일방적으로 과속을 함으로써 한미공조에 심각한 균열이 일어나기 시작했다. 이번 워킹그룹은 미국의 강력한 요구에 의해서 설치되었고 한 달에 두 번씩 서울과 워싱턴에서 번갈아 개최될 예정이다.

트럼프 대통령은 이 워킹그룹 설치를 통해서 문재인 대통령에게 한미공조와 유엔 대북제재에 협조하라는 최후통첩을 보낸 것이다. 만약 이번 워킹그룹 구성 후 한미 간에 공조체제가 제대로 이루어지지 않고 작동하지 않을 경우 미국은 유엔 제재를 어기고 남북경협에 나서는 기업과 은행에 대해서 세컨더리 보이콧 제재를 할 것으로 보인다.

팔라디노 부대변인은 한미 워킹그룹의 업무로서 한미 간 외교정책, 북한의 비핵화, 대북 제재의 충실한 이행, 유엔 제재 범위를 벗어나지 않는 남북경협과 철도협력 등에 관해서 양국이 긴밀하게 협력해 나갈 것이라는 점을 강조했다. 이와 관련하여 한국 외교부는 공식 발표 혹은 기자회견조차 갖지 않고 기자들에게 백 브리핑을 통해서 이 사실을 알렸다.

이런 발표 형식에 비추어볼 때 이번 실무협의체 구성은 미국의 강력한 요구를 한국 정부가 마지못해 받아들인 결과라고 볼 수 있다. 그동안 미국은 남북철도 협력사업과 개성공단 연락사무소 보수를 하는 과정에서 한국 정부가 유엔 제재 대상이 되는 품목들을 북한 지역으로 갖고 들어가서 사후 승인을 받으려고 시도를 한 것에 대해서 강한 불만을 표시했다.

미국은 더 이상 이런 상황을 방치했다가는 미국과 유엔이 우방국인 한국의 기업과 은행을 제재하는 최악의 사태가 발생할 것을 매우 우려한 것으로 보인다. 그 결과 미국은 한국 정부가 추진하는 남북경협 사업들을 처음부터 같이 협의하고 사전에 유엔 제재 대상이 되는

지 여부를 판단하겠다는 외교적으로 매우 어려운 결정을 내렸다.

그동안 북핵 문제와 종전선언과 남북경협 문제를 둘러싸고 한미간에 의견의 차이점이 컸다. 일단 미국은 이 워킹그룹을 가동시켜 한미공조체제가 복원된다고 하면 이를 바탕으로 북한에 대한 제재 레짐을 강력하게 유지하면서 북핵 문제 해결을 추진할 것으로 보인다. 만약 이 워킹그룹이 제대로 굴러가지 않고 삐꺽거린다고 한다면 미국은 자신이 갖고 있는 모든 수단들을 동원하여 문재인 정부를 압박할 것으로 예상된다.

한미 워킹그룹의 설치는 미국이 동맹국과 협의와 동의를 중시하는 '왕도적(王道的) 패권국가'라는 것을 보여준다. 미국과 같은 패권국가는 국제정치질서의 생산자이고, 한국은 그 질서의 소비자이다. 패권질서의 성격은 패권국가 정치체제의 특징에 의해서 영향을 받는다. 패권국가는 단순히 군사력과 경제력이 강한 국가가 아니다. 힘만 강하고 다른 나라들이 받아들일 수 있는 정치적, 경제적 가치들을 대변하지 못하는 국가는 패권국가가 아니라 '완력국가(腕力國家)'라고 불러야 할 것이다.

자신의 강력한 힘을 이용하여 자유와 인권과 자유무역과 같은 가치들을 만들어내고 지키는 국가가 진정한 의미의 패권국가이다. 이런 점에서 미국은 '왕도적 패권국가'이다. 미국은 문재인정부가 민족공조를 통해서 한미공조를 등한시했지만 인내심을 갖고 한국을 설득하여 워킹그룹을 설치했다.

냉전 당시 소련은 동구권 국가들에서 민주화 시위가 벌어졌을 때

탱크를 보내서 무자비하게 진압했다. 소련은 동구권 국가들이 소련 제국을 이탈할 경우 군사력으로 진압할 수 있고 그 점에서 그들의 주권은 제한받을 수 있다는 '브레즈네프독트린'을 통해서 강압적으로 제국을 통치해나갔다.

이런 소련의 지배 방식은 '패도적(覇道的) 패권국가'의 전형적 모습을 보여준다. 제한주권론과 같은 강압적 지배 방식은 소련의 전체주의 정치체제의 폭압적 성격에서 비롯되고 있다.

역대 한국 정부의 대북정책과 외교정책은 이승만-박정희-노태우 대통령으로 이어지는 '현실주의노선'과 김대중-노무현-문재인 대통령으로 이어지는 '민족공조노선'으로 구분할 수 있다. 전자는 한미동맹을 공고히 한 상태에서 나름대로의 정책들을 추진하고자 했다. 이와 달리 후자는 반외세의 논리에 서서 우리민족끼리를 중시하면서 한미동맹과 국제공조체제에 긴장과 균열을 불러왔다.

문재인 대통령은 김대중과 노무현 대통령보다 민족공조노선을 가장 교조주의적으로 추구하는 지도자이다. 미국은 한미 워킹그룹 설치를 통해서 북핵 문제 해결과 대북 제재를 위한 한미공조체제의 복원을 추진하고 있다. 문재인 대통령의 종족적 민족주의적 사고에 입각한 민족공조노선이 그러한 노력의 발목을 잡고 한미관계를 파탄으로 몰고 가지 않을까 심히 우려된다.

제25강

조성길 대사, '김정은 거짓말 보따리' 풀어놓는다

2019년 새해 벽두 이탈리아 북한 임시대리대사를 역임한 조성길이 망명했다는 소식이 들려왔다. 잇따르는 북한 엘리트와 고위층의 망명은 김정은 체제 내부가 금이 가고 있다는 증거이다. 조성길은 2016년 한국으로 망명한 태영호 공사와 북한 외무성에서 2000년부터 약 10년 간 같이 근무했다고 한다. 조성길이 미국으로 망명한다는 소식이 전해오자 태 공사는 페이스북에 쓴 공개편지에서 한국으로 들어올 것을 촉구했다.

북핵 회담이 교착상태에 빠져 있는 상황에서 조성길의 망명은 북한 정권의 실상을 국제사회에 알리고 '김정은 거짓말 보따리'를 풀어놓는 계기가 될 것으로 보인다. 우리가 상식적으로 생각해 볼 때 북한 외무성은 해외 공관에 북핵 관련 지시 사항들을 보냈을 것이다. 이와 관련하여 그는 많은 정보를 갖고 있을 것으로 보인다.

특히 2018년 6·12 싱가포르 미북정상회담 이후 북한이 과연 핵무기를 폐기할 의도가 있었는지 하는 것도 조성길을 통해서 밝혀질 수 있을 것으로 보인다. 태영호 공사가 쓴《3층 서기실의 암호》라는 책을 보면 당시 김정일은 북한 외교관들에게 북한이 핵 실험을 할 수 있는 군사적 능력을 갖출 때까지 무조건 미국과의 협상에서 시간을 끌 것을 지시하고 있다.

조성길은 북핵과 관련하여 김정은의 거짓말 전술과 관련된 고급 정보를 갖고 있을 것으로 생각되기 때문에 그의 망명이 새해 벽두부터 한국과 미국과 주변 국가들의 지대한 관심을 끌고 있다.

조성길이 근무한 이탈리아 공관은 유럽에서 김정은 정권에게 사치품을 조달하는 지역 거점으로 알려져 있다. 그의 망명으로 그동안 북한이 어떻게 유엔제재를 어기고 김정은 일가와 지배 엘리트를 위해서 사치품들을 조달했는지가 드러날 것으로 보인다. 이런 사실을 바탕으로 유엔과 미국은 북한의 제재 위반 사항을 확인하고 더 강력한 제재 조치를 취할 근거를 마련할 수 있을 것이다.

2018년 김정은이 프란체스코 교황을 북한으로 초청하겠다는 의사를 밝힌 것으로 알려졌다. 북한 이탈리아 대사관은 바티칸도 담당하고 있다. 그의 망명으로 김정은이 실제로 교황을 초청할 의사가 있었는지 그 진척 정도 등도 분명하게 밝혀질 것으로 보인다.

1990년 초 소련과 동구 공산권이 몰락한 후 김일성이 요한 바오르 2세 교황 초청 계획을 세웠다고 한다. 실세로 북한 내에 생존해 있던 가톨릭 신자 할머니 한 사람을 찾아서 같이 교황청을 방문하여 교황 방북을 추진한 사실이 태영호 공사 책 《3층 서기실의 암호》에 나온다.

그러나 교황 방북 시 숨어있던 가톨릭 신자들이 신앙고백을 하여 가톨릭 신자가 늘어나고 종교 열풍이 불 것을 우려하여 김정은이 중단시켰다고 한다. 조성길의 망명으로 북한 정권이 종교마저 자신들의 국제 이미지 제고를 위해 어떻게 이용하려고 했는지가 만천하에 폭로될 것으로 보인다.

로마에는 유엔 산하 기관인 '세계식량계획(World Food Program)'이 있다. 이 기구는 긴급식량원조를 통해 식량 위기에 처한 나라들을 구호하는 역할을 담당하고 있다. 북한 이탈리아 대사관에는 모두 5명의 외교관이 근무하는 것으로 알려져 있다. 이들 중 두 명이 '세계식량계획'을 담당할 정도로 북한의 쌀과 곡물 조달은 김정은 정권 유지를 위해 매우 중요하다. 조성길의 망명으로 그동안 북한 정권의 실질적 쌀 생산량과 외부로부터 지원 규모 등이 구체적으로 밝혀질 것으로 보인다.

참고로 북한 외교관 직급은 대사→공사→공사참사→참사(1급, 2급, 3급)→서기관(1등, 2등, 3등) 순으로 나누어져 있다. 2017년 이탈리아 정부는 북한의 6차 핵 실험 이후 북한 문정남 대사를 추방시켰다. 그 이후 조성길이 '임시대리대사'직을 맡았다. 그의 직급은 1등 서기관으로 알려져 있다.

조성길은 북한 최고위층 집안 출신이다. 그의 부친은 외무성 대사를 하다가 이미 세상을 떠났다. 그의 장인은 태국대사와 홍콩 총영사를 역임한 이도섭이다. 그는 외무성 의전국장으로 근무하기도 했다. 그의 아내는 평양의과대학을 나왔고 자녀는 1명이라고 한다. 이런 사실들에서 보는 것처럼 조성길은 북한 엘리트 집안 출신이다. 그의 망명이 북한 정권 내부에 심각한 균열이 일어나고 있다는 것을 보여주는 이유가 여기에 있다.

조성길은 그동안 이탈리아에서 김정은을 위해 사치품들을 조달하면서 북한 정권에 대해서 환멸을 느꼈을 것이다. 북한 주민들은 모두 굶어죽는데 김정은 일가와 그 주변 최고위층들은 외국 최고 명품과 음식들을 즐긴다. 이런 모순된 상황을 보면서 조성길은 분노하고 김정은 정권을 증오하게 되었을 것이다. 그의 자녀 교육도 망명의 중요한 원인이 되었을 것으로 보인다.

태영호 공사가 쓴 《3층 서기실의 암호》를 보면 1990년대 중반 '고난의 행군' 시기 북한에서 수백만이 굶어 죽어가고 있을 때 김정일은 덴마크로 사람을 보내 김정일 가문에 소고기와 유제품을 공급하는 '은곡 농장'에 쓸 소와 소의 정자를 구해갔다. 북한 주민은 굶고 있는데 금수산 기념궁전 바닥에 깔 호화 목재 타일을 구하러 온 적도 있다고 한다. 김일성 사망 3주년 기념행사 후 북한 고위 간부들이 마실 덴마크 맥주도 구입해 갔다고 한다.

북한 정권의 이런 이중적 행태를 보고 북한 외교관이 인간으로서 분노를 느끼지 않는다고 한다면 그것이 오히려 이상할 것이다. 냉전 종식 후 공개된 소련문서들을 보면 소련 정권 내부 엘리트들 사이에서 소련은 부패와 경제적 활력 상실 때문에 망할 수밖에 없다는 고백

이 흘러나왔다고 한다.

이번 조성길 망명 사건은 북한 정권의 최대 수혜자인 외교관과 엘리트들에 의한 체제이반(體制離反) 현상이 광범위하게 일어나고 있다는 것을 보여주고 있다.

태영호 공사는 페이스북에 조성길에게 보내는 공개편지에서 "서울은 한반도 통일의 전초기지"라는 점을 강조하면서 그가 서울로 올 것을 촉구하고 있다. 북한 실상을 누구보다도 잘 알고 있는 두 사람이 한국에서 힘을 합쳐 북한 정권의 실상을 폭로하고 미래 통일을 준비한다고 한다면 그것은 자유통일을 앞당기는 데 크게 기여할 것이다. 태영호 공사의 바램대로 조성길 서기관이 안전하게 한국으로 들어와서 그의 가족과 함께 자유롭게 살 수 있게 되기를 기대해 본다.

제26강

트럼프, 중간선거 이후 대북한 전방위 압박 더욱 강화한다

한국뿐만 아니라 국제사회의 관심을 끌었던 2018년 11월 6일 미국 중간선거가 실시되었다. '중간선거'는 대통령 임기 4년 중 2년차에 실시되는 선거를 말한다. 지난 대통령 선거가 2016년에 있었기 때문에 그로부터 2년이 되는 해가 2018년이다. 중간선거에서는 하원의원 435명 전원, 상원의원 100명 중 1/3을 뽑는다.

하원 숫자 435명은 법으로 정해져 있고 그 임기는 2년이다. 중간선거에서 하원 전원에 대해서 선거가 실시된다. 상원 임기는 6년이다. 미국 헌법은 정치의 안정성을 위해서 최초로 선출되는 상원의원을 A, B, C 세 그룹으로 나누도록 했다. A그룹은 2년, B그룹은 4년, C그룹은 6년 뒤에 각각 1/3씩 재선을 위한 선거를 치르도록 했다. 이번 중간선거에서 상원은 보궐선거 의석을 포함해서 모두 35군데 선거구에서 선거를 치렀다.

미국 선거 사이클은 대통령 선거 2년차에 중간선거, 4년차에 다시 대선을 하도록 일정이 맞추어져 있다. 중간선거는 대통령 국정운영에 대한 중간평가 성격을 갖고 있다. 중간선거가 끝나고 나면 바로 2년 뒤에 실시될 대통령 선거전으로 돌입하는 것이 미국 선거의 특징이다. 트럼프는 2020년 대선 출마를 이미 선언했다. 이번 중간선거를 통해서 민주당에서 트럼프와 경쟁할 수 있는 대선 후보가 떠오를 수 있느냐가 관심의 초점이다.

중간선거 이전에는 공화당이 상원과 하원 모두 다수 의석을 차지하고 있었다. 이번 중간선거 결과 공화당이 상원 다수당을 유지하고 하원은 민주당이 차지하게 되었다. 이런 상황을 '분점정부'라고 부른다. 지난 대선에서는 '트럼프현상'을 예상하지 못한 여론조사기관들이 결과 예측에 어려움을 겪었다. 이번 출구조사에서는 유권자 79%가 하원에서 민주당이 다수 의석을 차지할 것으로 말했다. 그 결과 이번에는 여론조사기관들이 체면을 세웠다.

이번 선거는 양당 사이에 치열한 선거전이 전개되었고 국민적 관심도 높았다. 투표자 숫자는 1억 4천만 명에 이른다. 이 숫자는 2014보다 3,100만 명이 증가한 것이다. 공화당은 레드 컬러, 민주당은 블루 컬러로 상징된다. 여론조사 결과 현재 미국은 공화당 지지의 '레드 아메리카(Red America)'와 민주당 지지의 '블루 아메리카(Blue America)'로 양분되어 있다는 사실에 미국인 90% 이상이 동의하고 있다.

막상 그 책임이 누구에게 있느냐고 물어보면 민주당 지지자들은 트럼프 대통령과 공화당, 공화당 지지자들은 민주당에 있다고 서로 완전히 다른 입장을 보이고 있다. 이번 선거는 미국 사회의 갈등의 골이 너무나 깊다는 것을 보여준다. 트럼프 대통령과 미국 정치지도자들은 이번 선거 이후 국민통합을 이루어야 하는 커다란 과제를 떠안게 되었다.

이번 중간선거 특징들과 그것이 한미관계에 미칠 영향을 살펴보면 다음과 같다. 하원을 야당 민주당이 장악함으로써 트럼프 행정부에 대한 견제가 심해질 것이다. 한국과 달리 미국은 다수당을 차지한 정당이 상원이든 하원이든 모든 상임위원장직을 차지한다.

중간선거 이후 민주당 주도의 하원은 러시아스캔들 뿐만 아니라 트럼프 행정부 전·현직 관리들을 소환하여 청문회를 개최할 것을 보인다. 과거에는 공화당이 상하 양원 모두 다수 의석을 차지하고 있었기 때문에 민주당이 60여명이 넘는 트럼프 행정부 관련 인물들을 청문회에 소환하려고 했지만 공화당의 반대에 부딪혀 한 명도 부르지 못했다.

이제 민주당이 증인 소환 청문회 개최 권한을 확보함으로써 미국 국내 정치적 갈등이 심화될 것으로 보인다. 중간선거 이후 여야 사이에 극한 대치 상황이 전개됨으로써 예산안 통과 등 많은 법안들이 표류할 가능성이 높다. 예산안 통과가 안 될 경우 연방정부가 과거처럼 문을 닫는 사태가 발생할 수도 있다.

이번 중간선거 결과 트럼프의 국정장악력이 떨어질 것으로 보이지 않는다. 비록 하원에서 졌지만 상원에서 다수 의석을 유지했다. 이번 선거는 미국의 전 언론이 트럼프를 비판하고 민주당이 전례 없는 선거자금을 투입하는 상황에서 진행되었다. 그럼에도 불구하고 트럼프는 대통령이 갖고 있는 '설득권력'을 행사하고 전국 유세장을 돌면서 공화당 후보들을 지원했다. '트럼프효과'에 밀려 민주당은 예상과 달리 하원에서 압승을 거두지 못했다.

이렇게 보면 이번 중간선거는 사실상 트럼프의 승리하고 해도 과언이 아니다. 중간선거 이후 미국 정치권은 2020년 대선국면으로 바로 접어들었다. 이번 중간선거에서 공화당은 지난 대선에서 트럼프가 승리한 중부 경합주들에서 패배한 곳이 많다. 이것은 트럼프 대선 가도에 빨간불이 켜졌음을 의미한다.

그런데 다음 대선에서 민주당 유망주로 관심을 끌었던 후보자들이 이번 선거에서 패배하거나 두각을 나타내지 못했다. 현재 민주당은 트럼프에게 도전할 두각을 나타낼 대선 후보가 없는 실정이다. 트럼프에 이기기 위해서 민주당은 세대교체를 해야 한다. 그런데 이번 선거에서 젊고 참신한 후보군이 부상되지 못함으로써 2020년 트럼프의 당선 가능성이 더욱 높아지고 있다.

이번 중간선거는 역대 가장 강력한 여풍(女風)이 몰아닥친 선거였다. 미국 116대 의회에서 하원은 102명의 여성 의원들이 당선되었고, 그 의회 내 비율은 23%이다. 상원은 여성 25명으로 늘어났고, 그 비율은 25%이다. 이런 여풍은 2020년 대선에도 커다란 영향을 미칠 것으로 보인다. 이번 선거에서 한인 민주당 후보 남성 1명이 20년만에 하원에 진출했다. 민주당으로서 하원에 재미교포가 진출하기는 역사상 처음이다.

트럼프 집권 이후 미국 경제는 호황을 누리고 있다. 미국 선거에는 '경제 호황의 역설'이 작동한다. 경제 상황이 좋지 않을 때에는 선거에서 유권자들이 경제에 관심을 가진다. "바보야, 문제는 경제야!(Stupid, It's the economy)"라는 선거 슬로건은 1992년 대선에서 클린턴 후보의 전설적 선거전략가 제임스 카빌이 만들어낸 용어이다. 역설적이게도 이번 선거는 경기가 좋았음에도 불구하고 기대한 만큼 트럼프와 공화당이 이득을 보지 못한 '역설'이 일어났다.

미국 선거를 연구한 학자들에 따르면 중간선거와 달리 대선에서는 경제 상황이 커다란 영향을 미친다고 한다. 앞서 얘기한 1992년 대선이 그 대표적이 예이다. 2020년 대선에서도 경기 상황이 유권자들의 표심에 영향을 미칠 것으로 보인다. 지금처럼 상승 곡선을 그리고 있는 경제 상황이 2년 뒤에도 계속된다고 한다면 두각을 나타내는 민주당 대선 후보와 맞물리면서 트럼프의 대선 전망은 매우 밝다고 할 수 있다.

트럼프는 북한이 핵을 완전히 폐기하지 않는 한 대북 제재를 해제할 의사가 없음을 분명히 밝히고 있다. 앞으로 남은 2년간 계속 트럼프가 제재를 유지하고 재선되어 또 4년간 대북 제재를 유지한다고 하면 김정은은 그 압력을 견디기 어려울 것이다. 트럼프는 남은 임기 2년 내에 북핵 폐기와 관련하여 반드시 성과를 내어야 한다.

밥 우드워드가 쓴 《공포》라는 책에서 잘 나타나 있는 것처럼 트럼프는 주변 참모들에게 오바마의 '전략적 인내'가 북핵 위기를 지금처럼 악화시켰다고 비난하고 있다. '전략적 인내'에는 전략은 없고 속수

무책의 인내만 있었다는 비판이다.

오바마를 비난해온 트럼프가 대북문제에 관해서 실질적 성과를 거두지 못하면 다음 대선 유세 과정에서 커다란 어려움을 겪을 것으로 보인다. 트럼프가 앞으로 남은 임기 2년 내에 북한에 대해서 최대한 압박과 제재를 가하면서 반드시 북핵 문제에서 가시적 성과를 내려고 하는 이유가 여기에 있다.

하원을 야당 민주당이 장악했다고 해서 미국의 대북한 압박정책에 변화가 올 것으로 보이지 않는다. 민주당은 전통적으로 북한인권문제를 강조해 왔다. 앞으로 미국은 경제 제재와 함께 북한에 대해서 인권문제를 본격적으로 제기할 것이다. 로버트 킹 대사 이후 공석으로 있는 북한인권담당특별대사도 민주당의 요청으로 임명되어 적극 활동에 나설 것으로 예상된다.

중간선거 이틀 후 11월 8일 예정된 뉴욕 폼페이오-김영철 고위급 실무회담이 북한의 요청으로 연기되었다. 북한은 양국이 서로 바쁘다는 이유를 내세웠다고 한다. 그러나 이것은 표면상 이유일 뿐이다. 북한은 중간선거 이후 미국의 대북정책 변화를 탐색해야 할 필요성을 느끼고 이 회담을 연기했을 것으로 보인다. 최근 확인된 바에 따르면 미국은 김영철 통전부장을 리용호 외상으로 회담 대표 교체를 요구했다고 한다.

그동안 미국은 김영철과의 회담에서 아무런 성과를 거두지 못했다. 태영호 공사가 《3층서기실의 암호》에서 주장하고 있는 것처럼 북한은 김계관-리용호-최선희를 잇는 '미국담판그룹'이 김정은에게 북핵 협상과 관련된 조언을 하고 있다. 이런 사실을 알아차린 미국은 이 그룹의 핵심인 리용호가 김영철 대신에 회담에 나올 것을 요구했다. 더 이상 미국은 김영철을 내세운 북한의 시간끌기 전략에 끌려다니지 않겠다는 뜻을 분명히 밝혔다.

중간선거 이후 미국은 민주당의 하원 장악으로 북한인권 압박이 덧붙여지면서 대북 압박의 고삐를 더욱 바짝 죌 것으로 보인다. 미북 사이에 합의점을 찾지 못할 경우 중간선거 이후 트럼프가 군사적 옵션을 선택할 가능성을 배제할 수 없다. 그렇게 될 경우 한반도는 트럼프 취임 직후인 2017년처럼 군사적 긴장상태가 고조되는 상황이 또 다시 전개될 것으로 보인다.

제27강

북한 리선권, '서울 핵 불바다' 협박할 것이다

2018년 8월 13일 제4차 남북고위급회담에서 북한측 대표 리선권 조국평화통일위원회 위원장은 안하무인(眼下無人) 식으로 행동했다. 남북 간 합의 내용을 자기 마음대로 선별적으로 공개하기도 하고, 한국 측 대표인 조명균 통일부장관에게 고압적 자세로 장시간 훈계를 늘어놓았다.

취재에 나선 우리 언론에 대해서도 기사 논조가 북한 마음에 들지 않으면 비난하기도 했다. 지난번 회담에서는 우리 특정 방송사를 지목하면서 보도 내용이 북한 마음에 드는지 잘 하고 있다고 나름대로 평가를 내리기도 했다. 북한은 전체주의체제로서 우리와 같은 '언론'은 없고 '선전기관'이 있을 뿐이다. 전체주의 독재정권의 하수인 리선권이 우리 언론에 대해 품평회를 하는 것을 보고 분노를 느끼지 않을 국민이 없을 것이다.

리선권의 이런 행동에 대해서 우리 측 대표단은 저자세와 북한 눈치보기로 일관하고 있다. 이런 정부의 태도는 국민의 자존심을 크게 상하게 하고 있을 뿐만 아니라 국가의 위신을 손상시키고 있다. 오만방자(傲慢放恣)하고 안하무인의 자세를 보이는 것은 리선권 뿐만 아니다.

남북장성급회담에 나온 북한 장성들은 우리 측 장군들에게 훈계조로 얘기하면서 비난하는 것을 흔히 본다. 그 밖의 경협 관련 회담에서도 북한 대표들은 어김없이 오만방자한 태도를 드러낸다. 어쩌다 이 지경이 되었는지 국민은 자존심에 상처를 입고 크게 분노하고 있다.

1994년 3월 남북회담에서 북한 대표 박영수 조평통 부국장은 '서울 불바다 협박' 발언을 해서 국민적 분노를 샀다. 당시 박영수는 북한이 갖고 있는 수백 문의 장사정포로 서울을 불바다로 만들 수 있다고 협박했던 것이다. 리선권이 지금 태도로 볼 때 우리는 곧 그의 입으로 '서울 핵 불바다 협박'을 듣게 될 것이다.

리선권을 포함함 북한 대표들의 자세가 더욱 오만방자하게 날뛰었으면 날뛰었지 덜 해지지는 않을 것이다. 현재 북한은 핵무기를 60개 정도 갖고 있는 것으로 알려져 있다. 리선권이 이 핵무기로 서울과 남한을 핵 불바다로 만들 것이라고 협박할 날이 멀지 않았다.

리선권과 북한 장성급 대표들이 이렇게 오만방자하고 안하무인 식으로 우리 측 대표단과 우리 국민을 대하는 이유는 뭘까? 어쩌다 이 지경에 이르게 되었는지 국민은 그 답을 알고 싶은 것이다.

리선권의 행동은 그의 머릿속에 들어앉아 있는 '생각'을 생각해보아야 이해될 수 있을 것이다. 그의 행동에는 여러 가지 생각들이 영향을 미쳤을 것이다. 그 중에서도 북한의 핵 보유가 그의 행동에 가장 커다란 영향을 미치고 있다. 북한은 현찰과 같은 수십 개의 핵을 갖고 있는데 남한은 핵무기 하나도 없고 어음과 같은 미국의 핵우산에 의존하고 있다.

이런 상황에서 리선권은 북한의 대남한 군사적 우위로부터 자신감을 얻고 우리 대표단들에 대해서 오만방자하게 굴고 있는 것이다. 키신저는 북베트남 레 둑토와 평화회담을 하면서 군사력이 얼마나 협상테이블에서 중요한 영향력을 발휘하는지 뼈저리게 느꼈다는 점을 그의 회고록에서 밝히고 있다.

미국이 북베트남에 대해 대대적 북폭을 했을 때 레 둑토는 양보를 했다고 한다. 그와 반대로 북베트남이나 베트콩이 군사적 우위를 점했을 때는 일체 양보를 하지 않고 미국을 거세게 압박했다고 한다. 적대적 관계에 있는 국가들 사이의 협상은 군사력에 의해서 뒷받침되지 않으면 소기의 성과를 기대하기 어렵다.

미국의 현실주의 외교정책의 선구자 데오도르 루스벨트 대통령은 "말은 부드럽게 하면서 등 뒤에는 항상 커다란 몽둥이를 들고 있어야 한다(speak softly and carry a big stick)"는 말을 자주 했다. 그의 말은 바로 협상에서 군사력의 중요성을 강조한 것이다. 협상은 힘의 우위를 바탕으로 추진할 때 자국의 국익을 관철시킬 수 있다.

군사력에 의해서 뒷받침되는 힘을 갖지 않고 협상에 나온 측은 등 뒤에 든든한 군사력을 배경으로 갖고 있는 상대측에게 항상 굴복하거나 저자세를 보일 수밖에 없다. 남북한이 바로 지금 그런 대조적 상황에 처해 있는 것이다. 리선권은 핵무기라는 커다란 몽둥이를 등 뒤에 감추고 말마저 거칠게 하고 있는 형국이다.

북핵의 완전한 핵 폐기가 이루어지지 않는 한 우리는 앞으로 리선권으로부터 더한 모욕을 당하고 자존심에 상처를 입을 각오를 단단히 해두어야 할 것이다. 그의 입에서 '서울을 핵무기로 불바다로 만들 것이다'는 위협적 발언이 나올 날도 이제 얼마 남지 않았다.

문재인 정부는 지금처럼 계속해서 북한의 위협에 국민들의 자존심이 상하는 것을 그대로 보면서 내버려 둘 것인지 아니면 국민의 자존심도 살리고 북핵의 완전한 폐기를 실현할 수 있는 대책을 내놓아 하는 중대한 선택의 기로에 서 있다.

제28강

종전선언은 '전쟁의 초대장'이다

문재인 대통령은 김정은과 '4·27 판문점선언'에서 남북한이 조속히 종전선언을 하기로 합의했다. 2018년 6월 12일 미북정상회담 이후 문재인 대통령은 종전선언을 더욱 서두르고 있다. 북핵 문제가 철저한 검증과 사찰을 거쳐 완전히 해결되기 이전에 하는 종전선언은 '전쟁의 초대장'이 될 위험성이 매우 높다.

이번 미북정상회담 결과의 성패를 좌우하는 것은 북한이 보유하고 있는 핵무기, 핵물질, 핵시설 등에 관한 사찰 문제이다. 싱가포르에서 북한이 보유한 몇 개의 핵무기를 미국이나 제3국으로 실어내는 데 합의한다고 하더라도 과거 북한의 핵 활동에 대한 철저한 사찰이 이루어지지 않는다고 한다면 그 합의는 '검증가능한 완전한 북핵 폐기' 목표를 달성했다고 볼 수 없을 것이다.

1991년 12월 남북한은 '한반도의 비핵화에 관한 공동선언'에 합의했다. 이 합의는 사찰에 관해서는 완전히 실패한 잘못된 것임이 판명되고 있다. 이 합의문 4항은 "남과 북은 한반도의 비핵화를 검증하기 위하여 상대측이 선정하고 쌍방이 합의하는 대상들에 대하여 남북 핵통제 공동위원회가 규정하는 절차와 방법으로 사찰을 실시한다"고 되어 있다. 상대방이 선정한 의심되는 곳은 남북한 쌍방이 합의하여 사찰을 한다는 것이다. 북한이 보여주겠다고 합의해주지 않으면 사찰이 이루어질 수 없다는 것이다.

태영호 공사의 《3층 서기실의 암호》라는 책을 보면 이것은 대학 교수와 학생이 시험을 칠지 말지 어떻게 칠지를 합의해서 결정하는 것과 마찬가지라는 것이다. 이 합의 이후 북한 협상팀은 남한의 사찰을 완전히 차단할 수 있는 합의문을 이끌어냈다고 승리를 크게 자축했다고 한다. 만약 이번 싱가포르 회담 이후 사찰이 진행된다면 과거 한국 정부의 협상팀이 저질렀던 사찰과 관련된 실수를 미국은 절대로 되풀이해서는 안 될 것이다.

이런 과거 북한과의 협상 경험을 토대로 동맹국으로 미국에게 협상의 방향을 제시해야 할 문재인 대통령이 '중재자론'을 내세워 북한 편을 들고 있다는 것은 커다란 문제라고 하지 않을 수 없다. 문재인 대통령은 '민족공조'라든지 '우리민족끼리'라는 '종족적 민족주의의 환상'에서 하루 빨리 벗어나서 '한미공조'와 '국제공조 노선'으로 돌아서야 한다.

그렇지 않을 경우 한국의 국가안보는 커다란 위기를 맞이할 것이다. 국가안보는 우리가 매일 살아 숨 쉬는 산소와 같은 것이다. 산소가 충분히 공급될 때에는 그 고마움을 모르지만 그 공급이 중단되면 비로소 그 고마움을 느끼게 되겠지만 이미 때는 늦은 것이다. 국민들도 이 점을 잘 이해하는 것이 매우 중요하다.

문재인 대통령은 '중재자론'을 내세워 미북 싱가포르회담 직후 '종전선언'을 해야 한다는 입장을 수시로 밝히고 있다. 종전선언은 종이 합의서 한 장이나 "전쟁이 끝났다"고 하는 말로 된 선언만 갖고는 되지 않는다는 점을 문재인 대통령은 완전히 망각하고 있다. 그의 국제정치에 대한 식견의 수준을 보여주는 대목이다.

조지 W. 부시 대통령은 백악관을 방문한 미국 냉전 연구의 대가(大家)인 예일대 교수 존 루이스 개디스(John Louis Gaddis)에게 직접 비스마르크의 외교정책에 관해서 묻고 그의 전략이 당시 미국 외교정책에 어떤 함의를 갖는지를 장시간 토론했다고 한다.

문재인 대통령은 이런 훌륭한 국내의 전문가들을 초청해서 토론은 못한다고 하더라도 국제정치와 한국외교정책과 관련된 책들이라도 시간을 내어서 틈틈이 읽고 격동하는 한반도 주변의 국제정세에 대처하는 비전을 가다듬어야 할 것이다.

한반도는 지금 정전상태로서 전쟁의 포화가 잠깐 멈추고 전쟁이 계속되고 있는 상황이다. 대한민국이 직면한 전쟁 위험은 핵전쟁, 재래식전쟁, 전복전쟁이 중첩되어 있다. 이런 다층적 전쟁의 위험이 상존하고 있고 그 위험성이 완전히 제거되지 않았는데도 보여주기 위한 '종전선언'을 하겠다고 하는 것은 한반도를 또 다시 전쟁으로 몰아넣는 잘못된 결정이라는 점을 이해해야 한다.

문재인 대통령은 여건도 갖추어져 있지 않는 '종전선언'을 국내정치적 목적을 달성하기 위한 '쇼'로서 하겠다는 생각을 당장 버려야 한다. 그것을 계속 고집할 경우 한미동맹의 균열은 돌이킬 수 없을 정도로 심화되고 말 것이다.

북한은 노동당 규약과 헌법에 '대한민국의 적화'라는 목표를 명시하고 있다. 종전선언의 여건이 마련되기 위해서는 북핵의 완전한 폐기뿐만 아니라 이런 북한의 혁명노선이 철폐되지 않으면 안 된다.

북한의 핵 개발과 대남정책은 북한 전체주의체제의 성격이 결정적 영향을 미치고 있다는 점을 결코 잊어서는 안 된다. 이 점을 까마득히 잊고 북한의 입장에 서서 북한 편을 들겠다든지 미북 사이를 중재하겠다고 하는 것은 '쓸모 있는 바보들(useful idiots)'이나 할 수 있는 행동이다.

마키아벨리는 《군주론》에서 지도자의 유형을 세 가지로 분류하고 있다: 1)스스로 문제를 이해하고 상황을 판단하여 결정을 내릴 수 있는 능력을 가진 지도자, 2)스스로 그런 능력은 없지만 참모의 조언을 이해하고 판단할 수 있는 지도자, 3)이것도 저것도 아닌 '무용지물(無用之物)'의 지도자. 이번 싱가포르 회담 결과는 '중재자론'을 내세워 온 문재인 대통령이 어떤 종류의 지도자로 역사에서 평가받을 수 있을 것인지를 보여주는 하나의 계기가 될 것이다.

제4장

미중 냉전 2.0과 대한민국

제29강 미중 '냉전 2.0'의 특징은 무엇인가?

제30강 미국의 '왕도적 패권'과 중국의 '패도적 패권' 구분해야

제31강 '트럼프독트린'을 제시한 펜스 부통령의 연설을 해부한다

제32강 중국공산당 정권, 미국 패권질서에 도전하면 반드시 무너진다

제33강 미중 '냉전 2.0', 한반도를 전쟁으로 몰고 갈 수 있다

제34강 남중국해에서 군사분쟁으로 치닫는 미국과 중국

제35강 중국, 북한 붕괴 시 반드시 개입한다

제36강 중국, 한국을 조공(朝貢)국가로 만들려고 한다

제37강 트럼프, 중국 경제-무역 정책에 분기별 감시 족쇄 채운다

제38강 우드워드 책 '공포' 해설(1): 김정은 제거 검토하는 미국

제39강 트럼프, 2020 대선 승리 위해 김정은 정권 반드시 붕괴시킨다

제29강

미중 '냉전 2.0'의 특징은 무엇인가?

21세기 미국과 중국 사이에 패권경쟁이 격화되고 있다. 이런 새로운 현상을 어떻게 불러야 할 것인가 하는 문제가 생겨난다. 흔히 이것을 '새로운 미중 냉전' 혹은 '21세기 미중 신(新)냉전'이라고 부른다. '신냉전(new Cold War)'이라는 용어는 제2차 세계대전 직후 미국과 소련이라는 두 초강대국 사이의 패권전쟁이었던 '냉전'을 차용하여 21세기에 벌어지고 있는 미국과 중국의 대결에 적용시킨 것이다. 그런데 문제는 '신냉전'이라는 용어가 미소와 미중 사이의 대결 양상의 질적 차이점을 분명하게 보여주지 못한다는 점이다.

원래 '냉전(Cold War)'이라는 용어는 미국의 유명한 언론인 월트 리프먼(Walter Lippmann)이 사용함으로써 널리 일반화되었다. 그는 〈뉴욕 헤럴드 트리뷴〉에 미국무성 정책기획실장 조지 케넌(George Kennan)이 'X'라는 익명으로 〈외교(Foreign Affairs)〉지에 쓴 글을 비판하는 글을 12회에 걸쳐 실었다. 그 후 그는 그 글들을 묶어서 《냉전(Cold War)》이라는 제목으로 책을 출간했고 그 이후 미국과 소련이라는 두 초강대국 사이의 패권전쟁을 '열전(hot war)'에 대비시켜 '냉전'으로 부르게 되었다.

미소 냉전은 1947년부터 격화되기 시작했지만 1970년대 중반에 이르게 되면 데탕트의 기류가 나타나기 시작한다. 닉슨행정부 국가안보보좌관 헨리 키신저(Henry Kissinger)가 미국과 중국 사이의 외교정상화를 시도했다. 이와 함께 미국과 소련 사이에도 해빙 무드가 형성되었다.

50년 가까운 치열한 냉전 대결에서 이 데탕트 시기는 예외였다. 그러다가 1979년 소련이 아프가니스탄을 침공하고 레이건 대통령이 이에 강력하게 대응함으로써 양국 사이에 '신냉전'이 도래하게 되었다. 이런 냉전사를 보면 '신냉전'이라는 용어를 21세기 미국과 중국 사이의 대결에 적용시키는 것은 혼란을 초래할 수 있다.

이런 혼란을 벗어나기 위해서 미중 사이의 대결을 '냉전 2.0'으로 규정하는 것이 좋겠다. 과거 미소 대결은 '냉전 1.0'으로 자연스럽게 개념화될 것이다. 이렇게 되면 1.0과 2.0 냉전 버전 사이에 존재하는 차이점이 선명하게 드러나고 21세기에 새롭게 전개되는 국제정치의 새로운 현상인 미중 패권전쟁을 이해하는 데 커다란 도움을 줄 것이다.

중국은 꾸준한 국력 부상과 함께 미국의 패권질서에 도전하는 국가로 등장하고 있다. 중국을 국제사회로 끌어내고 자유무역질서 편입을 도와준 것은 미국이었다. 경제적 측면에서만 보더라도 중국이 1985년부터 2017년까지 미국에 대해서 낸 무역 흑자 액수가 4조7천억 달러이다. 2001년 중국을 세계무역기구(WTO)에 가입하도록 적극 도운 나라도 미국이었다.

미국은 중국이 전후 자유무역질서를 미국과 같이 지키고 북핵 문제와 같은 안보 문제들을 적극 해결해나가는 데 미국과 함께 할 것을 중국에게 기대해 왔다. 그러나 중국은 이런 미국의 기대를 저버리고 주변국들과 영토분쟁의 대상이 되고 있는 남중국해의 산호초들을 매립하여 군사기지화하고 미국 패권질서에 정면으로 도전함으로써 미중 사이에 새로운 '냉전 2.0'이 전개되고 있다.

2018년 10월 4일 마이크 펜스 부통령은 워싱턴의 유명한 허드슨연구소에서 대중국 봉쇄정책인 '트럼프독트린'을 발표했다. 이 연설에서 그는 중국에게 '공정성, 상호주의, 주권존중' 3대 원칙을 지킬 것을 요구했다. 그는 그동안 중국이 이런 원칙들을 어기고 미국에 대해서 '경제침략정책들'을 써 왔다고 주장했다.

그 다음날 10월 5일 발표된 미국방성의 '미국의 제조업과 방위산업 기반과 공급망 평가 및 강화 방안'이라는 보고서에서 중국이 불법적인 방법으로 미국의 첨단기술들을 어떻게 탈취해갔는지를 상세하게 폭로하고 있다. 10월 12일 존 볼턴 대통령 국가안보보좌관은 유명한 휴 휴위트 라디오와의 인터뷰에서 미국과 중국 사이에 본격적으로 냉전이 시작되었음을 선언했다.

트럼프 대통령은 10월 20일과 22일 선거 유세에서 1987년 소련과 체결하고 소련 붕괴 후 러시아와 재합의한 '중거리핵전력협정(INF)' 폐기를 선언했다. 10월 22일 볼턴을 모스크바로 보내서 이 사실을 푸틴에게 통보하게 했다. 이 폐기 선언은 '성동격서(聲東擊西)'의 전략으로서 중국의 중거리 미사일과 핵무기를 목표로 한 것이다.

트럼프는 미국이 INF에 의해 손발이 묶여있는 사이 중국은 고삐 풀린 망아지처럼 '둥펑(東風)-26'과 같은 사정거리 3,000~4,000Km의 중거리핵전력을 많이 생산해서 실전배치했다고 비난했다. 중국은 현재 300개 정도의 핵무기를 보유하고 있고 그 대부분이 중거리핵전력이다. 이 중에서 '둥펑-26'은 '괌 익스프레스'라고 해서 미국은 매우 위협적으로 생각하고 있다. 미국은 러시아와 함께 기존 핵협정 수정 협상을 하면서 여기에 중국을 반드시 끌어들일 것으로 보인다.

이상에서 보는 것처럼 미국과 중국의 대결 양상은 무역전쟁, AI와 5G를 둘러싼 첨단기술전쟁을 거쳐서 군사 분야로 까지 점차적으로 확대되고 있다. 2018년 G-20 정상회담에서 양국은 90일간 무역전쟁 휴전을 하고 협상에 들어간 상태이다. 여기서 일부 사안들과 관련하여 타결이 된다고 하더라도 중국의 국력 부상과 그에 대한 미국의 두려움이 결합되어 나타나는 '투키디데스의 함정'에서 두 나라가 빠져나오기는 어려울 것으로 전망된다.

특히 남중국해에서 미국과 중국 사이의 군사적 충돌 가능성을 배제할 수 없는 상태가 되고 있다. 2019년 새해에 시진핑은 중국 전국인민대표대회 상무위원회가 1979년 발표한 '대만 동포에게 고하는 글' 40주년을 맞이하여 대만 흡수 통일을 위해서 무력 사용도 결코 배제하지 않을 것임을 분명히 했다.

북한이 핵을 60개 정도 보유하고 북핵 위기가 해결의 기미를 보이지 않으면서 2019년에는 한반도에서도 전쟁의 기운이 감돌고 있다. 대만해협과 한반도와 남중국해를 포함하여 전방위적 차원에서 전개되고 있는 21세기 미중 사이의 패권경쟁을 설명하기 위해서 '냉전 2.0'이라는 용어를 과거 미소 '냉전 1.0'과 대비해서 사용하는 것은 그 현실을 이해하는 데 크게 도움이 될 것이다.

제30강

미국의 '왕도적 패권'과 중국의 '패도적 패권' 구분해야

국제정치는 국제법적으로 국가들이 평등하다고 한다. 그렇지만 현실적으로 국가들 사이의 군사력과 경제력에는 커다란 차이가 난다. 이런 차이점들 때문에 국제정치는 패권국가의 존재에 의해서 특징 지워진다.

패권국가는 전 세계적으로 영향을 미치는 국제정치질서를 만들어 내고 그 질서를 유지할 수 있는 힘과 의지와 영향력을 갖고 있는 국가를 말한다. 제2차 세계대전 이후 미국은 영국에 뒤이어 세계적 차원에서 영향력을 행사하는 패권국가로 등장했다. 미국 주도의 패권질서는 21세기에도 계속되고 있다. 이 질서에 중국이 도전장을 내밀어 21세기는 미중 패권전쟁의 시대로 접어들었다.

한반도는 세계적 차원에서 전개된 세 번의 패권전쟁의 영향을 모두 받았다. 구한말 러시아가 동북아 지역에서 남진정책을 통해서 대영제국의 패권에 도전했다. 힘이 약화되고 있던 영국은 1902년 일본과 영일동맹을 체결했다. 이 동맹을 활용하여 일본은 러일전쟁에서 승리하고 아시아지역의 패권국가로 등장했고 그 과정에서 조선은 일본의 식민지로 전락하고 말았다.

일본 식민지에서 한국이 해방되자 미국과 소련 사이에 냉전이라는 두 번째 패권전쟁이 시작되었다. 그 영향으로 한반도는 분단되고, 북한의 남침으로 우리 민족은 동족상잔의 어려움을 겪었다. 21세기 미중 패권경쟁의 쓰나미는 어김없이 한반도로 밀려들고 있다. 패권국가는 국제정치질서의 생산자이고 한국은 그 질서의 소비자이다. 패권경쟁의 와중에서 한국은 어떤 패권국가를 선택하는 것이 국익에 도움이 될 것인가 하는 정확한 분별력을 가져야 한다.

과거 패권전쟁에서 어려움을 겪었던 경험 때문에 한국인은 "자라보고 놀란 가슴 솥뚜껑보고 놀란다"는 속담처럼 패권이라는 말만 들어도 화들짝 놀라거나 알레르기 반응을 보이는 경우가 허다하다. 패권국가는 '왕도적 패권'과 '패도적 패권'으로 구분될 수 있다. 그렇기 때문에 선입견을 갖고 접근할 필요는 없다.

영어 헤게모니(hegemony)가 패권(霸權)으로 번역되는 과정에서 이 용어는 우리말로는 매우 부정적인 뉘앙스를 갖게 되었다. 그러니까 패도(覇道)보다는 왕도(王道)에 가까운 패권 질서도 있다는 사실이 잊혀지고 말았다. 구한말 중국과 일본의 패권은 '패도적 패권'에 가까웠다고 할 수 있다. 임오군란 직후 군사를 보내서 대원군을 납치해간 중국의 형태는 '패도적 패권'의 전형적 모습을 보여준다.

명성왕후를 시해하고 을사조약을 통해 강압적으로 외교권을 박탈하고 조선을 무력으로 합병한 일본의 정책도 '패도적 패권'의 또 다른 예이다. 이와 달리 제2차 세계대전 이후 형성된 미국 중심의 패권질서는 영토적 야욕이 없고 상대국가와의 타협과 합의를 중시하는 '왕도적 패권'에 가깝다고 해야 할 것이다.

건국 이후 한국은 미국 중심의 '왕도적' 패권질서 하에서 정치발전과 경제적 번영을 이룩했다. 이런 역사적 경험을 중시하면서 21세기에도 한미동맹을 공고히 하면서 중국의 '패도적 패권'에 대응해 나가야 한다.

한반도뿐만 아니라 동북아 지역은 패권국가 미국이 자전거 살대의 '허브' 역할을 하고 그 살대가 뻗어나간 지점에 한미동맹, 미일동맹, 미-호주동맹과 같은 양자동맹이 위치하고 있다. 이런 동북아 지역의 안보 구도를 '허브 앤드 스포크 시스템'이라고 부른다. 이 시스템의 허브인 미국이 아시아 지역에서 철수한다고 하면 허브가 없어지고 살대가 무너지면서 자전거 바퀴는 더 이상 굴러갈 수 없다.

흔히 미국의 이런 역할을 '지역균형자'라고 부른다. 그렇지만 그 기능을 수행하는 국가의 초점을 맞추어 패권국가 주도의 '패권적 평화'라고 부르는 것이 안보현실을 더욱 분명하게 이해하는 데 도움을 준다. 전후 동북아 지역은 미국 중심의 패권질서에 의해서 평화와 번영이 70년 가까이 유지되어 왔다는 점을 잊어서는 안 된다.

그럼에도 불구하고 문재인 정부는 민족공조론을 내세워 패권적 평화에 역행하는 방향으로 대북정책을 펴고 있다. 문재인 정부는 '군사

분야 이행합의서'에서 보는 것처럼 '반미친중(反美親中)'을 노골화시키고 있다. 군사분야 합의서는 군사분계선 지상뿐만 아니라 공중과 해상에서 남북한이 적대행위를 중지하기로 합의했다.

이 내용들은 한국군의 정상적 군사 작전과 훈련을 제약할 뿐만 아니라 한미연합군과 미국의 군사훈련을 제약하고 있다. 이런 사실은 한국군에게도 큰 문제이지만, 미국은 이 문제를 더욱 심각하게 받아들이고 있다.

군사분야 합의서는 북방한계선(NLL)을 해상 적대행위 중지 '지역'으로 설정하여 교묘하게 무력화시키고 있다. 정전협정에는 분명히 북방한계선은 북한이 넘어서는 안 되고 우리와 유엔군이 지켜야 할 '선'으로 표시되어 있다. 그런데 이 '선'을 '면'과 '지역'으로 바꾸어 북방한계선을 무력화시키고 있다. 문제는 여기서 멈추지 않는다.

서해 지역에 그렇게 넓은 해상 적대행위 중지 지역을 설정하면 미국은 서해에 전략 무기를 배치하고 서해를 통해서 동중국해와 태평양으로 진출하려는 중국의 해군력을 더 이상 견제할 수 없게 되는 상황에 빠지고 만다. 이번 군사분야 합의는 남북한 '민족공조'라는 미명하에 서해에서 미(美)해군의 활동과 미국의 군사력을 무력화시키려는 '반미친중(反美親中)' 정책이 그대로 반영된 것이다.

상식을 가진 사람의 눈에는 동맹국가인 미국과 군사문제를 협의하지 않고 민족공조론에 서서 북한과 국가안보에 심대한 영향을 미칠 사안들을 합의한 것 자체가 납득할 수 없는 일이다. 그렇지만 '탈미접북(脫美接北)'을 통해서 미국의 패권질서에서 이탈하려는 문재인 정부에게 이번 합의는 너무나 자연스러운 행위이다. 물론 그 후과(後果)는 만만치 않을 것이다.

과거 북한 박영수가 북한 장사정포에 의한 '서울 불바다' 발언을 했지만, 앞으로 북한은 '서울 핵 불바다' 발언을 종전선언 이후 자신의 뜻대로 상황이 전개되지 않으면 할 가능성이 매우 높다. 그렇게 될 경우 한국의 안보와 경제에 미치는 충격은 상상할 수 없을 것이다.

사실상 핵 보유국인 북한이 종전선언 이후 보일 행태가 뻔히 보이는데도 문재인 대통령은 전혀 현실감 없이 '허구적 평화관'과 '민족공조론'에 사로잡혀 조기 종전선언을 주장하면서 한국의 안보를 절벽으로 몰고 가고 있다. 문제는 국가지도자가 절벽으로 떨어질 때 체인에 국민들이 같이 묶여서 나락으로 떨어진다는 점이다. 국제정치가 패권질서에 의해 특징지워지고 한국은 그동안 미국 중심의 '왕도적' 패권질서 하에서 안정과 번영을 누려왔다는 점을 다시 한번 인식해야 할 때이다.

제31강

'트럼프독트린' 제시한 펜스 부통령의 연설을 해부한다

2018년 10월 4일 워싱턴 소재 허드슨연구소에서 펜스 부통령은 '트럼프 행정부의 대중국 정책'이라는 연설을 했다. 이 연설은 21세기 미국과 중국 사이에 '냉전 2.0'을 알리는 '트럼프독트린'으로 역사에 기록될 것이다.

트럼프는 펜스 부통령이 대신 발표한 이 연설에서 중국이 정치적, 군사적, 경제적, 프로파겐다적 수단들을 총동원하여 자신의 영향력을 확대하고 미국 내에서 자국의 이익을 추구하고 있다고 비판하고 있다. 미국은 중국이 '경제침략정책'을 전방위적으로 추진하고 있다고 강력하게 비난하고 있다.

미국은 '공정성, 상호주의, 주권존중'이라는 3대 원칙을 기초하여 미중관계를 발전시키려고 했다는 점을 이 연설은 강조하고 있다. 그렇지만 중국은 이런 원칙들을 무시하고 지역적·글로벌 차원에서 자국의 이익 추구에 몰두했다고 이 연설은 비판하고 있다. 트럼프 행정부는 이런 사실을 미국인들에게 알리고 미중관계를 앞의 3대 원칙에 기초하여 발전시키기 위해서 '트럼프독트린'을 발표했다.

역대 미국 대통령들은 국제정세의 전환기마다 미국의 생존과 번영을 위해 중요한 외교정책을 제시했다. 이런 정책이 그 이후 학자들과 언론인들에 의해서 미국뿐만 아니라 국제정치에 커다란 영향을 미쳤을 때 그것을 '독트린'으로 부른다. 트럼프 대통령은 미국 제45대 대통령이다. 그렇지만 우리가 기억하는 독트린을 가진 대통령들은 손에 꼽힌다.

유럽 국가들이 남미에 개입할 경우 전쟁도 불사하겠다는 입장을 천명한 1823년 '먼로독트린'은 남미와 북미를 아우르는 서반구 전체를 미국의 세력권으로 만든 중요한 외교선언이었다. 이 선언을 입안한 존 퀸시 아담스(John Quincy Adams) 국무장관은 학자들에 의해서 미국 역사상 가장 뛰어난 국무장관으로 평가받고 있다.

소련에 대한 봉쇄정책을 선언한 '트루먼독트린', '아시아의 방어는 아시아인들의 손으로'라는 입장을 제시하고 아시아로부터 40만이 넘는 미군을 철수시킨 '닉슨독트린'은 한국인의 운명에도 결정적 영향을 미친 외교선언이었다. 21세기 미중 '냉전 2.0'이 전개되는 상황에서 발표된 '트럼프독트린'은 트루먼과 닉슨독트린처럼 한반도, 동북아와 세계 질서에서 결정적 영향을 미칠 것으로 보인다.

이 연설은 미국과 중국의 역사를 개관하고 있다. 미국은 19세기 유럽 국가들이 중국을 침략하여 반식민지로 만들고 있었을 때 '문호개방정책'을 선언하여 중국의 주권 보호에 앞장섰다는 점을 강조하고 있다. 그러나 미중관계는 중국공산혁명 이후 중국이 북한의 남침을 도와서 6·25전쟁에 참전함으로써 악화되기 시작했다.

냉전 종식 이후 공개된 극비 소련문서를 보면 1950년 1월 스탈린은 김일성의 전쟁 지원을 결정한 전문에서 남침을 하기 전에 반드시 사전에 마오쩌둥의 동의를 받도록 지시하고 있다. 이 지시에 따라서 김일성은 그해 3월말 베이징을 방문하여 마오쩌둥의 동의를 받아냈다.

마오쩌둥은 미국의 개입으로 북한이 위기에 처할 경우 개입하여 돕겠다는 약속을 했다. 맥아더의 인천상륙작전 이후 유엔군과 국군이 38선 이북으로 공격해 왔을 때 중국은 사전에 약속했던 대로 북한을 지원하기 위해 수십만 대군을 투입시켰다.

미국과 중국이 이 전쟁에서 서로 싸움으로써 두 나라는 완전히 적대관계가 되고 말았다. 그 이후 미중관계는 1972년 닉슨의 중국 방문 때까지 완전히 얼어붙었다. 1960년대 말 미국은 베트남전쟁의 수렁에 빠져 많은 인명 손실을 겪고 엄청난 전쟁비용을 썼다. 미국의 국력이 약화되면서 미국은 베트남전쟁에서 명예롭게 철수하고 숨 쉴 틈을 만들어내기 위해 대중 관계 개선을 도모하게 되었다.

냉전은 미국과 소련에 의한 양극적 대결이었다. 키신저는 중국을 국제사회로 끌어내어 미국-중국-소련으로 이어지는 3각 구도를 만들어냈다. 키신저의 '3각외교'는 1950년대 말부터 10년여 간 문화대혁명의 광풍에 휩싸여 고립주의노선을 견지하고 있던 중국을 극적으로 국제사회에 끌어내는 데 성공했다.

키신저의 전략은 미국이 중국과 연대하여 소련에 대항하는 완전히 새로운 냉전 구도를 만드는 것이었다. 미중외교관계 개선과 덩샤오핑의 개혁·개방 노선이 결합되어 중국은 글로벌네트워크에 연결되고 오늘날 경제적 번영을 위한 발판을 마련했다.

펜스 부통령의 연설은 2001년 미국은 중국이 세계무역기구(WTO)에 가입할 수 있도록 적극적으로 도우고 중국에게 미국 시장을 개방했다는 점을 지적하고 있다. 1985년부터 2017년까지 중국은 4조7천억 달러의 대미 무역흑자를 기록했다. 2017년 한 해에만 중국의 대미 무역흑자는 3,750억 달러에 이른다.

미국은 경제성장을 이룩한 중국이 자유 중국이 되고 '공정성, 상호주의, 주권존중'의 원칙에 따라서 미국과 함께 자유무역질서를 유지하고 북핵 문제 해결을 포함하여 국제문제들을 함께 해결해 나갈 것을 기대했다. 그러나 중국은 자신의 증가된 경제력을 바탕으로 군사력을 증강시켜 남중국해를 불법적으로 매립하고 비행장과 군사기지를 설치하여 이 지역을 자신의 영토와 영향권으로 만들려고 하고 있다고 이 연설은 비판하고 있다.

중국은 종교의 자유를 탄압하고 티벳과 신장 지역 주민들을 무력으로 진압하여 억압하고 있다. 경제발전과 함께 중국이 민주화의 방향으로 나갈 것이라는 미국의 기대는 여지없이 무너지고 말았다. 심지어 중국은 중국 정부의 프로파겐다를 전파하는 미국 내 방송국들을 지원하여 미국 국내정치에도 불법적 방법으로 깊이 개입하고 있다.

트럼프독트린은 중국의 경제침략정책을 통한 군비증강과 미국의 패권질서에 대한 도전을 더 이상 좌시할 수 없고 미국은 이에 물러서지 않고 단호히 대응해나갈 것임을 선언하고 있다. 미국은 전통적 동맹국들과 함께 '인도-태평양전략'을 추진하여 중국의 도전과 팽창을 저지할 것임을 이 선언은 분명히 하고 있다.

중국이 전후 미국이 만들어둔 안보질서와 자유무역질서의 혜택을 누리면서도 이를 함께 더욱 안정적으로 발전시키지 않고 이 질서를 교란하는 '수정주의국가(revisionist state)'로서의 행태를 계속해서 보이는 한 미국의 대중국 봉쇄정책과 강력한 무역보복 정책은 불가피하다는 것이 '트럼프독트린'의 핵심적 내용이다.

트럼프독트린의 선언과 함께 본격적으로 전개되는 21세기 미중 '냉전 2.0'의 전개는 한국의 국가전략에도 선택을 강요하고 있다. 한반도는 글로벌한 차원에서 전개된 패권전쟁에서 자유로웠던 적이 한 번도 없었다. 제2차 세계대전 직후 미국과 소련 사이의 '냉전 1.0'이라는 패권전쟁이 전개되었을 때 한반도는 분단되고 한국인은 동족상잔의 아픔을 겪었다. 21세기 미중 '냉전 2.0'의 파고는 어김없이 한반도로 거칠게 밀려들고 있다.

문재인 정부는 북한만 외눈박이로 쳐다보는 종족적 민족주의적 사고에 입각한 '민족공조노선'을 버리고 한미동맹을 공고히 하는 '현실주의노선'에 입각하여 21세기 '미중 냉전 2.0'의 거친 파고를 넘을 수 있는 국가전략을 모색해야 할 것이다.

제32강

중국공산당 정권, 미국 패권질서에 도전하면 반드시 무너진다

헨리 키신저는 《세계질서》라는 책에서 미중관계의 딜레마를 양국 외교전통에 비추어 설명하고 있다. 미국은 자신과 같은 국력을 가진 국가와 잘 지내본 적이 없다는 것이다. 독일과 소련처럼 정치체제가 미국과 이질적일 경우 그 경쟁은 생사를 건 투쟁으로 변모한다. 독일과 소련의 몰락은 그런 미국 외교전통의 특징을 잘 보여준다.

중국은 광대한 영토와 막강한 국력을 바탕으로 오랫동안 중심 국가로서 조공체제를 구축해 왔다. 서양의 팽창과 함께 아편전쟁에서 굴욕을 당한 이후 중국공산당이 국가를 통일 한 이후 중국은 조공체제를 벗어나서 근대국제정치질서의 일원이 되었다.

키신저는 중국은 아직도 자신이 세계의 중심이 아니고 여러 국가들 중 하나라는 점을 쉽게 받아들이지 못한다고 한다. 무역전쟁을 통해서 무차별 관세보복을 펼치는 트럼프 행정부의 정책은 받아들이기 어려울 뿐만 아니라 굴욕적이기도 하다.

확연히 다른 외교전통을 가진 두 나라가 21세기 패권경쟁에 나서면서 그것이 어떤 형태로 진행되고 어떤 결말을 가져올지에 따라서 국제정치질서는 커다란 영향을 받을 수밖에 없다. 미국과 중국은 국내정치체제가 다를 뿐만 아니라 국제정치질서를 바라보는 시각도 다르다.

영국 국제정치학자 헤들리 불은 《무정부적 사회》라는 책에서 '질서' 개념은 보는 시각에 따라서 다르다는 점을 지적하고 있다. 도서관에서 저자별로 책이 정리되어 있기를 바라는 사람과 주제별로 정리를 원하는 사람이 보는 질서관은 완전히 다른 것이다. 시장경제를 지지하는 미국과 국가주도형 중상주의 경제정책을 펼치는 중국 사이에는 시각의 차이와 갈등이 없을 수 없다.

키신저는 이런 갈등이 있다고 하더라도 국제정치질서는 세력균형에 의해서 안정을 유지할 수 있다고 보고 있다. 기존 질서를 급격하게 변화시키려는 국가가 등장하면 다른 나라들이 그 국가에 대항하는 세력균형을 형성함으로써 국제정치질서는 안정을 회복한다.

이와 함께 그는 '정당성(legitimacy)'의 원리가 국제정치에서도 작동하고 있다는 점을 강조한다. 여기서 정당성은 국내정치처럼 국민들이 투표를 해서 대표를 뽑아주는 것을 의미하지 않는다. 국제정치현실은 중앙정부가 없는 무정부상태이기 때문에 그런 선거가 있을 수 없다. 그가 말하는 정당성은 특정 시기의 국제정치질서에 대해서 강대국들이 자신의 이익에 부합된다고 볼 때 생겨나는 합의를 말한다.

21세기 미중 패권경쟁은 미국과 중국 사이에 현존하는 질서의 정당성에 대한 합의가 없기 때문에 일어나고 있다. 중국은 전후 미국이 만들어둔 자유무역질서 하에서 경제적 번영을 이룩했다. 그러면서도 이 질서를 훼손하려는 중국을 미국은 납득하지 못하는 것이다. 그렇다고 중국이 새로운 대안적 질서 개념을 제시하는 것도 아니다.

이런 양상은 과거 패권경쟁과 권력전이 과정과는 완전히 다르다. 영국의 국력이 약화되어 패권국의 지위를 내놓았을 때 미국은 영국이 추구한 자유무역질서 개념을 그대로 수용하면서 영국을 대신하여 패권국의 지위에 올랐다. 이와 달리 국력이 부상하는 도전국가 중국은 새로운 가치를 내놓거나 미국적 질서 개념을 수용하는 것이 아니라 미국을 중국 주변지역으로부터 몰아내야 한다는 정책을 펼치고 있다.

중국의 국가전략 '반(反)접근·지역거부 전략(A2/AD, Anti Access/Area Denial)'은 이런 사실을 잘 보여주고 있다. 중국의 '거부 전략 개념'은 항해의 자유를 건국 당시부터 중요한 이념으로 추구하는 미국과 갈등을 일으킬 수밖에 없다. 남중국해를 둘러싼 양국의 갈등은 군사적 차원을 훨씬 뛰어넘는 세계관과 국제정치질서관의 근본적인 차이점에서 비롯되고 있다는 데 문제의 심각성이 있다.

양국이 이런 차이점을 극복하지 못하고 힘으로 부딪힐 경우 미국 정부 기관의 보고서들이 보여주는 것처럼 남중국해 문제는 군사적 갈등으로 비화될 수밖에 없다. 미국은 영국, 프랑스, 호주 등과 같은 동맹국과 함께 다국적군을 구성하여 중국에 대항하고 있다. '집단적 자위권'을 행사하게 된 일본도 여기에 가담하게 될 경우 남중국해 갈등은 한반도뿐만 아니라 글로벌한 차원으로 확대될 가능성을 배제할 수 없다.

동북아 지역 안보 정세는 중국의 부상과 함께 질적으로 변하고 있다. 지금까지 미국은 압도적 힘을 가진 패권국가로서 지역 균형자 역할을 했다. 키신저가 《세계질서》라는 책에서 주장하고 있는 것처럼 미국은 더 이상 균형자가 아니라 중국의 부상에 대항하는 세력균형세력의 일원이 되고 말았다.

이런 질적 변화와 함께 북한의 핵 보유는 70년 동안 유지되어온 동북아 질서를 근본적으로 교란하고 있다. 미중 패권경쟁과 함께 그동안 유지되어온 동북아 지역의 '장기간 평화'가 끝나는 것이 아닌가 하는 우려가 커지고 있다. 이질적 정치체제를 갖고 자신에 도전하는 국가를 수용해본 경험이 없는 미국과 여전히 세계 중심이라는 위계적 세계관을 갖고 있는 중국 사이의 패권전쟁은 양국관계 뿐만 아니라 한반도에도 심대한 영향을 미칠 것이다.

한국은 미국 중심의 패권질서 하에서 국력 발전을 이룩했다는 역사적 경험을 중시하면서 한미동맹을 강화하고 한미일 안보협력체제를 구축하여 급변하는 국제정세에 능동적으로 대처해나가야 할 것이다.

제33강

미중 '냉전 2.0', 한반도를 전쟁으로 몰고 갈 수 있다

미국 의회가 초당적으로 구성한 '미중 경제안보안보위원회'가 2018년 11월 14일 연례보고서를 발표했다. 이 위원회는 미중 무역과 경제 관계가 미국 국가안보에 미치는 영향을 분석하고 의회 입법 관련 사항을 권고하도록 하기 위해 2000년 구성되었다. 이번 보고서는 공개와 비공개 내용으로 나누어져 있는 것이 특징이다.

관심을 끄는 부분은 중국의 대북한 정책과 북한 유사 상황 발생 시 중국과 미국의 대응방안이다. 이 보고서를 보면 우리가 모르는 사이에 우리 머리 위에서 주변 강대국들이 자신의 국익을 관철시키기 위해서 한반도 문제와 관련하여 다양한 시나리오들을 검토하고 있다는 것을 알 수 있다.

이 보고서는 중국이 미국의 패권에 도전하여 글로벌 패권을 추구하고 있다고 지적하고 있다. 이런 목적을 달성하기 위해 중국은 우선

지역적 패권국가 지위를 확보해야 한다. 중국은 남중국해와 한반도 지역에서 주변 국가들에 대한 군사, 외교, 경제적 지배권을 확보하기 위해 위협적 정책들을 추구하고 있다.

특히 이 보고서의 관심을 끄는 부분은 2035년을 목표로 하여 중국은 미국에 맞먹는 세계적 수준의 군사력을 건설하기 위해 노력하고 있다는 사실이다. 시장경제인 미국과 달리 사회주의 경제를 갖고 있는 중국은 '군민(軍民)융합전략(military-civilian fusion strategy)'을 추구하고 있다. 이 전략은 민간분야에서의 기술혁신을 군사력 증강에 적극 활용하는 것이다.

문제는 중국이 이 전략을 위해 미국에 '경제침략정책'을 불법적으로 추진하고 있기 때문에 이에 대해서 미국은 철저한 전략을 세워야 한다는 점을 이 보고서는 강조하고 있다. 이와 관련하여 미국의 대응은 이미 2018년 10월 4일 워싱턴 소재 허드슨 연구소에서 마이크 펜스 부통령이 제시한 '트럼프독트린'에서 잘 나타나 있다.

이 보고서는 중국이 한반도에 대해서 갖고 있는 전략적 목적들을 제시하고 있다. 중국은 한반도 상에서 전쟁과 북한의 붕괴에 반대하고 있다. 그렇기 때문에 중국에게 북한의 핵과 미사일은 부차적이고 위협적이지 않다. 중국은 한미연합훈련 중지, 주한미군 감축과 철수를 목표로 삼고 그 전략을 추진하고 있다.

이 보고서의 내용을 보면 중국은 북핵을 21세기 미중패권경쟁이 전개되는 상황에서 '전략적 부담'이 아니라 '전략적 자산'으로 여기고 있다는 것을 알 수 있다. 지정학적 관점에서 볼 때 북한은 유라시아의 동북아 지역에서 미국의 세력 팽창을 막는 '완충지대' 역할을 하고 있다.

이 보고서에서 가장 관심을 끄는 부분은 미국과 중국이 미국의 강력한 요청에 의해서 북한 유사 상황에 대해서 지속적인 논의를 해왔다는 사실이다. 북한 유사 상황 발생 시 중국은 북한 대규모 난민 유입을 방지하기 위해 현재 북중 국경 지역에 적절한 군사력을 배치해두고 있다. 이 보고서는 중국이 유사시 군사적으로 북한에 개입하여 핵무기와 화생방 무기 저장소 장악을 시도할 것으로 예상하고 있다.

중국의 개입은 김정은의 동의 여부와 상관없이 이루어질 것이다. 중국의 군사 개입은 핵무기 확보뿐만 아니라 향후 미국과 한반도를 둘러싼 외교협상에서 유리한 고지를 차지하기 위해서이다. 중국 인민해방군과 북한 인민군 사이는 좋지 않은 것으로 알려져 있다. 중국의 군사적 개입에 대해서 북한 인민군이 어떻게 반응할지는 판단하기 어렵다고 한다.

북한 유사 상황에 관해서 양국은 외교 고위급 회담에서 이미 수차례 논의했다. 2017년 12월 렉스 틸러슨 국무장관은 이와 관련하여 미국이 휴전선 넘어 북한 지역에 군사적 개입을 할 경우 미국은 자신의 임무가 완료되고 나면 즉시 남한 지역으로 되돌아올 것을 중국에게 확신시켜 주었다고 공개적으로 말했다. 그런데 정작 문제는 양국 군사지도자들이 북한 유사 상황과 관련하여 구체적 논의를 한 적이 없다는 사실이다.

이 보고서는 유사시 중국, 미국, 한국이 모두 군사적 개입을 할 것으로 예상하고 있다. 그 과정에서 북한 지역에서 미국과 중국 사이에 상호의사소통 부재로 인해 군사충돌이 일어날 경우 한반도상에서 '제3차 세계대전'이 일어날 것을 우려하고 있다. 이런 우려를 해소하기 위해 이 보고서는 한미연합사령관, 인도-태평양사령관, 중국 인민해방군 북부지역사령관과 같은 군사 실무자들 사이에 이와 관련하여 구체적 논의를 할 것을 권고하고 있다.

미국은 핵무기가 김정은 체제를 보장해주지 못한다는 점을 알고 있다. 중국은 미국과 북한 유사 상황에 관해 논의한다는 것은 북한 붕괴를 도모하고 있다는 것으로 해석되어 북한의 반발을 살 것을 우려하고 있다. 그럼에도 불구하고 중국은 미국의 지속적이고 강력한 요청에 의해서 유사 상황과 관련하여 적어도 고위급 외교회담에서 논의를 시작했다.

이 보고서의 권고대로 앞으로 이와 관련하여 군사고위지도자 사이에서도 본격적 논의가 이루어질 것으로 보인다. 이런 상황에서 한국이 소외되지 않기 위해서는 한미공조를 철저히 하면서 그 논의 과정에서 자유민주통일과 관련된 한국의 국익이 손상되지 않도록 해야 할 것이다.

민족공조론과 우리민족끼리라는 '종족적 민족주의노선'에 바탕을 둔 문재인 정부의 '탈미접북노선(脫美接北路線)'은 북한 유사시에 한국의 대비책 마련을 방해하고 있다. 구한말처럼 우리가 모르는 사이에 한국이 주변 국가들의 권력정치에 의해서 좌지우지되는 상황이 전개되지 않을까 매우 우려된다.

제34강

남중국해에서 군사분쟁으로 치닫는 미국과 중국

2018년 11월 개최된 동남아국가연합(ASEAN)과 아시아태평양경제협력체(APEC) 회의에서 국가들 사이에 치열한 외교전이 벌어졌다. 21세기 미중 패권경쟁이 벌어지고 있는 상황에서 개최된 이번 다자회담은 남중국해 분쟁과 관련하여 미국과 중국이 각각 어떤 입장을 내놓을지에 관심이 집중되었다.

트럼프 대통령을 대신하여 참석한 마이크 펜스 부통령은 미국의 '인도-태평양전략'을 구체적으로 제시하고 이 지역에서 '제국'과 '침략전쟁'은 설 땅이 없다고 남중국해 지역을 불법적으로 장악하여 기정사실화하려는 중국을 겨냥했다. 중국은 남중국해에 있는 파라셀군도와 스프레틀리군도를 불법적으로 매립하여 거기에 네 개의 비행장을 만들었고 미사일 등 최신 무기를 배치했다. 그 섬들 주변 물에 뜨는 20개 원자력발전 시설을 설치할 예정이다.

항상 물 위에 올라와 있지 않고 잠겼다가 보였다가 하는 섬과 산호초는 국제법상으로 영유권을 인정받지 못한다. 중국은 이들 군도에 있는 산호초를 불법적으로 매립하여 인공섬과 활주로를 만들고 이들에 대한 영유권을 주장하고 있다.

미국의 '인도-태평양전략'은 알류산열도로부터 대한해협과 남중국해를 거쳐 인도양에 이르는 '거대한 초승달'처럼 생긴 지역을 미국의 국익이 직접 연관된 지역으로 본다. 이 전략에서 남중국해는 전략적 요충지역이다. 이 지역 국가들을 중국의 위협으로부터 보호하기 위해 미국은 전통적 동맹체제를 더욱 굳건히 하고 남중국해에서 '자유의 항해작전'을 계속할 것을 분명히 하고 있다.

이런 미국의 전략에 대해서 이번 ASEAN 회의에서 중국은 '시진핑독트린'을 제시하면서 맞섰다. 중국은 아세안 국가들이 '역외국가'와 군사훈련을 실시할 경우 중국에게 사전 통보하고 사전 승인을 받을 것을 요구했다. 여기서 역외국가는 미국을 염두에 두고 있는 것이 분명하다.

앞으로 미국은 남중국해에서 '자유의 항해작전'을 영국, 호주, 프랑스와 함께 다국적군을 구성해서 진행할 예정이다. 이 작전에 동남아국가들도 참여할 것이 예상된다. 이들의 작전 참여를 제한하려는 '시진핑독트린'은 스스로 군사주권을 행사하려는 동남아국가들의 주권을 심각하게 제약하는 것이다.

이 독트린은 동남아지역에 '신조공체제(新朝貢體制)'를 구축하려는 시도로 볼 수 있다. 대륙국가 중국의 국력이 점점 더 커지고 시진핑독트린이 동남아에 이어서 동북아지역에 적용된다고 한다면 남한에서 한미연합군사훈련도 못하게 되는 상황이 전개될 수 있다는 것을 의미한다. 이 독트린에 일본이 가장 민감하게 반응하는 이유가 여기에 있다.

시진핑독트린은 과거 소련의 '브레즈네프독트린'을 연상케 한다. 1968년 동구 위성국가 체코에서 자유화운동이 일어났을 때 소련은 탱크를 동원하여 무자비하게 진압했다. 이 사건 이후 소련은 동구권 국가들이 소련 제국으로부터 이탈하는 것을 막고 미국과 유럽국가들이 동구권 반체제운동에 개입하는 것을 방지하기 위해 이 독트린을 발표했다.

그 핵심은 동구권 국가들이 소련 제국으로부터 벗어나려고 할 경우 소련이 군사적으로 언제든지 개입할 수 있다는 것이다. 이 독트린으로 동구권 국가들의 주권이 심각하게 제약되었기 때문에 이것을 '제한주권론'이라고 부르기도 한다. 중국의 국력이 급성장하면서 중국은 과거 소련 모델을 따라서 동남아 국가들의 주권을 제약하는 '시진핑독트린'을 발표하고 중국 주변에 '신조공체제(新朝貢體制)'를 구축하려고 시도하고 있다.

남중국해에 대한 중국의 불법 매립과 점령을 인정하지 않고 '자유의 항해작전'을 계속하려는 미국과 '시진핑독트린'을 통해서 이 지역에 '신조공체제'를 구축하려는 중국 사이에 군사적 갈등이 불가피해 보인다. 2015년 9월 평화헌법의 재해석과 안보관련 법안들의 개정을 통해서 일본은 이미 '집단적 자위권' 행사의 길을 열어두고 있다.

이미 일본은 평화헌법을 개정하지 않은 상태에서 미국과 함께 전 세계에서 전쟁을 할 수 있는 '보통국가'로 거듭났다. 1956년 유엔에 가입한 일본은 '집단적 자위권' 행사를 유보해 왔다. 유엔 헌장 제51조는 국가들에게 '개별적 자위권'과 '집단적 자위권'을 인정하고 있다. '개별적 자위권'은 침략을 받았을 때 자기 나라를 방어할 권리이다.

이와 달리 '집단적 자위권'은 동맹국 미국의 군사분쟁에 일본이 미국을 도와 군사적으로 개입할 수 있는 것을 의미한다. 일본이 집단적 자위권을 행사할 경우 남중국해에서 미중 군사적 갈등은 그 여파가 동북아지역으로 미칠 것이 분명하다.

펜스는 아세안 회의 참석 후 가진 기자회견에서 북한은 제2차 미북정상회담에서 반드시 북핵 관련 리스트를 내놓아야 한다는 점을 분명히 했다. 이것은 미국 최고위 인사가 직접 핵 리스트 신고 조건을 처음으로 언급한 것이다. 이것은 북한이 보유하고 있는 핵무기, 핵물질, 핵시설 등 리스트를 제시하고 그 일부를 폐기처분하기 않을 경우 제2차 미북회담을 없다는 것을 분명히 한 것이다.

북한은 지금까지 북한이 만든 핵무기 보유를 인정하는 '파키스탄 모델'을 기정사실화하기 위해 노력하고 있다. 이와 달리 미국은 북핵 완전 폐기라는 '리비아 모델'을 주장하고 있다. 미국과 북한이 북핵 회담에서 접점을 찾지 못하는 이유가 여기에 있다.

'시진핑독트린'의 제시와 함께 남중국해에서 미중 간 군사적 갈등이 벌어질 가능성이 점점 더 높아지면서 한국 외교도 커다란 갈림길에 서게 되었다. 문재인 정부는 그동안 조기 종전선언과 '행동 대 행동 원칙'에 따른 북핵 논의 과정에서 대북한 제재 완화를 주장하면서 '탈미접북노선(脫美接北路線)'과 '친중반미정책(親中反美政策)'을 추진해 왔다. 중국 주변에 '새로운 조공체제'를 구축하려는 '시진핑독트린'의 발표와 함께 문재인 정부의 외교는 선택의 기로에 서게 되었다.

제35강

중국, 북한 붕괴 시 반드시 개입한다

미국 국방성이 2018년 8월 16일 의회에 제출한 '2018년 중국 군사·안보 발전 태세 보고서'를 보면 북한 유사 상황 발생 시 중국은 북한에 반드시 군사적으로 개입할 것이라는 충격적 내용이 들어 있다. 이 국방성 보고서는 중국이 개입할 경우 김정은 정권을 유지해 줄지 여부는 불분명하다고 적고 있다.

실로 놀라운 사실이라고 하지 않을 수 없다. 이 보고서는 공개와 비밀 두 부분으로 나누어져 있기 때문에 비밀 문건에 알려진 것보다 더한 내용이 들어가 있는지 현재로서는 알 수 없다.

우리가 모르는 사이에 미국과 중국이 우리 머리 위에서 비밀리에 북한의 유사 상황에 대해 교감을 해오고 있다는 사실을 이 보고서는 말해주고 있다. 틸러슨 전 미국무장관은 중국과 북한 유사 상황에 대해서 의견을 교환하고 있다는 사실을 공개적으로 털어놓은 바 있다. 그 내용의 일부가 이번 보고서를 통해서 구체적으로 밝혀진 것이다.

중국은 북한 내부에 군사적, 정치적 혼란 상황이 발생하면 반드시 개입한다고 하면서도 그것이 반드시 현 김정은 정권 유지를 위한 것이 아니라고 한다. 이것은 여러 가지 해석이 가능하다. 우선 중국은 김정은 정권과 상관없이 북한이라는 국가의 소멸은 막아야 한다는 생각을 갖고 있다. 이것은 북한이 지정학적 관점에서 볼 때 미국 세력의 북진을 막는 '완충지대'라는 것을 의미한다.

유사 상황을 상정해서 이야기하고 있다고 하더라도 중국은 김정은이 반드시 북한을 지배해야 한다고 보고 있지 않다는 것이 이번 보고서를 통해서 드러나고 있다. 집단지도체제를 갖고 있는 중국 지도부가 북한의 세습체제에 강한 거부감을 갖고 있는 것은 이미 널리 알려져 있다.

북핵 문제, 미중 무역전쟁, 남중국해 문제, 트럼프의 친대만정책 등 중국과 미국 사이의 갈등은 전방위적으로 매우 심화되고 있다. 이런 상황에서 이번 보고서는 북한의 소멸은 막아야 하지만 그 과정에서 김정은 정권이 북한에 반드시 존재해야 한다는 것은 아니라는 점을 밝히고 있다.

이 보고서의 북한 부분은 '특별 주제(special topic)'라는 제목 하에 두 페이지로 작성되어 있다. 여기에는 중국이 한반도에서 갖고 있는 국가 목표는 한반도의 안정, 한반도 비핵화, 압록강 근처에 미군 접근 방지 등이다.

여기서 '안정'이라는 것은 한반도 상에서 전쟁의 방지를 의미한다. 물론 중국은 북한 유사 상황 발생 시 동북 3성으로 들어올 북한 난민들에 대해서 크게 우려하고 있다. 나아가 여기서 '안정'은 김정은 정권의 유지가 아니라 북한의 소멸 방지라는 점을 분명히 이해하는 것이 중요하다.

이 보고서의 또 다른 중요한 내용은 중국 전략폭격기 H-6K와 관련된 내용이다. 이 폭격기는 기존 H-6보다 비행거리를 30% 늘린 것이라고 한다. 중국은 핵무기를 장착할 수 있는 이 폭격기로 동해, 오키나와 근처, 괌 근처로 비행 훈련을 했다고 한다.

특히 미국이 더욱 심각하게 생각하는 것은 중국이 H-6K를 동원하여 남중국해 파라셀군도 인공섬에 설치된 비행장에 대대적인 군사훈련을 했다는 사실이다. 현재 중국은 영토분쟁이 일고 있는 파라셀군도와 스프래틀리군도에 모두 네 개의 군사비행장을 설치하고 지대공미사일을 배치해두고 있다.

이에 대해서 미국은 이 섬들의 12해리 이내를 일방적으로 항해하는 '자유의 항해 작전'을 펼쳐 중국과 군사적 충돌 일보 직전까지 간 적이 있다. 중국은 이 섬들 주변에 물에 떠는 핵발전 시설 20개를 설치하여 군사기지화에 박차를 가할 계획이다.

이 보고서는 미중 패권경쟁이 한반도와 대만과 남중국해에 이르는 지역까지 확대되고 있다는 것을 보여준다. 미국은 중국의 군사력 증강과 팽창정책에 대응하여 '인도-태평양전략'으로 맞서고 있다.

중국은 전략폭격기를 동원하여 동해안을 자기 집 드나들 듯이 하고 있고, 북한 유사 상황 발생 시 북한의 소멸은 안 되지만 김정은 정권의 몰락은 용인할 수 있다는 입장을 갖고 있다. 한반도를 둘러싼 전략적 지형이 북핵 위기에 맞물리면서 한치 앞을 내다볼 수 없을 정도로 급박하게 변하고 있다.

이런 와중에서 문재인 정부는 육군 병력 11만 8천명을 줄이는 '국방개혁 2.0'을 한가하게 내놓고 있다. 미국 국방성 보고서대로 북한 유사시 중국군이 북한에 개입한다면 우리 국군은 손을 놓고 바라만 보고 있을 것인가. 우리도 지상군을 투입해야 할 것 아닌가. 그때도 미국만 쳐다보고 있을 것인가.

문재인 정부의 군사·안보·외교 정책은 민족공조론에 서서 국제공조를 무시하고 '탈미접북(脫美接北)'의 방향으로 나가고 있다. 완전히 현실과 동떨어져 있다. 미국의 패권질서로부터 이탈하려는 문재인 정부의 정책이 가져올 후과(後果)가 두렵다. 우리 국민 모두 평화 무드에서 깨어나서 국가안보에 대해서 커다란 경각심을 가져야 할 때이다.

제36강

중국, 한국을 조공(朝貢)국가로 만들려고 한다

제임스 매티스(James Mattis) 미국방장관은 2018년 10월 30일 워싱턴의 유명한 '평화문제연구소(USIP)' 토론회에서 21세기 국제정세를 분석하고 미국은 북한, 러시아, 중국으로부터 안보 위협에 직면하고 있다고 지적했다. 그는 이 세 나라가 제기하는 위협의 양태가 각각 다르다는 점을 지적하고 있다. 조지 W. 부시 대통령 시절 국가안보보좌관을 역임한 스테펀 헤들리(Stephen Hedley) 소장이 이번 대담자로 나섰다.

매티스에 따르면 러시아는 '원색적 권력(raw power)'의 측면에서 미국과 국제사회에 위협적이다. 푸틴의 러시아는 핵무기와 대규모 재래식 무기를 갖고 있다. 이런 군사력을 이용하여 주변 국가들을 위협하고 있다.

실제로 2014년 러시아가 우크라이나를 침공하여 크림반도를 합병한 것은 잘 알려진 사실이다. 2008년 러시아는 국경지역에 있는 압하지야와 남오세티야 지역 분리주의세력을 지원하기 위해 조지아를 침공하여 5일 만에 승리를 거두었고 이들 지역은 조지아로부터 분리, 독립했다. 이들의 영토는 조지아 전체 영토의 20%에 달한다.

매티스는 막강한 군사력을 바탕으로 과거 소련 연방에서 독립한 주변 국가들을 군사력을 동원하여 위협하는 러시아가 '원색적 군사력'의 측면에서 미국과 국제사회에 커다란 위협이라는 점을 강조하고 있다. 최근 러시아는 미국과 중거리핵전력협정(INF)을 어기고 SSC-8 중거리 순항미사일을 개발하고 실전 배치했다. 이에 미국은 INF협정 파기를 러시아에 통보하고 유럽에서 러시아의 봉쇄에 적극적으로 나서고 있다.

다음으로 매티스는 '긴급성(urgency)의 관점'에서 북한이 미국과 동북아 및 국제사회에 커다란 위협이라는 점을 강조하고 있다. 여기서 '긴급성'이라고 하는 것은 북한의 경우 '시간 요소'가 매우 중요하다는 것이다. 현재 북한은 60개 정도의 핵무기를 보유하고 있는 것으로 알려지고 있다.

북한은 핵탄두를 소형화시켜 화성-15호와 같은 대륙간탄도미사일(ICBM)에 장착하여 미국 본토까지 위협할 수 있다. 만약 미국이 북한의 핵과 미사일 개발을 빠른 시일 내에 막지 못한다고 한다면 미국 본토뿐만 아니라 동북아 지역 국제정치질서 자체가 완전히 교란상태에 빠질 수 있다는 점을 그는 우려하고 있다.

매티스가 지적하는 북한 위협의 긴급성은 문재인 정부가 새겨들어야 할 지적이다. 문재인 정부는 전시작전통제권 문제가 한국의 군사 주권이 침해당한 것처럼 국민을 선동하고 있다. 전쟁과 관련된 한미 연합사의 결정은 궁극적으로 한미 대통령이 논의하여 결정하도록 되어 있다. 2018년 11월 워싱턴에서 한미 국방장관은 새로 만들어질 미래 한미연합사 사령관은 한국군 4성 장군이 맡고 미군 4성 장군은 부사령관을 맡는 데 합의했다.

도대체 군사력이 약한 나라의 군대가 강한 나라를 지휘한다는 것은 허장성세일 뿐만 아니라 군사력의 효율적 운영 측면에서 볼 때 도저히 납득 할 수 없다. 정경두 국방장관은 전작권 환수 이후를 대비해서 한국군이 미군을 지휘할 수 있도록 연구하고 공부해야 한다는 한가한 소리를 하고 있다.

매티스의 지적처럼 북핵 위협이 긴급한 상황에서 기존에 잘 갖추어져 있는 한미연합사 중심의 한미연합방위체제를 더욱 강화시켜 북핵 위협과 도발에 대비해나가는 것이 현실적 방안이다. 문재인 정부는 잘 지어진 한미연합방위체제를 허물고 검증되지도 않은 '가건물(假建物)'을 지어 한국 안보의 근간을 뒤흔들고 있다.

세 번째로 매티스는 중국은 '의지(will)의 측면'에서 위협이 되고 있다는 점을 예리하게 지적하고 있다. 중국은 해외 군사기지를 갖고 있지 않다. 군사력을 직접 동원하는 러시아와 달리 중국은 방대한 영토와 국력을 바탕으로 주변 국가들을 점진적으로 '조공국가(朝貢國家)'로 만들려고 시도하고 있다고 그는 경고하고 있다.

그는 중국이 국제정치질서 유지에 협력적으로 나올 경우 협조해야 하지만 중국이 미국에 도전하고 미국의 패권질서를 교란할 경우에는 미국이 적극적으로 대응해야 한다고 주장한다. 이런 그의 주장은 21세기 미중 패권경쟁이 진행되고 있는 상황에서 대중국 봉쇄정책을 강조한 '트럼프독트린'과 그 맥이 닿아 있다.

한국을 포함한 동아시아 지역국가들이 중국의 조공국가가 된다고 한다면 미국이 아시아지역에서 유지해온 '허브 앤 스포크 시스템'은 완전히 붕괴되고 말 것이다. 동북아지역은 한미동맹과 미일동맹처럼 양자동맹에 의해서 지역 질서가 안정적으로 유지되고 있다. 미국이 자전거 바퀴의 '허브'을 구성하고 거기서 살대가 뻗어나가는 것처럼 양자 동맹들이 존재하면서 '허브 앤 스포크 시스템'이 구성되어 지역 질서가 굴러가고 있는 것이다.

그런데 주변국가들이 중국의 조공국가가 될 경우 이 시스템은 무너지고 말 것이다. 매티스는 이런 조공국가화(朝貢國家化)를 막기 위해서 미국이 전통적 동맹체제를 더욱 강화시키고 중국의 부상과 위협에 대해서 이들을 안심시키는 노력이 매우 중요하다는 점을 강조하고 있다. 2018년 말 미국 상원과 하원은 '아시아 안보 재확인 법안(ARIA)'을 통과시켜 중국의 부상에 대해서 두려움을 갖고 있는 아시아 지역에 있는 미국 동맹국들을 안심시키기 위해 노력하고 있다.

매티스가 지적하는 것처럼 21세기 국제정치질서에 서로 다른 방식으로 위협 요인이 되고 있는 북한, 러시아, 중국은 모두 지정학적으로 한반도 북방에 위치하고 있다. 이들 북방 국가들은 모두 전체주의 체제를 갖고 있거나 독재체제를 갖고 있다. 이런 사실은 역사적으로

나 현재에도 변화가 없다.

해방 후 한국은 자유민주주의체제를 가진 미국과 동맹을 체결하고 교류하면서 해양으로 나가면서 오늘의 정치발전과 경제적 번영을 이룩했다. 문재인 정부가 그릇된 민족공조론에 서서 북한과 급격하게 교류와 협력을 추진하려는 것은 한국 외교의 역사적 경험에 어긋나는 것이다.

21세기 대한민국은 남북한 민족공조가 아니라 한미동맹을 공고히 하고 국제공조를 통해서 북핵 문제를 해결하고 통일의 기반을 마련해나가야 한다. 이를 바탕으로 한국은 한반도로 쓰나미처럼 밀려드는 거친 21세기 미중 패권경쟁의 파도를 슬기롭게 넘어서야 할 것이다.

제37강

트럼프, 중국 경제-무역 정책에 분기별 감시 족쇄 채운다

미국과 중국 사이에 계속된 무역전쟁이 해결의 실마리를 보이고 있다. 2018년 12월 1일 아르헨티나에서 열린 G-20 정상회담에서 양국은 무역전쟁을 잠시 멈추고 90일 이내에 타협안을 마련하기로 했다. 2019년 1월 7일 베이징에서 열린 양국 협상에서 각자 입장을 제시한 것으로 알려지고 있다.

이때 김정은도 베이징을 방문하고 있었다. 외국 언론은 미중 무역협상에는 또 다른 플레이어가 있다고 보도했다. 이것은 김정은을 말한다. 즉 미중 무역전쟁과 북핵 문제가 밀접하게 맞물려 있다는 것을 의미한다. 2018년 12월 1일 회담 직후 백악관은 무역문제와 함께 북핵 문제도 양국이 긴밀하게 협의해 나가기로 했다는 짧은 성명을 발표했다. 이 성명은 두 사안의 연계성을 잘 보여주고 있다.

우선 무역불균형 문제와 관련하여 중국은 미국 제품을 1조 달러 수입해서 2024년까지 미국의 무역적자를 제로로 만들겠다는 안을 제안했다. 2017년 중국의 대미 흑자는 3700억 달러, 2018년은 3300억 달러이다. 2024년은 트럼프가 2020년에 재선에 성공할 경우 두 번째 임기가 끝나는 해이다. 중국이 미국 대통령 임기와 관련된 제안을 내놓는 것이 흥미롭다.

미국의 입장은 예상보다 강경하다. 이번에 양국 사이에 무역문제와 관련하여 합의가 된다고 하더라고 미국은 분기별로 중국의 이해 여부를 확인하는 절차를 마련할 것을 요구하고 있다. 이것은 일종의 무역제재에 해당되는 것으로서 중국은 매우 굴욕적으로 느끼고 있다고 한다.

164개국이 참여하고 있는 세계무역기구(WTO)는 자체 중재시스템을 갖고 있다. 그런데 중국은 미국과 여타 국가들과 무역분쟁이 생겨 중재 결정이 나도 이것을 차일피일 미루면서 이행하지 않았다. 트럼프 대통령이 이 기구에서 탈퇴하겠다고 공공연하게 말하는 이유는 이와 관련된 불만 때문이다.

미국은 다자기구를 제쳐두고 직접 중국의 이행절차를 감시하는 족쇄를 중국에게 채우겠다는 것이다. 무역 외에도 지적재산권, 기술이전, 중국 기업에 대한 정부 보조금 등 문제가 걸려 있다. 미국은 이들 사안과 관련해서도 주기적으로 중국의 이행을 감시하는 장치를 마련해야 한다고 주장하고 있다.

중국은 미국의 요구를 매우 굴욕적으로 느끼고 있다고 한다. 현재 중국에는 1938년 마오쩌둥이 쓴 《지구전론》이라는 책이 판을 거듭하는 베스트셀러가 되고 있다. 이 현상은 미중 무역전쟁과 관련이 있다. 미국의 관세 압박에 직면하여 중국은 지구전으로 대응해야 한다는 결의를 중국 지도부가 다지고 있는 것이다.

이 책이 주는 교훈은 적의 공세를 피해서 전략적 인내심을 갖고 싸워야 한다는 것이다. 대응 전략을 마련하기 위해 끝없이 노력해야 한다. 마오쩌둥은 중국의 넓은 영토를 적극 활용할 것을 권고하고 있다. 일본을 내지로 끌어들여 게릴라 전술을 통해서 격파했다.

이런 교훈이 무역전쟁에 어떻게 적용될지는 불분명하지만 중국 지도부는 미국의 공세를 중국의 경제주권에 대한 침략으로 보고 있는 것은 분명하다. 이 과정에서 아편전쟁 직후처럼 중국이 미국의 경제적 조공국가가 되지 않도록 해야 한다는 것이 《지구전론》을 다시 펼쳐든 중국 지도자들의 생각인 것으로 보인다.

중국 개혁과 개방을 시작한 덩샤오핑은 농업, 산업, 과학기술, 군사 네 분야의 근대화를 제창했다. 그는 '도광양회(韜光養晦)'를 주장하면서 군사 분야는 제일 나중으로 미루어두었다. 이와 달리 시진핑은 '대국굴기(大國屈起)'를 주장하고 군사력 증강에 나서면서 기존 패권국가 미국에게 도전장을 내밀었다.

그의 정책은 그의 개인적 성향으로만 설명될 수 없고 1990년대에 비해 월등히 증가된 중국의 군사력과 경제력과 연관되어 있다. '투키디데스의 함정'에서 말하는 것처럼 중국 국력의 증가가 미국 내에서 두려움을 불러일으켜 미중 패권경쟁이 본격화되고 있다.

중국의 패권 추구 방식은 과거 국가들과 다른 패턴을 보여주고 있다. 이것이 미국과 또 다른 갈등의 원인이 되고 있는 것으로 볼 수 있다. 칭기즈칸의 몽고는 유라시아의 광활한 스텝지역을 당시로서는 기동성을 갖춘 첨단 무기인 말을 활용하여 무역을 수단으로 제국을 건설했다.

영국은 무적함대를 이용하여 전세계에 식민지를 개척했다. 소련은 공산체제를 동구권에 군사력으로 강요하는 "초대받지 않은 제국"을 건설했다. 미국은 전후 국제기구와 다자기구를 만들고 직접 해외에 군사기지를 두고 패권질서를 유지해 왔다.

중국은 미국처럼 해외에 군사기지를 두지 않고 있다. 공자학당을 세워 중국 공산당 이념을 전파하려고 시도하고 있다. 중국은 경제적 수단을 중국의 국가 목표를 달성하기 위해 사용하고 있다. 미국의 경우 경제 지원을 지원국의 민주화와 자유화에 연계시켰다.

이와 달리 중국공산당 일당독재체제를 갖고 있는 중국이 내세우는 조건은 민주화가 아니라 오로지 중국 입장에 대한 지지이다. 중국이 갖고 있는 이런 패권질서 형성과 유지 방식은 미국과 완전히 다르다. 이런 차이점이 중국의 국력 부상과 함께 양국 관계를 점점 더 협력하기 어려운 방향으로 몰고 가고 있다.

90일 휴전 기간 중에 미중 사이에 일정한 타협이 이루어진다고 하더라도 이것은 잠정적일 뿐이라는 점을 이해하는 것이 중요하다. 무역전쟁은 단순히 경제문제가 아니다. 이것은 21세기 미중 패권경쟁의 일환이다.

중국의 국력 부상과 중국의 기존 미국 중심의 국제질서에 대한 도전이 계속되는 한 양국의 갈등은 무역 분야를 넘어서서 다른 분야로 언제든지 확대될 소지를 안고 있다. 이 점을 이해한 바탕 위에서 미중 패권경쟁에 대비하기 위한 한국의 국가전략이 마련되어야 할 것이다.

제38강

우드워드 책 《공포》 해설: 김정은 제거 검토하는 미국

밥 우드워드 기자는 신간 《공포: 백악관의 트럼프》에서 트럼프 대통령의 정책결정과정을 현미경 렌즈를 비추어 분석하고 있다. 이 책은 트럼프 정책결정의 즉흥성과 독특함을 보여주는 센세이셔널한 측면을 많이 담고 있다.

우리가 주목해야 할 것은 백악관을 관두거나 잘린 전직 트럼프 주변 관리들이 트럼프에 대한 일방적 비판 내용들이 아니다. 이 책은 그 행간을 읽어보면 트럼프의 외교노선과 향후 정책을 이해하는 데 커다란 시사점들을 던져주고 있다.

이 책은 백악관 경제담당보좌관 개리 콘이 트럼프가 한미자유무역협정 폐기안에 사인하려는 것을 막기 위해 그 서류를 살짝 치웠다는 내용을 담고 있다. 그 뿐만 아니라 트럼프는 참모에게 왜 빨리 북미자유협정 폐기안을 만들어오지 않느냐고 다그치고 있다. 이 장면들은 트럼프가 '미국 우선주의'를 내세우면서 미국의 국익에 도움이 되지 않는 무역협정들을 모두 일방적으로 파기하겠다는 분명한 어젠다를 갖고 백악관에 입성했다는 것을 보여준다.

최근 트럼프는 세계무역기구(WTO)에서도 일방적으로 탈퇴할 수 있음을 공공연하게 말하고 있다. 앞으로 무역에서 트럼프의 일방통행식 외교는 계속될 것으로 보인다. 시진핑 주석은 북한 9·9절 행사에 참석하려고 했다.

트럼프는 폼페이오의 평양행을 중단시키는 트위터에서 중국이 북핵 문제에 적극적이지 않다고 비난했다. 미국과 무역전쟁이 벌어지는 상황에서 시진핑이 북한을 방문했다고 한다면 중국은 트럼프로부터 더 큰 보복을 당할 수 있다는 것을 예상했을 것이다.

시진핑의 방북 취소 선택을 굴욕적이라고 봐서는 안 될 것이다. 때때로 국가 지도자는 굴욕을 감수하면서도 국익의 입장에 서야 한다. 무역과 경제 문제와 관련하여 트럼프가 집권하는 한 앞으로도 미국의 일방주의적 노선이 거세게 몰아칠 것이다. 우리도 여기에 대해서 단단히 벨트를 메고 준비를 해야 할 것이다.

이 책은 트럼프가 취임한지 한 달도 채 되지 않은 2017년 2월말 조지프 던포드 합참의장에게 북한에 대한 선제타격 계획을 마련하도록 지시한 부분이 나온다. 그 지시 이후 미 합참은 몇 가지 군사공격 시나리오를 만들어 두었을 것이다.

6·25전쟁과 관련하여 공개된 비밀문서들을 보면 북한 남침 직후 트루먼 대통령은 국가안보회의에서 미합참에게 교두보를 확보할 수

있는지 검토할 것을 지시하고 있다. 미합참은 네 개 미군 사단들을 투입하면 부산방어선을 확보할 수 있다는 보고서를 트루먼에게 올리고 있고, 그 이후 전쟁 상황은 미합참의 예상대로 진행되었다.

이런 사례를 보면 트럼프의 합참에 대한 지시 사항도 그대로 이행되어 북한 선제타격에 대한 몇 가지 시나리오들이 이미 마련되어 있다는 것은 충분히 예상해볼 수 있다. 김정은이 싱가포르회담에 나오게 된 것은 바로 미국의 선제 군사공격 가능성 때문이었다는 점을 잊어서는 안 된다.

트럼프 등장 이후부터 김정은은 어떻게든지 미국의 군사 공격을 피하기 위해서 지연전략을 쓰고 있다. 폼페이오 방북 취소 이후 미북 관계는 싱가포르회담 이전 상황으로 되돌아가고 있다. 밥 우드워드의 책에서 말하는 것처럼 트럼프는 미합참이 마련해둔 북한 선제타격 계획안을 다시 꺼내들지도 모르는 상황이 전개되고 있다.

트럼프는 2018년 1월 19일 국가안보회의에서 주한미군의 중요성을 무시하면서 주둔경비와 특별 정보작전과 관련된 과도한 예산에 의문을 표시했다는 내용이 이 책에 실려 있다. 매티스 국방장관은 주한미군은 제3차 세계대전을 막기 위한 것이라고 답하고 있다.

매티스의 발언은 향후 한반도에서 전쟁이 일어날 경우 그 규모는 상상할 수 없을 정도의 대규모가 될 것이라는 점을 말해주고 있다. 21세기 미중 패권전쟁의 파고는 쓰나미처럼 현재 한반도로 밀려들고 있다.

미국과 중국은 패권전쟁의 전초전으로서 북핵 문제, 남중국해, 무역 분야 등 곳곳에서 갈등을 빚고 있다. 패권전쟁의 양상은 종종 전혀 예상치 못한 엉뚱한 방향으로 물꼬를 돌려 주변 국가들을 희생양으로 삼은 예들을 국제정치사에서 수없이 본다. 과거 폴란드는 주변 세 강대국의 패권전쟁의 와중에서 세 번에 걸쳐 분할되면서 국가 자체가 100년 넘게 지도상에서 사라졌다.

이런 엄중한 안보 상황에서 문재인 대통령은 8·15 경축사에서 "남북관계 발전은 북미관계 진전의 부수적 효과가 아니다"라고 외치면서 민족공조론에 입각하여 북한과 함께 반미노선(反美路線)으로 기울고 있다. 시진핑도 트럼프에게 고개를 숙이고 공개적으로 반미노선을 내세우지 않는다. 문재인 대통령이 중재자로 포장하여 추구하는 대미독자노선의 끝이 어디인지 궁금하다.

밥 우드워드가 붙인 이 책의 제목 '공포'는 트럼프의 발언에서 따온 것이다: "실질적 권력은 존경심을 통해서 생겨나는 것이다." 이것에 트럼프는 한마디 더 덧붙이고 있다. "실질적 권력은 공포이다." 막강한 미국의 군사력과 경제력을 동원한 트럼프의 공포의 화살이 앞으로 어디를 향할지 지켜볼 일이다. 그 화살이 대한민국으로 향하지 않도록 하는 것이 문재인 대통령의 책무이다.

제39강

트럼프, 2020 대선 승리 위해 김정은 정권 반드시 붕괴시킨다

미국 대통령 선거 공약 이행 여부는 현 대통령이 재선에 나설 때 매우 중요하다. 트럼프 대통령은 북핵 해결을 선거 공약으로 내세웠다. 밥 우드워드가 쓴 책 《공포》를 보면 트럼프는 참모들에게 오바마 행정부의 '전략적 인내'는 '인내'만 있을 뿐 '전략'은 전혀 없었다고 말하고 있다. 트럼프는 오바마와 달리 북한에 대한 제재뿐만 아니라 필요할 경우 북한 붕괴를 통해서라도 북핵 문제를 완전히 해결하기 위해 임기 초반에 노력을 집중하고 있다.

미국 대통령 선거 공약이라고 하면 생각나는 것이 지미 카터 대통령의 주한미군 완전 철수 공약이다. 돈 오버도퍼는 《두 개의 코리아》라는 책에서 왜 카터가 1976년 선거에서 그 공약을 내세웠는지 미스터리라고 적고 있다. 미국 외교정책을 오랜 기간 전공한 필자도 이 문제에 대한 해답을 찾기 위해 많은 노력을 기울여 왔다.

카터 대통령은 90세에 펴낸 회고록 《나의 생애》에서 한국이 경제적으로 부강해졌기 때문에 미군을 철수시킬 때가 되었다고 생각했다고 적고 있다. 그러나 이 설명만으로는 카터의 철군정책이 아직도 이해가 되지 않은 부분들이 너무나 많다.

최근 이런 의문들을 해소시켜 줄 수 있는 미국 극비문서들이 공개되었다. 주미특파원 출신 언론인 협회 '한미클럽'이 존스홉킨스대학 제임스 퍼슨 박사에게 의뢰하여 카터 문서들을 발굴했다. 눈길을 끄는 것은 카터 취임 직후 1977년 4월 작성된 CIA 보고서이다.

이 보고서는 철군이 미국의 인계철선 역할을 막음으로써 의도하지 않은 미국의 한반도 전쟁 연루와 미군의 희생을 막을 수 있을 것이라고 말하고 있다. 당시 미국 의회 내에서는 코리아케이트로 인하여 주한미군 완전 철수 여론이 높아가고 있었다. 이 보고서는 철군이 의회의 압력을 줄이고 한국에 대한 군사원조를 늘릴 수 있을 것으로 예상하고 있다.

1974년 8월 닉슨 대통령은 워터게이트 사건으로 탄핵이 확실시되자 스스로 사임했다. 1976년 미국 의원들에 대한 불법 로비사건인 코리아게이트가 터졌다. 조지아주 땅콩 농장을 경영하고 주지사를 역임한 카터가 대통령에 당선된 것은 미국 정치 부패 스캔들 때문에 덜 때가 묻은 워싱턴 밖의 새로운 정치인을 미국인들이 원했기 때문이다.

CIA 보고서는 한국에서 철수한 미군은 다른 지역에 자유롭게 배치할 수 있을 것이며 카터 대통령의 '선거 공약'을 이행하는 데 도움을 줄 것이라고 적고 있다. 그러나 CIA는 철군이 가져올 위험성에 대해서도 균형 있게 분석하고 있다.

한국군이 충분한 준비가 되지 않고 군비증강을 위한 미국의 지원 없이 미군이 갑자기 철수한다면 한국의 대북한 억지력을 크게 약화될 것으로 우려하고 있다. 미군 철수는 한국인의 불안감을 고조시켜 정치적, 경제적 불안정을 촉발할 수 있다고 경고하고 있다.

CIA가 보는 이런 충격은 오늘날에도 여전히 크다고 할 수 있다. 트럼프 대통령이 내일 당장 주한미군 철수 혹은 일부 감축을 결정한다면 그것이 한국 정치뿐만 아니라 경제에 미치는 충격파는 상상할 수 없을 것이다.

CIA는 주한미군 철수는 미국 국내 사정 때문에 미군이 아시아에서 언제든지 철수 할 수 있다는 것을 보여줌으로써 일본 안보에도 부정적 영향을 미칠 것으로 보았다. 일본은 미국 국내 여론이 동맹국의 전략적 이익에 우선한다고 판단하고 미국을 더 이상 신뢰할 수 없는 동맹 파트너로 생각할 수 있다는 것이다.

이런 미국 정보기관의 평가를 배경으로 하여 그 유명한 1979년 6월 30일 청와대에서 카터-박정희 정상회담이 열렸다. 공개된 문서에 따르면 양 정상은 미국과 한국이 GNP 대비 국방비 비율을 두고 논쟁을 벌였다.

카터는 미국은 GNP 대비 6%, 한국은 5%, 북한은 20% 정도를 국방비에 지출하고 있다는 점을 지적했다. 카터가 이 문제를 꺼낸 것은 한국의 경제력이 향상되었기 때문에 미군이 철수하더라도 한국 자체의 노력으로 대북한 억지력을 확보할 수 있을 것이라는 점을 지적하기 위해서였다. 이에 대해서 박정희 대통령은 한국과 북한은 정치경제사회구조가 완전히 다르기 때문에 한국이 북한처럼 GNP의 20%를 국방비로 쓴다면 '폭동'이 일어날 것이라고 반발하고 있다.

박정희 대통령의 반발은 여기에 멈추지 않았다. 당시 주한미국대사 윌리엄 글라이스틴이 쓴 회고록 《깊은 개입과 보잘 것 없는 영향력》을 보면 박정희 대통령은 카터 대통령의 철군정책을 한반도뿐만 아니라 동북아 정세에도 부정적 영향을 미칠 것이라는 점을 들어서 반박했다.

카터는 흥분하면 눈가가 파르르 떨리는 습관이 있다고 한다. 박 대통령의 얘기를 듣던 카터는 매우 흥분하여 눈이 떨리면서 박 대통령이 철군 문제와 관련하여 입을 다물지 않으면 당장 미군을 철수할 것이라는 메모를 배석해 있던 밴스 국무장관에게 보냈다고 한다.

회담을 마치고 덕수궁 뒤에 있는 주한 미국대사 관저로 가던 리무진이 갑자기 멈춰 섰다. 이 차 안에서 카터는 같이 타고 있던 밴스 장관, 브레진스키 국가안보보좌관, 글리아스틴 대사에게 삿대질을 하면서 박 대통령의 철군 반발에 크게 화를 냈다고 한다. 카터는 국무성에 청와대 회담에서 박 대통령 입에서 철군 관련 발언이 나오지 않도록 하라고 철저하게 지시해두었던 것이다. 박 대통령의 반발로 이 지시가 지켜지지 않았던 것이다.

북핵 위기에 직면해서 생각나는 지도자가 바로 박정희 대통령이다. 이 안보 위기에 박정희 대통령이라면 어떻게 대응했을까 하는 생각이 든다. 분명한 것은 박정희 대통령은 민족공조를 추구하고 한미동맹을 약화시키는 방향으로 나아가고 있는 문재인 대통령과는 완전히 다른 방식으로 북핵 문제에 대응했을 것이라는 점이다.

박 대통령은 북한을 대할 때 절대로 같은 민족이라는 낭만적 감정을 갖지 말고 우리의 생존을 위협하는 적이라는 입장에서 냉정하게 대해야 한다는 점을 강조했던 것으로 알려지고 있다. 트럼프 대통령은 북한 제재를 강화하고 북한이 핵을 포기하고 개혁과 개방으로 나오지 않을 경우 북한 붕괴도 불사하겠다는 생각을 갖고 있다. 그동안 이처럼 북한정권을 강력하게 압박한 미국 정부는 없었다.

이것은 한국이 미국과 철저한 공조체제를 구축해서 북핵 문제에 대응한다고 하면 통일 기반 절호의 기회가 조성되고 있다는 것을 의미한다. 그러나 불행하게도 문재인 정부는 한미공조와 국제공조를 벗어나서 민족공조노선을 취함으로써 북핵 문제 해결을 어렵게 할 뿐만 아니라 자유통일의 가능성도 가로막고 있다.

제5장

국제정치의 이해와 전망

제40강 홉스의 자연상태와 국제정치 현실

제41강 미국과 중국은 '투키디데스의 함정'에서 빠져나올 수 있는가

제42강 21세기 국제정치, 미국 없는 '무극 구조(無極構造)' 의 혼란으로 빠져들까?

제43강 중국, 북한 200Km 안쪽 점령하여 완충지대 설정한다

제44강 대만 해협에서 한반도보다 전쟁 먼저 터질까?

제45강 시진핑, 패권전쟁에서 미국을 패배시켜야 한다

제46강 주적(主敵)이 없는 군대는 군대도 아니다

제47강 일본, 전쟁할 수 있는 '보통국가' 되다

제48강 '중거리핵전력조약(INF)' 폐기 선언, 태풍 되어 한반도로 밀려온다

제49강 2019년 미국이 예상하는 5개 전쟁 발발 가능 지역은 어디인가?

제50강 2019년 10대 세계 안보-경제 전략 트렌드를 전망한다

제40강

홉스의 자연상태와 국제정치 현실

국제정치현실을 이해하는 데 가장 도움이 되는 책은 홉스(Thomas Hobbes)의 《리바이어던》이다. 이 책은 영어로 된 책 중에서 최고의 고전으로 꼽힌다. 플라톤의 《국가론》이 서구 정치사의 최고 고전으로 알려져 있지만 그것은 희랍어로 쓰여진 책이다.

《리바이어던》은 전설에 나오는 바다 속의 커다란 괴물이다. 홉스는 리바이어던을 강력한 힘을 가진 국가에 비유하고 있다. 그의 책 제13장에는 '인간의 자연적 조건'이라는 제목이 붙어 있다. 이것은 인간이 리바이어던과 같은 국가를 만들기 이전에 처해있는 '자연상태'를 말한다.

홉스는 인간이 자유롭고 평등하다고 주장한다. 인간은 강력한 욕망(passion)의 덩어리이다. 인간의 평등성은 욕망의 동일성을 낳는다. 인간들 사이의 욕망의 충돌은 인간관계를 전쟁상태로 몰고 간다. 이 갈등을 규제할 수 있는 국가 혹은 중앙정부가 존재하지 않을 경우 인간관계는 "만인에 대한 만인의 투쟁(bellum omnium contra omnes)"으로 발전한다. 그 결과 이 자연상태에서 인간의 삶은 "고독하고, 보잘것이 없고, 추잡하고, 난폭하고, 그리고 단명한다"는 홉스의 유명한 말로 요약된다.

이 자연상태는 인간이 매일 쉬지 않고 싸운다는 의미의 전쟁상태가 아니다. 자연상태 하에서는 인간들 사이의 갈등을 막을 수 있는 국가와 같은 제도적 장치가 없기 때문에 국제정치현실처럼 전쟁가능성이 상존한다는 의미에서 전쟁상태이다.

이러한 전쟁상태 하에서 인간은 자신이 가지고 있는 힘과 자신의 창의력을 총동원하여 자신을 지켜야 한다. 노동분화도 일어나지 않는다. 인간은 산업, 문화, 주택, 예술 등 자신의 생활에 유용한 어느 것도 발전시킬 수 없다. 국가가 없기 때문에 자신이 만들어둔 것을 다른 사람들이 언제든지 뺏을 수 있기 때문이다. 자연상태 하에서 인간들 사이의 상호불신은 너무 깊어서 '안보딜레마'에 빠지고 만다.

전쟁상태인 자연상태를 벗어나기 위해 인간들은 다른 사람들이 모두 똑같이 한다는 조건 하에서 자신이 가진 천부인권의 일부를 국가에 양도하는 사회계약을 체결한다. 이렇게 성립된 리바이어던과 같은 국가가 강력한 힘을 갖고 사회질서를 유지함으로써 인간들은 자신의 생업에 전념할 수 있게 된다.

홉스의 자연상태 개념과 사회계약론은 국제정치현실을 이해하는데 중요한 단서를 제공한다. 세상에 여기저기 다른 지역에 흩어져 사는 사람들이 사회계약을 통해서 만들어내는 국가는 하나가 아니라 여러 개가 된다. 여기서 '대내적 자연상태'와 '대외적 자연상태'라는 두 가지 개념 구분이 필요하다.

개인들 사이의 계약을 통해 대내적 자연상태는 극복된다. 그와 동시에 대외적으로는 수많은 국가들의 탄생함으로써 이 국가들 사이에는 또 다시 '대외적 자연상태'가 생겨난다. 이 '대외적 자연상태'가 국제정치현실인 것이다.

홉스의 논리를 따라 가보면 이 '대외적 자연상태'는 전쟁상태이기 때문에 국가들 사이에 세계정부를 구성하기 위한 또 다른 사회계약이 체결되어야 한다. 그런데 홉스는 《리바이어던》 제13장에서 국가들이 전쟁상태인 대외적 자연상태에 머물러 있다고 하더라도 국가가 딱딱한 조개껍질처럼 개인들을 보호해주기 때문에 대내적 자연상태만큼 개인의 삶이 비참하지 않다고 말한다.

예를 들어보면 만약 국가들이 서로 군사력을 해체하고 각각의 내부질서를 유지하기 위한 일부의 병력과 무기만 보유하기로 합의했다고 가정하자. 이 경우 남아있는 그 병력이 국가들 사이에 또 다른 안보딜레마의 원인이 된다. 이때 우리는 두 가지 선택지 중에서 어떤 것을 선택할 것인가?

우리는 군비경쟁과 같은 안보딜레마에서 생겨나는 전쟁의 소지를 완전히 없애고 내부질서를 유지하기 위해 일부 남겨둔 병력을 완전히 해체하는 것을 선호할 것인가, 아니면 국가들 사이에 대외적 자연상태가 존재하고 전쟁가능성이 있다고 있더라도 내부질서 유지를 위해 그 병력 유지를 용인할 것인가?

우리는 당연히 내부질서 유지를 위해 전쟁가능성을 감수하고서라도 병력을 유지하는 쪽을 선택할 것이다. 그 이유는 내부질서 유지를 위한 병력을 완전히 없애는 것은 인간이 또 다시 '만인의 만인에 대한 투쟁상태'인 자연상태, 전쟁상태로 되돌아가는 것이기 때문이다.

대외적 자연상태는 홉스가 말하는 대내적 자연상태와 다르다. 개인들이 평등하기 때문에 욕망의 동등성이 생겨나고 인간들 사이의 갈등의 원인이 된다. 그러나 국제정치현실을 구성하는 국가들은 당구볼에 비유하면 큰 것과 작은 것들이 공존한다. 이것은 대외적 자연상태는 불평등하다는 것을 의미한다. 이 불평등성이 국제정치에서 패권국가의 존재로 나타나는 것이다. 패권국가가 '보이지 않는 주먹'의 역할을 하면서 국제정치 질서와 평화가 유지되는 것이다.

오늘날 우리가 살고 있는 현실에 비추어보면 국제정치현실을 자연상태에 비유하는 홉스의 주장이 수긍이 간다. 유엔은 세계정부가 아니라 193개 주권국가로 구성된 국제기구에 불과하다. 이들 국가들은 여전히 홉스가 말하는 '대외적 자연상태'를 구성하고 있고 이들 사이에 전쟁가능성이 상존하고 있다.

그렇지만 국가들은 자신의 주권을 세계정부에 양도하기보다는 자신들이 스스로 독립적으로 행사하기를 원한다. 이런 현실적 이유 때문에 국제정치현실은 여전이 '대외적 자연상태'로 남아 있다. 이 자연상태는 중앙정부가 없는 무정부상태이고 전쟁가능성이 상존하는 전쟁상태이다. 국제정치현실을 무정부상태라고 부르는 이유가 여기에 있다.

국제정치현실은 전쟁상태인 대외적 자연상태의 지속과 반복에 의해 특징 지워진다. 그렇다고 해서 그 현실이 무질서의 세계는 아니다. 패권국가가 질서를 유지한다. 국가들이 위협적인 국가가 나오면 거기에 대항해서 세력균형정책을 펼친다. 국가들은 자신들의 편의를 위해 국제법과 국제레짐을 만들어낸다.

홉스의 이론이 갖고 있는 위대함은 자연상태 하에 인간이 처한 곤경을 있는 그대로 직시하면서 그 곤경을 설명할 수 있는 개념과 이론을 발전시켜 이러한 현실에 대한 인간의 이해를 높이고 그 극복의 방향을 제시하고자 하는 데 있다. 홉스가 직면했던 그 현실은 바로 1640년대에 두 번에 걸쳐 일어난 피비린내 나는 영국내전이었다.

이런 시대적 위기에 직면하여 홉스는 자연상태라는 병 속에 갇힌 새와 같은 인간을 그 병 자체를 깨지 않고 구원할 수 있는 방법을 사회계약론을 통해서 설명함으로써 위대한 정치사상가의 반열에 올랐다. 이 과정에서 그는 '대외적 자연상태'라는 개념을 통해서 중앙정부가 없는 무정부상태로서의 국제정치현실을 이해하는 데 결정적으로 도움을 준다.

제41강

미국과 중국은 '투키디데스의 함정'에서 빠져나올 수 있는가

영국의 경제전문지 파이낸셜타임스가 2018년 올해의 단어로 '투키디데스의 함정(Thucydides's trap)'을 뽑았다. 투키디데스는 기원전 431년에 일어난 아테네와 스파르타 사이의 펠로폰네소스전쟁에 직접 참전한 장군이다. 그 경험을 바탕으로 그는 불멸의 고전 《펠로폰네소스 전쟁사》를 남겼다.

이 책은 미국 국제정치학 강의의 필독서이다. 아테네와 스파르타의 전쟁은 20세기 미소 패권전쟁인 '냉전 1.0'과 매우 유사하다. 아테네는 해양국가로서 민주주의 체제를 갖고 있었고 '델로스동맹'의 맹주였다. 이와 달리 스파르타는 대륙국가로서 과두체제를 갖고 있었고 '펠로폰네소스동맹'을 결성했다.

이런 지정학적, 정치체제적 특징들 때문에 아테네는 미국, 스파르타는 소련에 각각 비유되었다. 오늘날 국제정치구조적 표현으로 당시 그리스 세계는 아테네와 스파르타 중심의 양극체제였다. 서로 정치체제가 다른 두 도시국가는 "아테네의 국력 증가와 그것에 대한 스파르타의 두려움이 결합"되어 패권전쟁으로 비화되었다. 이 생사를 건 미소 패권전쟁에 비유되는 이유가 여기에 있다.

투키디데스는 그 전쟁의 원인을 아테네의 국력 증가와 두 도시국가 사이의 상호불신에서 찾고 있다. 이것은 21세기 미중 패권경쟁인 '냉전 2.0'과 유사하다. 중국의 급격한 국력 증가에 대한 미국의 불신과 두려움이 결합되어 그 패권경쟁이 패권전쟁으로 비화될 것인가 하는 것이 초미의 관심사이다.

2018년 미국과 중국은 한 치 양보도 없는 무역전쟁을 벌여왔다. 이런 상황을 보면서 세계는 미국과 중국이 과거 아테네와 스파르타, 미국과 소련처럼 또 다시 '투키디데스의 함정'에 빠질 것인지 우려의 시선으로 바라보았다. 파이넨셜타임스가 이 용어를 2018년 단어로 선정한 데에는 그런 이유가 있다.

이 용어는 2012년 그레이엄 앨리스 하버드대 교수가 파이낸셜타임스에 기고한 글에서 처음으로 사용되었다. 역사적으로 볼 때 강대국들이 투키디데스의 함정에 빠진 사례들이 많았다는 점을 그는 지적했다. 이 용어가 사람들 입에 회자된 것은 시진핑 국가주석과 중국 전략가들이 공식 석상에서 여러 번 언급했기 때문이다. 그들은 미국과 중국이 그 함정에 빠지지 않도록 노력해야 한다고 말했지만 중국의 정책은 그와는 정반대 방향으로 나갔다.

중국은 2000년을 기점으로 경제력에서 일본을 제쳤다. 경제력을 바탕으로 중국은 군사력 증강에 적극 나서고 있다. 이런 현상은 시진핑 집권 이후 두드러진다. 중국은 2030년경 미국의 경제력을 따라 잡을 것으로 보인다. 미국과 중국이 권력이 전이(轉移)되는 지점으로 가까이 가고 있는지 관심이 집중되고 있다.

이 지점을 넘어설 경우 패권국가의 지위가 뒤집어진다. 현재 미국 중심의 패권질서가 부상하는 도전국가 중국적 질서로 바뀌게 되는 것이다. 문제는 중국과 미국 사이에 정치와 경제 체제의 측면에서 이질성이 매우 크다는 점이다. 미국이 '트럼프독트린'을 내세워 무역전쟁을 통해 중국을 압박하고 나온 이유가 여기에 있다.

미국과 중국이 그 트랩에 빠져서 헤어 나오지 못하고 필연적으로 패권전쟁을 할 것으로 볼 필요는 없다. 그것은 트럼프와 시진핑과 같은 지도자들의 선택이 두 나라 관계에 커다란 영향을 미치기 때문이다. 2019년 초부터 진행되고 있는 양국 사이의 무역협상에 국제사회가 지대한 관심을 갖고 지켜보고 있는 이유가 여기에 있다.

패권국가의 부상을 바라보는 또 다른 용어로서 '킨들버거 함정(Kindleberger's trap)'이 있다. 찰스 킨들버거는 유명한 1947년 '마셜플랜'을 입안한 전략가이자 학자이다. 마셜플랜은 제2차 세계대전 직후 유럽이 전쟁으로 폐허가 되고 경제는 피폐해지고 말았을 때 유럽의 경제부흥을 돕기 위해 미국이 추진한 정책이다. 유럽의 경제적 어려움은 공산주의에게 유리한 토양을 제공한다고 보았다.

미국은 유럽 국가들에게 당시 액수로 130억 달러를 제공했다. 이것은 현재 금액으로 1100억 달러에 해당되는 엄청난 액수이다. 당시

킨들버거는 국무성 경제안보 정책책임자로서 밤낮없이 유럽 부흥정책을 입안하고 실행하는 데 혼신의 노력을 기울였다. 마셜플랜 덕분에 유럽 국가들은 전쟁의 폐허를 딛고 부강한 나라로 다시 설 수 있었다. 트럼프 대통령이 나토 국가들에게 방위비 증액을 요구하면서 미국의 도움을 강조하는 것은 바로 마셜플랜을 말하는 것이다.

킨들버거는 정부를 떠난 후 미국 MIT대학에서 가르치면서 30권 이상의 책을 저술했다. 그는 경제위기 연구의 권위자일 뿐만 아니라 패권안정이론의 대가이다. 그의 이름에서 따온 '킨들버거의 함정'은 제1차 세계대전 직후 미국이 고립주의에 빠져서 국력의 수준에 맞는 국제적 역할을 제대로 하지 못함으로써 대공황과 제2차 세계대전을 불렀던 사례를 설명하기 위해 발전된 용어이다.

힘이 있는 국가가 패권국가의 역할을 거부함으로써 세계는 전쟁의 늪으로 빠져들었던 것이다. 이런 사실에서 교훈을 얻은 미국 전략가들은 제2차 세계대전 이후 미국은 절대로 고립주의에 빠지지 말고 국제주의노선을 견지하는 것이 미국뿐만 아니라 국제사회에도 도움이 된다는 생각을 하게 되었다.

이 용어는 미국 국내 경제적 문제 때문에 고립주의로 빠져들려고 할 때 미국인들에게 보내는 일종의 경고장으로 활용되고 있다. 또한 이 용어는 국력이 부상하는 중국에게 그 국력에 상응하는 역할을 하도록 해야 한다는 점을 강조할 때 사용되기도 한다. 문제는 중국은 힘만 강하고 자신이 추구하는 가치가 불분명한 일종의 '완력국가(腕力國家)'에 불과하다는 것이다.

중국은 전후 미국이 만들어둔 자유무역질서에 들어와서 많은 혜택을 누렸다. 2001년 중국을 세계무역기구에 가입하도록 적극적으로 도운 나라도 미국이다. 국력이 부상하는 중국은 미국과 함께 자유무역질서를 지키고 발전시켜나가면서 거기서 생겨나는 이익을 공유해야 한다. 중국공산당이 지배하는 일당독재체제인 중국은 미국과 협력하기보다는 대결 방향으로 나아가고 있다. 그런 중국의 자세가 두 나라를 '투키디데스의 함정'에 빠뜨려 패권전쟁을 유발하지 않을까 전 세계가 우려의 시선으로 바라보고 있는 점을 파이낸셜타임스는 올해의 용어 선정에서 보여주고 있다.

제42강

21세기 국제정치, 미국 없는 '무극 구조(無極構造)'의 혼란으로 빠져들까?

2018년 초 미국의 유명한 언론인 찰스 크라우드해머(Charles Krauthammer)가 세상을 떠났다. 그는 1989년 베를린 장벽이 무너진 직후 1990년 7월 워싱턴포스트지에 '단극의 모멘트(unipolrar moment)'라는 유명한 칼럼을 게재했다. 그는 이 칼럼에서 소련 붕괴 이후 유일한 초강대국으로 남은 미국의 역할이 무엇인지를 설명했다.

물론 그가 칼럼을 쓰기 이전에도 폴 케네디와 프란시스 후쿠야마와 같은 학자들이 역사적, 사상적 차원에서 냉전의 종식을 이미 예견하고 있었다. 크라우드해머의 칼럼이 중요했던 이유는 노재봉 전 국무총리가 지적했듯이 "신문은 일반 시민의 정치와 국제정치의 교과서" 역할을 하기 때문이다. 학계의 주장이 일반 시민들에게 알려지는 데에는 상당한 시간이 걸린다. 이 시간적 갭을 좁혀주는 역할을 하는 것이 언론의 칼럼이다.

저명한 언론인 크라우드해머의 그 유명한 칼럼을 통해서 미국인들은 냉전이 비로소 끝났다는 것을 실감할 수 있게 되었다. 여기서 그의 칼럼을 분석하는 이유는 그가 말한 '단극'이라는 용어가 처음으로 그때부터 널리 사용되기 시작했기 때문이다.

국제정치구조는 강대국들의 숫자에 따라서 단극, 양극, 다극 구조로 나뉜다. 다극 구조는 제2차 세계대전 이전에 유럽에 다수의 강대국들이 존재한 정치질서를 말한다. 양극 구조는 미국과 소련이라는 초강대국이 존재하는 질서이다. 소련이 무너지고 냉전이 끝나면서 미국이 유일한 초강대국으로 남은 질서를 크라우드해머는 단극 구조로 규정했던 것이다.

탈냉전 시기부터 지금까지 미국의 단극적 질서가 계속되고 있다. 2018년 미국 국방비 7160억 달러는 미국 다음 20개 국가들의 국방비를 전부 합친 것보다 많다. 이 숫자는 미국이 단연 국제정치질서 피라미드의 탑에 위치해 있다는 것을 의미한다.

이런 상황에서 미국이 고립주의로 회귀하여 패권국가로서의 역할을 포기한다고 하면 그 질서를 어떻게 규정해야 할까? 그것은 '무극 구조(無極構造, apolarity)'가 되고 마는 것이다. 국제정치는 진공상태를 허용하지 않는다. 미국이 떠나버린 '빈 자리'를 누가 메울지도 문제이지만 상당 기간 국제정치질서의 무질서는 충분히 예상된다.

무극 구조의 문제를 제기하는 이유는 2018년 12월 19일 트럼프 대통령이 시리아에서 철군을 전격적으로 선언했기 때문이다. 그의 선언이 나토, 한국, 일본 등 지역에서 광범위한 미군 철수로 이어지지 않을까 하는 우려가 제기되고 있다.

트럼프 대통령은 '미국 우선주의'를 내세우고 있다. 이것은 외교정책 수행 과정에서 미국의 경제적 이익을 우선시하겠다는 것이다. 29개 나토 회원국들 중 2014년 국방비를 GDP 대비 2% 이상 지출하는 나라는 네 나라에 불과하다. 트럼프 대통령은 유럽 국가들이 전후 미국의 안보 우산 하에서 경제적 번영을 이룩했음에도 불구하고 국방비 지출을 늘려서 미국의 부담을 공유하지 않는다고 비난했다.

그는 나토에서 미군 철수도 불사하겠다는 발언을 서슴지 않았다. 그의 주장대로 미국이 떠나버린다고 한다면 그것은 국제정치질서가 '무극 구조'로 바뀌고 마는 것이다. 그렇게 될 경우 유럽은 러시아의 위협 앞에 무방비로 노출될 것이다. 그의 위협에 굴복하여 2019년 나토 국가들 중 국방비를 GDP 대비 2% 이상으로 올리는 국가는 9개 국가로 늘어난다.

미국 외교에는 '월마트 원칙'이 작동하고 있다. 미국에서 물건을 가장 싸게 파는 월마트처럼 전쟁과 안보 부담이 증가하면 미국인들 사이에는 그 비용을 줄여야 한다는 여론이 크게 일어난다. 6·25전쟁, 베트남전쟁, 테러와의 전쟁 등 전쟁이 장기화되면 전쟁 중단과 철군 여론이 어김없이 일어난다. 그러한 여론적 지지를 업고 대통령에 당선된 사람은 취임 후 그런 방향으로 정책을 추진해 나간다.

트럼프의 시리아 철군과 우방에 대한 방위비 분담 증가 요구는 해외 주둔 미군과 관련된 미국의 부담을 줄이겠다는 시도의 일환이다. 미국 대통령의 '설득권력'은 엄청난 위력을 발휘한다. 트럼프의 '미국

우선주의'는 미국인들에게 군비 절감과 해외 주둔 미군의 철수를 요구하고 있다.

미국은 고립주의 전통이 매우 뿌리 깊은 나라이다. 1796년 이임사에서 초대 대통령 조지 워싱턴은 미국은 지리적으로 대서양과 태평양에 둘러싸여 있는 유리한 지정학적 위상을 갖고 있기 때문에 유럽의 전쟁에 이끌려 들어가지 말고 고립주의 노선을 채택할 것을 권고했다.

그후 미국 지도자들은 그의 조언에 따라서 해외 전쟁에 개입하지 않았다. 1907년 데오도르 루스벨트 대통령이 파나마를 방문한 것이 미국 대통령으로서는 첫 해외순방이라고 하면 깜짝 놀랄 것이다. 미국이 전쟁에 개입한 것은 1917년 제1차 세계대전이 처음이다.

미국은 그 전쟁을 승리로 이끈 후 또 다시 고립주의의 깊은 잠에 빠져들었다. 그 사이 유럽은 히틀러에 의해서 또 다시 전쟁이 일어나고 말았다. 미국은 연합국의 일원으로서 히틀러를 물리치기 위해 전쟁에 개입했다. 제2차 세계대전 이후 미국은 고립주의에서 벗어나서 국제주의 노선을 견지하고 있다.

최근 트럼프 대통령의 시리아 철군과 미국 우선주의 제창에서 보는 것처럼 미국은 뿌리 깊은 고립주의 정서를 앞세워 국제사회로부터 자신들이 말하는 '언덕 위의 하얀 집'으로 언제든지 되돌아 갈 수 있다. 미국이 유일한 초강대국의 위상을 갖고 있는 현 상황에서 미국이 떠나버린다고 하면 그 질서는 '무극 구조'가 되고 말 것이다. 그런 구조가 유럽과 한국과 일본의 국익에 부합되는 것인지 국가이성적 관점에서 냉정하게 생각해보아야 할 시점이다.

제43강

중국, 북한 200Km 안쪽 점령하여, 완충지대 설정한다

북한이 붕괴되거나 내부적으로 유사 상황이 발생할 경우 중국은 개입하여 압록강으로부터 북한 내부 200km 되는 지역까지 '완충지대'를 설정할 것이라는 내용의 보고서가 나와서 커다란 충격을 던져주고 있다. 그 200km 거리는 평양-원산 라인을 잇는 바로 위 지역이다. 압록강에서 250km 지점이 남포에서 원산이 포함되는 라인이다.

랜드연구소의 연구원 7명은 2019년 새해 벽두에 《한반도의 네 가지 문제점들: 북한의 증가하는 핵 능력은 복잡한 문제들을 제기한다》 제목의 보고서를 공동으로 발표했다. 이 보고서는 한반도가 직면한 안보 문제를 네 가지 측면에서 분석하고 그 대비책이 시급히 마련되어야 한다고 지적하고 있다.

첫째, 북한 핵과 미사일 능력이 꾸준히 증가하고 있다는 사실이다. 이 보고서는 2019년 현재 북한이 15~60개 핵무기를 보유하고 있다고 본다. 2020년에는 30~100개 핵무기 보유국가가 될 것으로 예상하고 있다. 이 보고서는 워게임을 통해서 북한이 이런 핵무기를 어떻게 실제로 사용할지 보여주고 있다.

북한은 100개 핵무기를 갖고 초기에 몇 개 핵무기를 경고용으로 발사한다. 20~60개 핵무기를 남한 비행장, 항구, 한국군 부대와 미군 평택 기지를 향해 발사한다. 그러고도 북한은 일본, 괌, 중국, 러시아, 미국 본토를 공격할 수 있는 핵 여력을 갖게 된다. 북핵 위협이 현실화되고 있고 그 대응이 쉽지 않다는 것을 보여준다.

북한은 단중거리 미사일을 갖고 있다. 이것은 한국과 일본과 동중국해를 공격할 수 있다. 북한이 보유한 장거리 미사일은 괌, 하와이, 알래스카, 미국 본토를 공격할 수 있다. 최근 발표한 '미사일 방어체제 검토보고서'에서 미국은 북한 미사일이 가장 위협적이라고 적고 있다. 미국은 레이저 무기를 개발하고 비행기에 장착하여 미사일 위협에 대처하는 방안을 모색하고 있다.

둘째, 북한은 장사정포를 비롯한 대포를 14,000문 갖고 있고 그 70%를 휴전선 이북에 전진배치해 두고 있다. 이들 중 4,000문은 지하에 있다. 북한은 1시간에 50만발을 발사할 수 있는 능력을 갖고 있다. 동시에 화생방무기도 장착하여 발사할 수 있다. 북한 부대 1/3이 화생방 공격 능력을 갖고 있다.

워게임 결과를 보면 북한은 최초 공격 시 처음에는 수십 발에서 1만발 이하로 남한을 공격한다. 한미연합군이 반격할 경우 다량 공격으로 나오면서 동시에 화생방과 핵 공격으로 전환할 것으로 예상된다. 핵무기와 함께 북한의 포들은 엄청난 군사적 위협이 되고 있다.

셋째, 한국과 미국이 한반도에서 직면하고 있는 문제는 북한 전쟁 도발 시 남한 내에 거주하는 외국 민간인들을 소개시키는 것이다. 한국 국민은 물론이고 중국인 100만 명, 미국인 15만 명, 그 밖의 외국인 50만 명이 소개 대상이다.

미국은 정기적으로 남한 내 미국 민간인 소개 훈련인 '비전투원 소개작전(NEO)'를 실시하고 있다. 그 순서는 경보-집합-이동지로 재집결-소개 순으로 진행된다. 최근 미국은 이 훈련에 동원된 민간인을 일본을 거쳐 미국 본토까지 실어 나르는 훈련을 했다.

6.25전쟁 때 북한이 갑자기 남침을 했을 때 맥아더사령부는 '크룰러'라는 미국 민간인을 남한으로부터 소개하는 작전을 실시했다. 그 때 미국은 인천과 부산으로 민간인을 빼내고 김포공항을 통해서도 소개시켰다. 공개된 극동사령부 극비문서를 보면 당시 소개된 민간인은 약 1,400명이었다.

지금은 그 숫자도 엄청나다. 이 보고서는 15만 명을 모두 소개시키기 위해서는 헬리콥터가 4,411번, 항공기가 975번 출격해야 한다고 적고 있다. 민간인 소개는 미국만의 문제가 아니라 100만에 이르는 중국인도 그 대상이다. 중국은 북한에게 중국인 피해를 막기 위해 자제를 요구할 수 있지만 북한이 중국의 요구를 들어줄지는 미지수이다.

네 번째, 한반도가 직면한 문제는 북한 자체가 붕괴했을 때이다. 이 보고서는 북한 안정화 작업을 위해서 최소한 25만 명 지상병력이 필요할 것으로 판단하고 있다. 이 병력은 북한 핵무기와 화생방 무기들을 확보하고 외부로 유출되는 것을 막기 위해 필요하다.

이 보고서는 북한 붕괴 시 한국군은 휴전선을 통해 남하하는 북한 사람들을 처리해야하기 때문에 다른 문제에 여력이 없을 것으로 보고 있다. 사정이 이러함에도 불구하고 문재인 정부는 '국방개혁 2.0'에서 육군 병력만 11만 명을 줄인다고 한다. 이것은 문재인 정부가 북한 유사 상황에 대한 대비책을 전혀 마련하고 있지 않다는 것을 보여준다.

이 보고서의 가장 충격적인 내용은 북한 붕괴 시 중국이 북한에 개입하여 완충지역을 설정한다는 것이다. 그 목적은 북한 핵무기를 확보하고 미국이 북중국경까지 진출하지 못하도록 하기 위한 것이다. 이를 위해 중국은 국경에서 200km 내려온 평양-원산 라인을 잇는 바로 위 지역까지 완충지역을 설치한다는 것이다.

이것은 중국이 거의 북한 전역을 손아귀에 넣는 것을 의미한다. 이 완충지역 확보는 중국에게 엄청난 외교적 레버리지를 줄 것이다. 미국과 일본은 중국에 의한 이러한 광대한 완충지역 설정을 용인하지 않을 것이다. 미국과 국군의 북진으로 6·25전쟁 때처럼 북한 지역에서 미중 사이에 전투가 벌어질 가능성을 배제할 수 없다. 이런 사태를 막기 위해서 한미중이 사전에 이 문제와 관련하여 긴밀히 논의해야 한다고 이 보고서는 권고하고 있다.

이 보고서는 이상 네 가지 문제는 상호 긴밀하게 연관되어 있다는 점을 강조하고 있다. 단추 하나를 누르면 다른 단추들이 연쇄적으로 모두 작동하는 것과 같다는 것이다. 미국은 네 가지 문제 중 하나도 다루기 어려운 상황에 직면해 있다는 점을 지적하고 있다.

미국과 한국은 지금까지 북한의 대규모 남침에만 관심을 두고 대비해 왔다. 그러나 이상의 네 가지 문제점들은 한반도가 제기하는 군사안보 문제의 성격이 완전히 질적으로 변했다는 것을 보여준다. 이 보고서는 미국이 새로운 사고와 전략을 갖고 질적으로 변한 한반도 안보 상황에 대비해야 한다고 권고하고 있다.

제44강

대만 해협에서 한반도보다 전쟁 먼저 터질까?

미국과 중국이 외교관계를 정상화한 직후 1979년 1월 중국은 대만 통일정책을 무력통일에서 평화통일로 전환하고 양안 간 교류협력을 제안하는 '대만 동포에게 고하는 글'을 발표했다. 2019년은 그로부터 40년이 되는 해이다. 이를 기념하는 연설에서 시진핑 주석은 대만 통일을 위해 무력 사용을 포기하지 않을 것이라고 말했다. 이것은 대만 내부 독립노선과 미국을 동시에 겨냥한 연설로 해석되고 있다.

차이잉원 대만 총통은 신년사에서 대만 국민은 자유민주주의체제 하에서 살기를 원하면 중국의 전체주의 지배를 받지 않을 것이라고 말했다. 특히 그는 대만은 중국이 추진하는 '일국양제(一國兩制)'를 받아들일 수 없다는 점을 분명히 했다. 중국은 홍콩에 일국양제를 적용했지만 그 이후 우산혁명에서 보는 것처럼 홍콩 사람들은 정치적 자유를 억압당하고 있다.

중국은 대만이 지방정부에 불과하다는 '하나의 중국' 원칙을 고수하고 있다. 일국양제라고 하는 것은 대만이 완전히 중국으로 흡수통일될 때까지 대만이 갖고 있는 정치체제의 차이점을 인정하겠다는 것이다. 그 인정은 어디까지나 과도기에 불과하기 때문에 차이잉원 총통이 강하게 반발하고 있는 것이다.

'일국양제'는 압도적 힘의 우위를 갖고 있는 대륙 중국과 약소국 섬나라 대만 사이에서 가능한 통일방안이다. 1979년 시점으로 되돌아가보면 본토 중국의 사회주의경제는 활력이 없었다. 당시 네 마리 용의 하나로 성장한 대만은 중국의 경제발전에 기여할 수 있었다. 중국이 과도기적으로 대만에 다른 체제를 용인하려고 하는 것은 이러한 실리가 있기 때문이다.

중국이 일정 기간 대만에게 다른 체제를 인정해준다고 하더라도 중국이 압도적으로 군사적 우위를 갖고 있기 때문에 위험성이 적다. 중국은 대만의 존재를 일정 기간 허용해주면서 경제적 실리도 챙길 수 있다. 미국은 하나의 중국 원칙을 인정하지만 대만 통일은 반드시 평화적 방식으로 이루어져야 한다는 확고한 입장을 갖고 있다. 일국양제는 미국과 직접적 충돌을 피할 수 있는 방안이기도 하다.

1970년대 초 미중 외교정상화 협상 과정에서 대만문제는 뜨거운 감자로 떠올랐다. 그 밖에도 중국은 유엔군사령부 해체, 주한미군 철수, 유엔한국부흥위원단 해체 등을 요구했다. 미국은 유엔사 해체에는 강력하게 반대했고 유엔위원단 폐지에는 찬성했다. 그렇지만 중국은 대만 문제와 관련해서는 대만이 중국의 일부라는 '하나의 중국 원칙'을 지지하면서도 통일은 반드시 평화적으로 이루어져야 한다는 입장을 강조했다.

그런데 시진핑의 연설처럼 중국이 무력을 사용하여 대만 통일을 시도하고 미국이 대만해협에 개입할 경우 이 지역에서 전쟁이 발발할 수 있다. 중국은 2035년까지 6대 항공모함을 갖기 위해 노력하고 있다. 중국이 '반(反)접근·지역거부 전략(A2/AD, Anti Access/Area Denial)'을 추진하고 있는 것도 미국의 개입을 차단하기 위해서이다.

대만해협에서 전쟁가능성이 높아진다고 할 때 그 여파는 한반도에도 미칠 것이 분명하다. 6·25전쟁이 일어났을 때 미국이 제일 먼저 취한 군사적 조치가 미제7함대를 대만해협으로 파견하는 일이었다. 당시 중국은 대만을 무력으로 통일할 계획을 세우고 있었다. 미국은 중국의 군사적 행동을 막기 위해 함대를 파견했다.

미제7함대 파견은 대만 지역에서 전쟁이 일어나는 것을 막고 전쟁의 범위를 한반도 내로 국한시키기 위한 것이었다. 중국은 미국이 중국내전에서 발을 뺐다가 함대를 파견하여 내전에 다시 개입했다고 강력하게 반발했다. 중국이 6·25전쟁에 개입한 것은 스탈린의 요구와 김일성에 했던 약속 때문이었지만 미국의 대만 개입이 또 다른 원인이었다는 사실은 잘 알려져 있다. 이처럼 한반도와 대만 문제는 상호 연결되어 움직인다는 점을 이해하는 것이 중요하다.

중국이 제시한 '일국양제 통일방안'은 북한의 연방제 통일방안에 커다란 영향을 미쳤다. 북한의 통일방안은 단순히 연방제가 아니라 '일국양제형 연방제 통일방안'이라는 점을 잊어서는 안 된다. 북한은

'1민족, 1국가, 2체제, 2정부'를 주장하고 있다. 여기서 '1국가 2체제'는 바로 '일국양제'를 말하는 것이다.

남북한은 체제가 이질적이기 때문에 연방을 구성할 수 없다. 연방이든 국가연합이든 정치체제가 동일해야 한다. 미국 연방과 유럽 연합은 모두 정치체제를 같이 하는 주들과 국가들로 구성되어 있다. 그럼에도 불구하고 북한은 연방을 구성할 수 없는 '1국가 2체제'라는 통일방안을 제시하고 있다. 그 이유는 북한이 중국처럼 대만에 대해서 군사적으로 압도적 힘을 갖게 되면 남북한 사이에도 일국양제형 통일방안이 가능하다고 보기 때문이다.

북한이 제시한 연방제안을 보면 거기에는 한미동맹 파기, 주한미군 철수 등의 조건이 들어가 있다. 이런 조건들이 충족되고 북한이 핵마저 보유하게 된다고 하면 남한에 대해서 압도적 힘을 확보할 수 있을 것이다. 이렇게 되면 중국이 대만을 흡수하지 않고 일국양제를 일정 기간 추구할 수 있는 것처럼 북한도 남한의 경제로부터 이득을 얻기 위해 과도기적으로 일국양제를 채택할 수 있는 것이다.

시진핑의 40주년 기념 연설은 북한이 주장하는 '일국양제 연방제 통일방안'이 안고 있는 문제점을 다시금 상기시켜주고 있다. 나아가 대만 문제를 평화적으로 해결하려고 노력하겠지만 대만이 독립을 추구하거나 외세가 개입할 경우에는 무력 사용도 불사하겠다는 시진핑의 주장은 대만해협에서 갈등의 파도가 점점 더 높아져 가고 있다는 것을 보여주고 있다.

제45강

시진핑, 패권전쟁에서 미국을 패배시켜야 한다

미국의 유명한 랜드연구소에서 미중 패권경쟁에서 중국의 전략적 목표가 단순히 미국과 경쟁하는 것이 아니라 패배시키는 것이라는 《패배시켜라, 단순히 경쟁하는 것이 아니다》라는 제목의 보고서가 나왔다. 이 연구는 우주 공간에서 중국의 군사적 목표를 다루고 있다. 이 연구의 결론은 21세기 미중 패권경쟁이 기존 패권국가와 도전국가 사이에 언제든지 군사적 대결로 비화될 수 있다는 것을 보여준다.

이 분야에 대한 연구를 바탕으로 스캇 해롤드(Scott Harold) 연구원은 중국의 궁극적 목적을 미국과 군사적 대결이 벌어지면 미국을 패배시키고 대체하는 새로운 패권국가의 지위를 확보하는 것이라 결론짓고 있다. 이런 결론은 그동안 중국이 미국에게 직접 군사적으로 도전하지 않을 것이라는 상식을 허무는 것이다. 국가의 목표는 군사력이라는 수단의 증강에 따라서 바뀐다는 것을 보여주고 있다.

중국은 중국 본토 방어는 물론이고 대만해협과 동중국해와 남중국해에서 군사적 임무를 수행할 수 있는 능력을 갖추어야 한다. 중국은 '반(反)접근·지역거부 전략(A2/AD, Anti Access/Area Denial)'을 채택하고 있다. 그 전략에 따라서 미국과 그 동맹국들이 중국 연안은 물론이고 동·남중국해에 접근하는 것을 막기 위해서 연안에서 1,000km 떨어진 지점에 제1 다오롄선(島鍊, Island Chain), 2,000km 지점에 제2 다오롄선을 설정해두고 있다.

중국은 이런 전략적 목적을 달성하기 위해 첨단 군사기술을 발전시켜야 한다. 이를 위해 중국은 해외에서 제한된 양의 신기술 제품을 구입하여 국산화를 시도한다. 동시에 외국 제품을 복사하기도 하고 혁신을 통한 자체 개발을 추구한다. 만약 그것이 불가능할 경우에 중국은 그 기술을 해킹 등을 통해서 훔친다. 미국이 중국에 대해서 불공정과 주권 존중 문제를 제기하는 이유가 여기에 있다.

중국은 미국과 전쟁을 억지하는 것을 우선적 목적으로 하고 있다. 그러나 만약 미국이 중국의 대만 공격 시 개입한다고 한다면 전쟁도 불사한다는 입장이다. 이 경우 중국은 미국에 대해 군사적 승리를 거두는 것을 목표로 내세우고 있다. 미국과 첨단 무기 경쟁에서 뒤쳐져 있는 중국은 미국을 따라잡기 위해 모든 수단과 방법을 동원하고 있다. 미국은 그 시기를 2035년으로 예상하고 있다.

중국은 미군의 아시아 주둔이 중국의 안보에 위협적이라는 인식을 갖고 있다. 미국은 미일동맹과 한미동맹을 통해서 미군을 주둔시키고 있다. 오바마 행정부 당시 추진된 '재균형전략'의 일환으로 미국은 해병대 2500명을 호주 북부에 주둔시키고 있다. 미해군력의 60%를 아시아지역으로 배치하고 있다. 최근에는 이 지역 사령부 이름을 '인도-태평양 사령부'로 바꾸었다.

중국은 미국이 중심에 있고 그 주변에 양자 동맹들로 구성되어 있는 '허브 앤 스포크 시스템'을 냉전시대의 부정적 유산이라고 비판하고 그것을 허물기 위해 노력하고 있다. 중국은 경제력과 자국 시장 규모를 내세워 주변 국가들에게 강압외교를 펼치고 있다. 2017년 10월 한국에 요구한 '3불(不) 합의'와 동남아국가들에게 미국과 군사훈련시 중국의 사전 승인 요구가 바로 그러한 것들에 해당된다.

오바마 행정부의 '재균형전략'을 더욱 확대시켜 트럼프 행정부는 '인도-태평양전략'을 채택하여 알류산열도에서 인도에 이르는 커다란 초승달과 같은 지역을 미국의 군사적, 경제적 이해관계가 걸린 지역으로 보고 있다. 중국은 이 새로운 전략을 중국 봉쇄전략으로 보고 강력하게 반발하고 있다. 미국의 이 전략은 중국의 다오롄선 전략과 상충되면서 미중 패권전쟁이 태평양과 인도양 전체로 확대될 조짐마저 보이고 있다.

어떤 나라가 글로벌 패권국가로 나아가기 위해서는 우선 지역적 패권국가가 되어야 한다. 중국은 미국의 아시아 개입과 미군 주둔이 중국 국가전략 목표를 가로막고 있다고 판단하고 있다. 그러나 중국의 주장대로 미국이 아시아 지역에서 빠져버린다고 하면 구한말처럼 중국과 일본의 군사적 대결은 불을 보듯이 뻔하다.

중일 군사적 대결은 필연적으로 한반도를 또 다시 전쟁터로 만들 것이다. 북한이 핵을 보유하고 있는 상황에서 구한말과 같은 상황의 재연은 한반도를 핵 전쟁터로 만드는 결과를 가져올 것이다.

21세기 아시아 지역에서 지정학적 불확정성이 증대되는 이유는 도전국가 중국의 전략적 목표가 군사적 차원에 국한되어 있기 때문이다. 중국이 미국의 패권질서에 도전하여 새로운 패권적 지위를 차지하고자 한다면 어떤 새로운 국제정치질서를 추구하는지가 분명하게 제시되어야 한다. 자유무역질서 하에서 혜택을 누리고 있는 중국이 이 질서를 미국과 함께 더욱 발전시키려고 하는 것인지 아니면 새로운 질서와 가치를 추구하는 것인지 불분명한 것이 커다란 문제이다.

그런데 중국은 새로운 질서 개념을 제시하지 못한 채 미국을 아시아지역에서 몰아내고 미국과 전쟁이 불가피할 경우 반드시 패배시켜야 한다는 전략적 목표를 추구하고 있다. 이런 발상은 중국 주변 국가들의 우려를 사기에 충분하다. 이러한 우려가 아시아지역에서 여전히 부상하는 중국의 위협에 대항하는 세력균형방식 동맹관계가 형성되고 지속되는 이유이다.

중국은 '완력국가(腕力國家)'에서 벗어나서 주변 국가들과 이익을 공유하고 공존할 수 있는 새로운 가치를 대변하는 진정한 의미의 '패권국가'를 지향해야 할 것이다. 그렇지 않고서 중국은 과거 소련처럼 미국과 그 아시아 동맹국가들에 의한 대중국 봉쇄정책에 의해서 커다란 어려움을 겪게 될 것이다.

지금까지 미국은 자신과 이념과 체제를 달리하는 중국과 같은 강대국이 도전해 왔을 때 '공존'보다는 '대결'을 선택했다. '투키디데스의 함정'에 빠진 미국과 중국의 대결은 한반도와 동북아 국제정치질서에도 커다란 영향을 미칠 것이다.

제46강

주적(主敵)이 없는 군대는 군대도 아니다

국방부가 발간한 '2018년 국방백서'에서 '북한=주적'이라는 용어가 삭제되었다. 그 대신 백서는 "우리 군은 대한민국의 주권, 국토, 국민, 재산을 위협하고 침해하는 세력을 우리의 적으로 간주한다"라고 적시했다. 북한을 특정하지 않고 한국을 위협하는 세력을 모두 적으로 규정하고 있다.

문재인 정부와 같이 과거에도 대북한 유화정책을 펼친 정부는 국방백서에서 주적 개념을 삭제했다. 노무현 정부는 2004년 이 개념을 삭제했다. 그 이후 '원칙 있는 대북정책'을 내세운 이명박 정부는 2010년 백서에서 '북한 정권과 군은 우리의 적'이라는 명시했다. 그러다가 이번에 다시 빠지게 된 것이다.

북한을 주적으로 하지 않고 우리를 위협하는 모든 세력을 적으로 간주한 이번 국방백서는 군사전략의 기초를 깡그리 무시하고 있다.

모든 나라는 국력과 군사력에 한계가 있을 수밖에 없다. 특정 국가가 처해 있는 여건을 평가하고 그 여건에서 생겨나는 위협의 우선 순위를 정해서 전략이 정해져야 하는 것이다. 이 여건을 무시하고 "모든 세력이 적이다"라고 하는 것은 국력의 한계를 무시한 비현실적이고 과대망상적인 사고이다.

주적을 적시하지 않고 미래에 다가올 적을 모두 적이라고 상정한다고 하면 어떻게 군사작전계획을 마련하고 평시에 군사대비훈련을 한다고 하는 것인지 도무지 납득하기 어렵다. 엄연히 북한이 우리의 생존을 위협하는 '실존적 적'인데도 이를 무시하는 것은 북한 눈치보기라고 하지 않을 수 없다.

북한은 전체주의체제로서 조선노동당이 지배하는 '당통제국가'이다. 당이 군과 모든 사회를 지배하는 체제이다. 노동당 규약은 대한민국을 적이고 타도 대상으로 규정하고 있다. 우리의 자유민주주의체제를 지난 70년간 내내 무너뜨리기 위해서 재래식전쟁을 일으켰고 전복전을 해오고 있는 북한을 주적이라고 하지 않는 것은 문제라고 하지 않을 수 없다.

독일 정치사상가 칼 슈미트는《정치적인 것의 개념》이라는 책에서 "정치는 친구와 적을 구분 짓는 것"이라고 말했다. 상대국가가 우리를 적으로 규정하고 죽이려고 달려드는데 우리가 그 상대를 적으로 생각하고 대응방안을 마련하지 않으면 우리는 궤멸당하고 말 것이다. 이번 국방백서를 보면 남북관계에 이런 위험한 상황이 생겨나고 있는 것이다. 그것도 국가안보를 책임져야 할 군이 북한=주적이라는 개념을 없앴다고 하는 것은 우리 군의 존재이유를 송두리째 부정하는 것이다. 주적이 없는 군대는 군대도 아니다.

이번 사태는 이미 예견된 것이었다. 지난 대통령 선거 토론회에서 문재인 후보는 주적과 관련하여 대통령으로서 규정할 일이 아니라는 입장을 밝힌 바 있다. 군통수권자로서 대통령이 주적 개념을 명확하게 갖고 있지 않다고 한다면 군도 주적 개념을 명확하게 내세우기가 어려울 것이다. 대선 당시 국민의 우려가 이번에 주적을 뺀 국방백서의 발간과 함께 현실화되고 있다.

이번 백서는 문재인 정부가 들어서고 나서 본격화되고 있는 '대북한 유화정책'의 연장선상에 있다고 볼 수밖에 없다. 미국과 유엔과 국제사회가 모두 북핵이 한반도뿐만 아니라 동북아지역과 세계 평화에 위협적이라고 보고 물샐틈없는 대북한 제재를 가하고 있다. 그런데 작년 한 해 동안 문재인 정부는 대북한 국제제재레짐을 허물기 위해 노력해 왔다. 그래서 미국 언론은 문재인 대통령을 전체주의정권의 독재자 김정은의 대변인이라고 비판했던 것이다.

적이 명확하게 규정되어야 자력으로 그 적에 대항하고 억제하지 못할 경우 동맹 체결도 가능하게 될 것이다. 동맹의 형성과 지속 조건은 바로 위협 인식을 국가들이 공유하는 것이다. 한미연합사를 중심으로 하는 한미연합방위체제는 북한을 군사적 위협으로 상정하고 구축되어 있다. 이번 국방백서는 이런 방위체제의 근간을 뒤흔드는 것으로서 한미관계에도 매우 부정적 영향을 미치게 될 것이다. 위협 인식을 공유하지 못할 때 동맹은 해체의 길로 들어가기 때문이다.

국제정치에서 특정 국가에 대한 '위협 인식'은 그 나라가 갖고 있는 군사력, 공격적 군사전략, 공격적 의도, 과거 침략 경험, 정치체제의 특징을 기초로 해서 판단할 수 있다. 북한은 6번의 핵실험을 통해서 수십 개 핵무기를 갖고 있는 것으로 알려지고 있다. 최근 신년사에서 김정은은 북핵을 포기할 의사가 없다는 것을 분명히 했다. 북한은 사실상 핵 보유국으로 인정받으려는 '북한판 파키스탄모델'을 추구하고 있다. 북한의 핵 보유는 지금까지 우리 군이 경험해보지 못한 군사적 위협인 것이다.

미국 CIA의 문서들을 보면 위협 인식을 평가할 때 적대 국가의 군사적 능력을 의도보다 우선적으로 평가한다. 아무리 위협적 의도를 갖고 있다고 하더라도 그것을 뒷받침할 만한 능력이 없다고 한다면 그 위협은 현실화될 수 없기 때문이다. 북한이 핵을 갖고 있고 더 많은 핵을 만들 수 있는 핵물질을 비밀리에 계속해서 만들고 있는 상황에서 북한의 군사적 위협을 무시하고 주적으로 규정하지 않는 것은 스스로 무장해제를 하겠다는 것밖에 되지 않는다.

북한군은 장사정포와 같은 재래식 무기도 70% 이상을 휴전선 가까이에 배치하는 공격적 군사전략을 구사하고 있다. 북한은 1950년 이미 한번 남침을 한 적이 있다. 앞서 말한 바와 같이 북한은 노동당 규약에서 남한 적화를 명시해두고 있는 '혁명적 전체주의체제'이다. 이런 모든 요인들을 고려해 볼 때 북한이 우리의 위협이 아니고 주적이 아니라고 하는 것은 납득하기 어렵다.

이번 국방백서를 보면 문재인 정부는 경제뿐만 아니라 안보 분야에서도 국가를 총체적 위기 상황으로 몰아넣고 있다는 것을 알 수 있다. 히틀러는 독일에 대해서 유화정책을 펴는 유럽 국가들을 싸울 의사가 없는 겁쟁이들로 보고 영토 침략을 계속하다가 급기야 세계대전을 일으켰다. 문재인 정부의 대북한 유화정책은 한미공조체제를 무너뜨리고 한반도 안보 불안정을 가중시키는 결과를 가져올 것이다.

제47강

일본, 전쟁할 수 있는 '보통국가' 되다

일본의 국가안보전략지침서라고 할 수 있는 2018년 '방위계획대강'이 발표되었다. 방위대강은 통상 10년마다 발간된다. 2013년에 발간된 방위대강은 북한 위협을 강조했다. 5년 앞당겨 발표된 2018년 방위대강은 중국을 일본의 가장 중요한 위협으로 규정하고 있다. 시기를 앞당긴 것은 그만큼 동북아 안보정세가 급변하고 있다는 판단이 작용했다.

우리 언론에서 관심을 끈 것은 이즈모함을 항공모함으로 개조한다는 내용이다. 일본은 75년만에 또 다시 항공모함을 보유하는 나라가 된다. 여기에 수직이착륙이 가능한 F-35B 수십 대를 배치할 계획이다. 일본은 국방비도 2019년 472억 달러로 채정함으로써 역대 최고 액수를 기록하고 있다.

이 액수는 일본 GDP의 1%에도 미치지 못한다. 이것은 일본이 국방비를 미국처럼 GDP의 3%를 책정한다면 중국 다음으로 국방비가 많은 국가가 된다. 일본은 미일동맹을 탄탄히 하고 주일미군 덕분에 국방비를 1% 이하로 유지할 수 있다.

일본이 주일미군 유지 분담금을 '배려예산'이라고 하여 넉넉히 배정하는 이유도 여기에 있다. 만약 미일동맹이 깨지고 주일미군이 철수한다면 일본의 국방비는 기하급수적으로 늘어날 것이다. 일본은 기존 동맹체제를 유지하면서 중국의 부상에 대비하여 국방비를 꾸준히 증가시키고 있다.

일본의 국방비 증가를 일본이 마치 과거처럼 '군국주의'로 되돌아가고 있다고 하는 식으로 말하는 것은 현실과 부합되지 않는다. 그런 설명보다는 일본의 국방력 증강은 '집단적 자위권' 행사를 뒷받침하고 미일동맹을 강화하기 위한 것으로 보아야 할 것이다.

일본은 자유민주주의국가로서 문민우위 원칙을 갖고 있다. 그런데도 일본을 마치 과거 군국주의자들이 지배하는 나라로 보는 것은 설득력이 없다. 군사력은 정치적 목적을 달성하기 위한 수단이다. 일본은 그 목적에 상응하는 군사력 수준을 유지하기 위해 아베 정부는 '적극적 평화주의'를 내세워 노력하고 있다.

6·25전쟁이 일어나고 냉전이 격화되면서 미국은 소련을 배제한 채 1951년 9월 샌프란시스코 평화조약을 체결하고 동시에 미일안보조약을 맺었다. 1956년 일본은 소련과 '일소공동선언'을 채택하고 전쟁상태를 종식시켰다. 이런 절차를 거쳐 일본은 드디어 1956년 12월 유엔 회원국이 되었다.

유엔헌장 제51조는 '개별적 자위권'과 '집단적 자위권'을 규정하고 있다. 개별적 자위권은 다른 나라로부터 침략을 받았을 때 대응할 수 있는 당연한 권리이다. 집단적 자위권은 일본의 동맹국 미국이 전쟁에 연루되었을 때 미국을 위해 일본이 군대를 파견할 수 있는 권리이다. 일본은 이 권리를 소유하고 있다고 인정하면서도 행사는 하지 않는다는 방침을 갖고 있었다.

2014년 7월 일본은 내각 결정을 통해 집단적 자위권을 용인하는 방향으로 평화헌법을 새롭게 해석했다. 일본 헌법 제9조는 일본이 전쟁을 국가정책의 수단으로 사용하는 것을 포기하고 정식 군대도 갖지 못한다고 규정하고 있다. 헌법 해석 변경을 통해 일본은 전쟁할 수 있는 '보통국가'로 변했다.

아베 총리가 개헌을 하겠다고 하는 이유는 내각 결정은 정권이 바뀌면 바뀔 수 있기 때문에 헌법 9조 개헌을 통해서 일본의 보통국가로서의 지위를 분명히 해두려는 것이다. 아베 정부는 개헌을 할 수 있는 충분한 의석을 의회에서 확보하고 있지만 일본 국민의 과거 군국주의에 대한 뿌리 깊은 불신 때문에 개헌을 하는 것은 쉽지 않다.

'집단적 자위권'을 행사할 수 있게 된 일본은 2015년 9월 안보관련 법안 11개를 개정 및 제정했다. 이 법안들을 일본에서는 '안보법제'라고 부른다. 이를 통해 일본은 전세계에서 미국과 어깨를 나란히 하면서 전쟁을 할 수 있는 '보통국가'가 되었다.

국제정치현실은 중앙정부가 없는 무정부상태이고 전쟁가능성이 상존하는 전쟁상태이다. 그렇기 때문에 모든 국가는 전쟁에 대비하고 전쟁을 할 수 있는 '군사국가'이다. 이것이 정상이다. 그런데 일본은 그동안 전쟁할 수 없는 국가였기 때문에 '비정상국가'였다. 이제 일본은 전쟁할 수 있는 '보통국가'로 거듭났다.

이런 변화를 보면 일본은 이제 더 이상 '반응형 국가'가 아니라 '능동형 국가'로 변모하고 있다는 것을 알 수 있다. 전후 일본은 미국의 압력이 있을 때 마지못해 뭔가를 하는 그런 수동적 모습을 보여주었다. 이런 일본의 모습이 아베 총리가 제창하는 '적극적 평화주의'의 본질이다.

일본 외교 및 군사정책은 커다란 변화도 감지되지만 지속성도 있다는 점을 우리가 절대로 놓쳐서는 안 된다. 아베의 국가전략은 '요시다 독트린'을 그대로 이어받고 있다. 그 독트린의 핵심은 미일동맹을 강화하고 그 바탕 위에서 일본의 국익을 추구하는 '편승형 국가전략'이다.

미일동맹을 파기하고 일본이 '독립형 국가전략'으로 나간다고 한다면 과거 일본의 군주주의적 경험 때문에 주변 국가들이 강력하게 반발할 것은 확실하다. 독일 통일 조건의 하나가 통일독일이 나토의 틀 내에 묶여 있어야 한다는 것도 바로 이 점과 일맥상통한다.

존 다우어가 쓴 《제국과 그 여파》라는 책을 보면 요시다 총리는 전후 미일동맹을 구한말 일본이 맺은 영일동맹에 비유했다고 한다. 요시다는 구한말 일본이 당시 패권국가 영국과 동맹을 체결함으로써 동양국가로서는 최초로 서구국가에 의해서 인정받고 강대국으로 발돋움할 수 있었다고 믿었다.

제2차 세계대전에서 일본이 패배한 후 일본 내에서는 또 다시 미소 냉전의 소용돌이에 휘말려서는 안 된다는 중립주의와 평화지상주의가 팽배했다. 이런 대중적 분위기에 휩쓸리지 않고 요시다는 전후 패권국가로 등장한 미국과 동맹을 체결하여 일본의 안보를 확보하고 경제발전의 기틀을 마련해야 한다는 '요시다 독트린'을 제시했다.

그 독트린 덕분에 일본은 미일동맹에 의존하는 '편승형 국가전략'을 통해서 국방비를 최소로 쓰면서 모든 자원을 경제개발에 집중할 수 있었다. 일본은 지금도 국방비를 GDP의 1% 이하로 쓰고 있는 나라이다. 이것이 가능했던 것은 요시다 독트린 때문이고 아베 총리를 비롯한 일본의 전략가들이 이 점을 잘 이해하고 있는 것이다. 그 독트린은 '일본판 용미론(用美論)'에 해당된다고 할 수 있다.

한일관계는 위안부문제와 일제강제징용문제로 커다란 어려움에 직면하고 있다. 한국은 일본과 과거사 문제는 그것대로 나름대로 분명한 원칙을 갖고 대처하고 해결해나가야 한다. 그렇지만 과거사 문제에만 매달려서 일본과의 안보와 경제 협력을 등한시해서는 안 될 것이다. 북핵 폐기를 위해서는 한미일 안보협력이 매우 중요한 시점이다. 과거를 직시하면서 현재와 미래를 동시에 고려하는 전략적 지혜가 절실히 요청된다.

제48강

'중거리핵전력조약(INF)' 폐기 선언, 태풍 되어 한반도로 밀려온다

트럼프 대통령은 2018년 10월 20일과 22일 1987년 소련과 맺었고 소련 해체 후 다시 체결된 러시아와의 '중거리핵전력조약(Intermediate-range Nuclear Forces Treaty, INF)'을 폐기하겠다고 선언했다. 동시에 그는 미국이 INF에 의해 손이 묶여있는 사이 중국은 고삐 풀린 망아지처럼 사정거리 3,000km~4,000km인 '둥펑(東風)-26'과 같은 중거리미사일과 핵전력을 증강시켜왔다고 비난했다.

트럼프는 중국도 새로운 다자적 방식의 INF조약에 가입시켜야 한다는 의사를 밝혔다. 10월 22일 트럼프는 백악관 국가안보보좌관 존 볼턴을 모스크바에 파견하여 INF 탈퇴의사를 푸틴에게 전달케 했다. 2014년 러시아는 SSC-8 순항미사일을 실전배치하여 INF를 위반했다.

그 이후 미국은 러시아에게 위반을 중지할 것을 요구했지만 듣지 않았다. 트럼프의 INF 폐기 카드는 러시아의 위반에 대응하기 위한 것일 뿐만 아니라 21세기 전개되는 미중 패권경쟁에서 중국을 봉쇄하고 견제하기 위한 '성동격서(聲東擊西) 전략'의 일환이다.

INF 조약에서 말하는 '중거리미사일'은 사정거리 1,000~5,000 km 미사일이다. 과거 미국은 퍼싱-2 미사일, 지상발사 순항미사일(GLCM)을 보유했다. 소련은 그 유명한 SS-20을 나토를 향해 배치했다. INF 협정을 통해서 미국은 846개, 소련은 1846개 두 나라 합쳐서 약2,700개를 3년에 걸쳐서 완전 폐기했다. 실질적으로 핵 보유국이 한 범주에 속한 핵무기 전체를 폐기한 것은 이것이 처음이었다.

미국의 폐기 선언 이후 세 가지 시나리오를 예상해볼 수 있다. 1)러시아와 체결한 INF 일방 폐기처분, 2)기존 INF 협정을 유지하면서 새로운 조약 협상, 3)중국을 포함하는 새로운 다자적 INF 조약 협상. 이 방안들 중에서 세 번째가 유력한 대안으로 떠오르고 있다.

미국이 INF 조약을 일방적으로 폐기한다고 하더라도 러시아는 과거 소련처럼 미국에 대항하기 위해 군비경쟁을 벌일 경제적 여력이 없다. 2017년 기준으로 국방비는 미국 6천억 달러, 러시아 450억 달러이다. 미국 국방비는 GDP 대비 3.1%이고, 러시아 국방비도 3.1%이다. 이런 통계에서 보는 것처럼 러시아는 미국에 맞서서 군비경쟁을 할 수 있는 경제적 여력이 없다.

폴 케네디는 《강대국의 흥망성쇠》라는 책에서 경제력의 뒷받침 없이는 군사력을 유지할 수 없다고 지적했다. 경제력 수준을 넘어서서 군사력을 증가시킬 경우 그 국가는 '과대팽창(over-extension)'하게 된다. 그렇게 될 경우 강대국은 몰락의 길을 걷는다는 것이 그의 결론이다.

냉전 당시 경제적 활력을 잃어버린 소련이 미국과 군비경쟁에 나섰다가 '과대팽창'하게 되어 몰락의 길을 걸었던 것이다. 위에서 살펴본 국력 수준을 볼 때 러시아가 미국의 INF 조약 폐기에 맞서서 또 다시 군비경쟁에 나선다는 것은 매우 어려워 보인다.

2017년 중국의 국방비는 공식 통계로는 1,500억 달러이다. 중국이 공산국가로서 국가 통계에 문제가 있다는 점을 고려할 경우 중국 국방비는 2,000억 달러를 넘을 것으로 보인다. 2017년 중국 국방비는 GDP 대비 0.9%에 불과하다.

이런 통계는 러시아와 달리 중국은 미국에 대항하여 군비를 증강시킬 수 있는 경제적 여력이 있다는 것을 보여준다. 이번 INF 조약 폐기와 함께 미국이 그 목표 지점을 중국을 향해 겨누고 있는 것을 바로 이런 이유 때문이다.

해리 해리스 주한미국 대사는 태평양사령관으로 재직 시 중국이 중거리 협정에 포함되어 있었다면, 중국 미사일 전력의 95%는 조약 위반이라고 지적하고 미국은 러시아와 INF 때문에 중국에 대항할 수 있는 충분한 미사일 전력 갖고 있지 못하고 있다고 말했다. 중국은 현재 핵무기를 300개 정도 보유하고 있다. 이 중에서 200개가 중거리 미사일에 장착될 수 있는 핵전력이다.

특히 '둥펑-26'은 '괌 익스프레스'로 불릴 정도로 남중국해, 동중국해, 일본과 한국, 괌 기지를 타격할 수 있는 위력적 무기이다. 미국은 중국과의 패권경쟁이 심화되고 중국의 남중국해와 동중국해에서의 도발이 심화되자 중국의 주력 핵전력인 중거리미사일을 제재할 필요성을 느끼게 되었다. 남중국해에서 '자유의 항해작전'을 펼치는 미군함들에게 '둥펑-26' 중거리미사일은 직접적 위협이다.

냉전 당시 미국은 베트남전쟁에 개입하여 엄청난 전쟁비용을 지불하고 철수함으로써 위기에 직면한 적이 있다. 이때 키신저는 문화대혁명의 광풍 속에서 고립주의 노선을 취하고 있던 중국을 전격적으로 국제사회로 끌어내어 파트너로 삼고 소련에 대항하는 '3각외교전략(triangular diplomacy)'을 펼쳤다.

이 전략을 바탕으로 미국은 숨 쉴 공간을 만들어내고 결국 냉전 대결에서 소련을 몰락시키는 데 성공했다. '트럼프독트린'의 핵심을 이루는 이번 대중국 봉쇄전략은 INF 폐기라는 러시아에 대한 압박을 통해서 러시아와 연대하여 중국을 치는 새로운 형태의 3각외교노선인 '성동격서(聲東擊西) 전략'이다.

트럼프의 새로운 3각외교노선에 의해서 미-러-중 사이에 다자간 중거리 협정이 논의되면 이 틀 내에 자연스럽게 북한의 핵과 미사일 문제가 포함될 것으로 보인다. 모스크바 방문 중 실제로 볼턴은 북한과 이란의 미사일이 위협 요인이고 이 문제들도 반드시 다루어져야 한다는 입장을 분명히 했다.

이런 급변하는 국제정세를 무시하고 북한과 민족공조론을 통해 남북군사 분야 이행합의서를 '셀프 비준'해 한국군과 주한미군의 손발을 묶으려는 문재인 정부의 '반미노선(反美路線)'은 한미동맹을 긴장으로 몰고 갈 것으로 보인다. 트럼프의 INF 폐기 선언과 주변 강대국들의 움직임은 미국 2018년 11월 6일 중간선거 이후 슈퍼 A급 태풍이 한반도로 밀려오고 있다는 것을 의미한다.

제49강

2019년 미국이 예상하는 5개 전쟁 발발 가능 지역은 어디인가?

2018년 11월 14일 미국국방전략위원회(NDSC)는 미국이 직면하고 있는 군사적 위협과 대응능력을 평가하는 중요한 보고서를 제출했다. 이 위원회는 의회가 초당적으로 구성했다. 그 목적은 국방성이 제시한 국가방위전략보고서를 전략 목표와 방위비의 적정성을 재평가하는 것이다. 미중 패권경쟁과 러시아의 도전과 같은 21세기 새로운 도전에 직면하여 미국은 초당적으로 국가전략을 이중삼중으로 평가하고 있다.

이 보고서는 처음으로 미국이 예상하는 다섯 개 전쟁 발발 가능 지역을 공개하고 있는 점에서 커다란 관심을 끌고 있다. 그 예상 시나리오에 기초하여 이 보고서는 미국이 그 위협에 얼마나 적절하게 대처할 수 있는지를 평가하고 그 문제점들을 제시하고 보완할 것을 권고하고 있다. 다섯 개 지역에 대한 전쟁 원인과 대응 방안들을 정리하면 다음과 같다.

전쟁 시나리오 1: 대만

-예상시기: 2024년

-전쟁 원인: 대만 독립선언

-중국: 전투기와 미사일 공격 후 대만에 상륙 작전 성공

-미국의 대응: 대만 방어 위해 미국 개입 절대적으로 필요

-예상 결과: 1)중국 전 분야에서 군사력 증가로 미국 개입이 어려워짐

2)미국 방성, 대통령에게 대만 개입 시 엄청난 희생 발생 보고

3)중국의 대만 무력 통일로 미국의 위신 커다란 타격입음

첫 번째 전쟁 시나리오는 중국이 그동안 평화적 통일 원칙을 무시하고 무력통일을 시도했을 때 미국이 적절한 대응 방안과 능력을 갖추고 있지 못하다는 점을 지적하고 있다. 중국의 경제력 증가과 함께 군사력 증강은 대만에서 미국의 대응을 어렵게 할 것이라는 점을 이 보고서는 지적하고 대책 마련을 촉구하고 있다.

전쟁 시나리오 2: 북한과 핵전쟁

-예상 시기: 2019년

-전쟁 원인: 한국 내 미국 민간인 철수 조치 취함. 북한은 이것을 미국의 선제공격이 임박했다고 판단하고 휴전선 이북에 배치된 방사포로 공격함과 동시에 미사일로 공항-항구-미군 기지를 공격함

-한미연합군 대응: 연합군은 북한 방사포, 미사일과 핵 기지를 공

격함. 이에 대한 대응으로 북한은 부산, 오키나와, 괌에 대해서 핵무기 공격을 가함

-예상 결과: 1)북한, 미국이 휴전 합의를 하지 않을 경우 대륙간탄도미사일(ICBM)으로 미국 본토에 핵 공격할 것임을 협박

2)미국은 미사일방어체제로 날아오는 북한 미사일을 우주에서 100% 격추할 수 없다고 우려. 미국은 북한 협박에 굴복해야 하는지를 두고 심각한 딜레마에 직면함

두 번째 전쟁 시나리오는 북핵 핵 위협의 시급성을 보여주고 있다. 매티스 국방장관은 북한, 중국, 러시아가 미국에 대해서 군사적 위협이라고 말했다. 그 중에서도 그는 '시급성'의 면에서 북한이 제일 앞선다고 보았다. 북핵 위기가 해결되지 않고 북한이 핵 보유국이 될 경우 미국은 새해에 한반도가 핵 전쟁터로 변할 수 있다는 것을 크게 우려하고 있다.

전쟁 시나리오 3: 러시아와 전쟁

-예상시기: 2019년

-전쟁 원인: 러시아 주변 발트 3국 내 러시아인 대량 학살 루머 퍼짐

-러시아: 평화유지 명분 내세워 발트 3국 침략

-미국의 대응: 미국은 나토와 함께 군사적 개입 준비, 러시아는 핵 공격 위협

-예상 결과: 1)러시아 잠수함이 대서양 광케이블 공격, 러시아 해커는 미국 은행망 공격, 러시아 군은 미국 군사-상업 위성 공격

2)미국, 발트 3국 위해 대응하는 과정에서 러시아 사이버 공격으로 미국 국내경제는 엄청난 혼란에 빠짐

3)미국, 러시아 핵과 사이버 공격에 대한 대응 방안을 높고 커다란 딜레마에 빠짐

세 번째 시나리오는 러시아가 우크라이나를 침략한 과거 패턴을 발트 3국에 되풀이할 수 있다는 우려를 담고 있다. 재래식 군사력과 핵무기를 동시에 갖고 있는 러시아가 주변 국가를 전력적으로 침략할 경우 미국은 그 대응책이 마땅치 않다. 러시아가 사이버공격을 동시에 감행한다면 미국은 더욱 딜레마에 빠진다는 것을 보여준다.

전쟁 시나리오 4: 남중국해

-예상시기: 2022년

-전쟁 원인: 미중 무역전쟁 심화, 중국은 남중국해를 지나는 미국 상선들을 나포하기 시작

-중국: 중국의 갑작스러운 도발에 미국과 동맹국들의 대응은 혼란에 빠짐. 그 사이를 틈타 중국은 남중국해를 지나는 배들에게 통행료를 부과함. 미국 상선과 유조선의 통과를 차단시킴

-미국의 대응: 대만 방어 위해 미국 개입 절대적으로 필요

-예상 결과: 1)미국 해상무역 14%에 타격 입고 미국의 군사적 대

응 비용이 너무나 커짐. 중국은 '둥펑-26'과 같은 미사일로 미국 항공모함과 군함을 위협

2)미국은 남중국해를 포기하기로 결정하고 그 위신에 커다란 손상을 입음

전쟁 시나리오 5: 사이버전쟁

-예상시기: 2020년

-전쟁 원인: 러시아 인접 국가 벨라루스에서 민주화 시위 발생하여 러시아가 군사적으로 개입함

-미국과 나토 대응: 러시아 개입에 대해서 강력한 제재 조치 취함

-러시아: 미국에 대해서 대규모 사이버공격 가함. 미국 대선 기간 중 선거인 명부와 투표 결과 해킹하여 미국 대선은 엄청난 혼란에 빠짐

-예상 결과: 1)러시아는 미국 금융시스템에 대한 전면적 사이버공격 협박

2)미국은 대응 방안을 놓고 커다란 딜레마에 빠짐

다섯 번째 시나리오는 2016년 대선 기간 중에 러시아가 했던 사이버 선거 개입을 더 확대된 형태로 한다는 것을 가정하고 있다. 러시아가 사이버전쟁을 협박하면서 주변 국가들에 대한 군사적 공격과 점령을 기정사실화할 수 있다는 우려가 제기되고 있다. 이런 사태가 2020년 미국 대선 기간 중에 일어난다고 하면 미국 사회는 커다란 혼란에

빠지고 말 것이다.

이 보고서는 다섯 개 전쟁 시나리오들을 제시하면서 미국이 이런 예상되는 전쟁가능성에 군사적 능력 면에서 매우 부족하다는 점을 지적하고 있다. 미국 국방비는 오바마 행정부 시기 계속해서 줄어들었다. 그러다가 트럼프 행정부가 들어서면서 2018년 7160억 달러로 늘었다.

그러나 재정적자가 쌓이면서 트럼프 대통령은 2019년 국방비를 7000억 달러로 줄이겠다고 공언하고 있다. 이 보고서는 이런 국방비의 지속적 감소를 우려하고 있다. 이와 관련하여 이 위원회는 의회의 관심을 촉구하고 있다.

미국 국방비는 1958년 GDP의 10.2%, 2018년 GDP의 3.1%로 크게 줄어들었다. 국방비는 정부 예산에서 1958년 56.8%, 2018년 15%로 크게 축소되었다. 2018년 실질달러가치로 국방비를 환산할 경우 2010년 7940억 달러, 2015년 5869억 달러로 엄청나게 줄어들었다. 이 보고서에 따르면 미국 국방비는 6·25전쟁 이후 최저치를 기록하고 있다.

이런 통계 수치에서 보는 것처럼 트럼프 대통령은 미국 우선주의를 내세워 미국이 더 이상 세계 경찰 역할을 할 수 없다는 점을 강조하고 있다. 나토와 일본과 한국과 같은 전통적 동맹국가들이 그동안 미국의 안보 우산 하에서 국방비를 적게 내면서 경제발전을 이룩했다는 점을 그는 지적하고 있다. 미국과 동맹국들이 줄어드는 미국 국방

예산을 고려하여 각 나라에 주둔하고 있는 미군 주둔 비용 협상을 어떻게 처리할지 관심이 쏠리고 있다.

제50강

2019년 10대 세계 안보-경제 전략 트렌드를 전망한다

새해가 되면 전세계의 유명한 연구소들과 언론들이 새로운 안보-경제 트렌드를 발표한다. 2019년에 발표된 트렌드는 안보 정세와 경제 전망을 이해하는 데 커다란 도움을 준다. 올해는 작년보다 군사적 갈등 가능성이 더욱 높고 경기가 위축될 것으로 전망하고 있다. 과학기술의 발전은 계속 진전되어 인간의 삶을 한 차원 높은 곳으로 이끌고 갈 것으로 보인다.

새해 트렌드의 맨 위를 차지하는 것은 역시 미국과 중국 사이의 패권경쟁이 더욱 격화될 것이라는 점이다. 미국은 중국에 대해서 전략적 공세를 더욱 강화할 것으로 전망된다. 미국은 중국에 가한 관세보복의 고삐를 놓지 않을 것이다. 그동안 미국은 중국이 약속을 지키지 않는 것을 수차례 봐왔다.

그렇기 때문에 미국은 무역전쟁에서 중국과 일정 부분 합의를 하더라도 그 합의 준수를 강제하기 위해 관계보복 카드를 계속 쥐고 있을 것으로 보인다. 미국은 타이완을 지지하고 남중국해에서 중국의 불법 점거를 막기 위해 군사적 대응을 강화할 것으로 보인다.

미국은 중국이 대만을 무력으로 통일하지 못하도록 항공모함으로 대만해협을 항해하면서 경고를 보낼 것이다. 남중국해의 경우 영국, 프랑스, 호주 등과 다국적군을 구성하여 '자유의 항해작전'을 계속해 나갈 것이다. 미중 패권경쟁의 파고는 금년에도 잦아들지 않고 더욱 거칠게 일어날 것으로 전망된다.

미중 사이 패권경쟁의 격화로 다른 나라들에게 비즈니스 리스크는 그만큼 증가할 것이다. 미국은 안보 위협을 근거로 제시하면서 미국, 일본, 호주, 캐나다 등 전통적 우방국가들에게 대중국 투자를 자제할 것을 권유할 것이다.

미국은 우방국가들이 중국으로부터 5G와 관련된 반도체 부품 수입을 금지하도록 촉구하고 있다. 인공지능(AI)관련 첨단 기술 선점을 둘러싼 국가들 사이의 경쟁이 심화되고 있는 시점에 미국의 요구는 우방국가들에게 커다란 부담으로 작용할 것이다. 특히 중국의 사이버 공격과 해킹에 대한 위험성을 내세워 중국 부품 사용 금지를 권고하고 있는 미국의 정책 때문에 많은 나라들이 새해부터 부품 조달에 어려움을 겪을 것으로 전망된다.

다음으로 우려되는 것은 미국이 세계무역기구의 조정절차에 커다란 불만을 갖고 있기 때문에 국가 간 무역분쟁이 증가할 것이라는 점이다. 무역기구의 마비와 무역분쟁의 증가는 양자 간 협상을 촉진시켜 전후 지탱해온 다자적 경제협력기구를 약화시켜 자유무역질서에 커다란 충격을 줄 것으로 전망된다.

새해에는 유럽발 경제위기가 촉발될 가능성 커지고 있다. 이탈리아에 과거 그리스와 같은 포퓰리스트 정부가 들어섰다. 이 정부는 복지를 위해서 무제한적으로 국가 재정을 살포하고 있다. 유럽연합은 이탈리아가 제2의 그리스가 되지 않을까 크게 우려하고 있다. 그렇게 될 경우 독일과 유럽연합은 이탈리아 경제지원 문제를 놓고 커다란 분란에 휩싸일 가능성 크다. 동시에 유럽경제 침체로 연결되어 유럽발 세계경제 위기가 올 가능성이 우려된다.

영국이 2016년 국민투표를 통해서 탈퇴를 선언한 브렉시트는 아직 결말을 짓지 못하고 있는 상태이다. 최근 영국 의회는 이와 관련된 유럽연합과의 합의안을 부결시켰다. 그러면서도 메이 총리는 재신임해 주는 등 갈피를 잡지 못하는 행보를 보이고 있다. 영국 브렉시트와 관련된 불확실성이 새해에 유럽 경제 전망을 어둡게 하고 있다.

트럼프 대통령은 취임 이후 이란 핵협정을 전격적으로 파기했다. 이란은 또 다시 미국의 강력한 제재를 받게 되었다. 이란과 거래하는 국가들은 모두 '세컨더리 보이콧' 대상이 되고 있다. 미국과 이란 사이의 갈등이 커질 가능성을 배제할 수 없다. 이에 따라 중동지역의 불안정성이 높이 지면서 유가 폭등현상이 다시 일어날 수 있다.

유가 안정을 위해 미국은 카쇼기 살해 사건에도 불구하고 사우디아라비아와 관계를 유지하고 있다. 트럼프 대통령은 인권 탄압 국가 지도자와 연대해야 한다는 비판과 부담을 새해에도 계속 안고 갈 것으로 보인다. 유가 인상은 미국 경쟁국가인 러시아 수입 증가로 연결된다는 점에서 또 다른 딜레마를 제공하고 있다.

새해에도 세계 테러 위협은 완전히 가시지 않을 것이다. 2017년에는 10,900건 테러 사건이 발생하여 26,400명이 사망했다고 한다. 2018년은 테러가 약간 줄어들었지만 새해에는 대규모 테러 사건이 발생할 가능성을 배제할 수 없다. 인명 테러와 함께 사이버 테러 위험성은 점점 더 높아지고 있어 불안한 새해를 맞이하고 있다.

북핵은 한반도와 동북아뿐만 아니라 글로벌한 차원의 위협으로 남아 있다. 작년 6월 싱가포르 미북정상회담과 세 차례에 걸친 남북정상회담에도 불구하고 여전히 북핵 문제는 해결의 실마리를 찾지 못하고 있다. 김정은은 신년사에서 핵을 '생산, 실험, 사용, 확산'은 하지 않겠다고 하면서도 기존 핵을 폐기하겠다는 말을 하지 않고 오히려 '새로운 길'을 모색할 수 있다고 국제사회를 협박하고 있다.

트럼프 대통령은 북핵 폐기 이전에는 제재를 해제할 수 없다는 점을 분명히 하고 있다. 미국 상하원은 이른바 '북한 정권 교체 법안'을 만장일치로 통과시키고 대북 제재를 지속하고 김정은의 핵 폐기와 관련된 전략적 결단이 없는 한 제2차 미북정상회담도 해서는 안 된다고 트럼프에게 강력하게 요구하고 있다. 새해에 북핵 문제의 해결 실마리가 풀리지 않으면, 미국은 한미연합군사훈련을 재개할 수밖에 없을 것이다. 이에 대응하여 북한도 핵과 미사일 실험을 재개할 것이다. 이렇게 될 경우 새해부터 한반도는 걷잡을 수 없는 군사적 위기로 치달을 가능성이 높다.

새해에는 과학기술에서도 커다란 변화를 보일 것으로 예상된다. 그 중 하나가 쿠브샛(CubeSat)이라는 10×10×11.35cm 소형 인공위성이다. 이처럼 저렴한 인공위성이 보편화되면 사람들의 사진 촬영이 매우 쉬워질 것이다. 이 소형위성은 대북방송을 하는 데 유용하게 사용될 수 있을 것이다. 블록체인 기술도 크게 발전하여 비트코인에만 적용되지 않고 예술 복제품 방지에도 적용될 것으로 보인다.

마지막으로 세계 경제는 작년보다 새해에는 조금 둔화될 것으로 전망된다. 미국 의회 예산국은 미국 경제 성장치를 2018년 3.1%에서 2019년 2.4%로 낮추었다. 세계 경제 성장 전망치도 모두 낮게 잡고 있다. 세계 경제 성장 둔화와 맞물리면서 최저임금과 소득주도성장 문제 때문에 겪고 있는 한국 경제의 어려움은 더욱 심화될 것으로 예상된다.

제6장

제2차 미북정상회담 결렬 이후 북핵 해결 방안

제51강 제2차 미북정상회담 파국 이후, 김정은 정권 붕괴의 길로 들어섰다

제52강 김정은, 제2차 미북정상회담 파탄 후 군부 쿠데타 맞을 수 있다

제53강 김정은과 북한 군부 갈등, 드디어 표면화되다

제54강 볼턴, 하노이에서 트럼프 도와 대한민국 살렸다

제55강 미국과 유엔의 강력한 제재로 몰락의 길로 내몰리는 김정은 정권

제56강 미국 상원, 대북한 초강력 금융제재 법안 제출하다

제57강 볼턴, 북한을 인간 지옥으로 만든 김정은 정권 반드시 붕괴시킨다

제58강 제2차 미북정상회담 파국 이후 트럼프, 김정은 핵·미사일 실험하면 군사공격한다

제59강 하노이 결렬 이후, 남북한 민족공조는 '한미동맹 파국' 불러 온다

제60강 '남북이 하나의 민족'이라는 신화가 북핵 해결 가로막고 있다

제51강

제2차 미북정상회담 파국 이후, 김정은 정권 붕괴의 길로 들어섰다

제2차 미북정상회담 결렬 이후 김정은은 빈손으로 평양으로 되돌아갔다. 그 먼 길을 며칠에 걸쳐서 호화 기차를 타고 간다는 것도 시대착오적이다. 모든 세계 지도자들이 바쁜 일정 때문에 비행기를 타고 해외여행에 나선다. 빈손으로 돌아가는 김정은의 마음은 악화되는 북한 경제와 군부 쿠데타 위험 등으로 편치 않았을 것이다.

하노이회담이 파국을 맞은 것은 트럼프 대통령을 직접 상대하여 자신에게 유리한 방향으로 회담을 끌고 갈 수 있다고 본 김정은의 판단착오 때문이다. 정상회담이 열리기 이전에 실무 차원에서 90% 이상을 합의한 다음 합의가 어려운 10%만 정상들이 조율하여 회담을 마무리 짓는 것이 일반적이다. 1972년 미중 외교관계 개선을 위한 닉슨-마오쩌둥 정상회담의 경우 키신저와 저우언라이가 사전에 두 번 극비회담에서 10번 넘게 회동하면서 대부분 합의 내용을 사전에 마무리했다.

김정은의 경우 자신의 꾀에 자신이 속아 넘어가고 말았다. 김정은은 2018년 6월 싱가포르 회담에서 북핵 폐기를 구체적으로 논의하기 위해 미북 최고위급 실무회담을 개최하기로 트럼프와 합의했다. 이런 합의를 어기고 김정은은 시간 끌기 전술로 나왔다. 폼페이오가 중앙정보국장과 국무장관 자격으로 평양을 네 번 방문했지만 빈손으로 돌아왔다.

미국은 스티븐 비건을 북핵특별대표를 임명하여 제2차 미북정상회담 이전에 실무 차원에서 합의를 이끌어내기 위해 많은 노력을 기울였다. 북한은 하노이회담 직전까지 비건을 철저하게 무시했다. 그러다가 북한은 회담에 임박해서 전혀 새로운 인물인 김혁철을 북한대표로 내세웠다. 양국 실무급 회담은 시간에 쫓긴 나머지 합의점을 도출해내지 못하고 문제들을 정상회담으로 넘기는 상황이 발생했다. 이것은 김정은의 시간 끌기 전술의 일환이었다.

김정은은 정상회담에서 트럼프를 자신의 생각대로 유도할 수 있을 것으로 믿었지만 그것은 커다란 착각임이 드러나고 말았다. 회담이 시작되었을 때 트럼프는 김정은이 핵을 완전히 폐기하지 않고 제재완화를 노리고 있다는 점을 파악하고 회담을 결렬시켜 버렸다.

트럼프의 강경한 태도에 김정은은 매우 당황했다고 한다. 김정은은 트럼프가 회담을 중단시킨 직후 최선희를 통해 미국 대표단에게 영변 핵시설 폐기와 관련된 메시지를 급히 보냈다고 한다. 이에 대해 미국은 의문을 표시했다. 그러자 최선희는 김정은에게 되돌아가서 북한이 폐기하려는 것은 영변 핵시설 전체라는 메시지를 갖고 급히 미국 측으로 다시 와서 미국 대표단을 설득하려고 했다.

김정은의 메시지는 영변 핵시설 폐기뿐만 아니라 비밀 농축우라늄 시설들도 모두 폐기 목록에 포함시켜야 한다는 트럼프의 요구를 크게 벗어나는 것이었다. 미국이 이를 무시하자 김정은은 크게 당황했음에 틀림없고 자신의 위신에 커다란 손상을 입었다. 김정은은 3월 1일 새벽에 리용호와 최선희로 하여금 북한의 입장을 두둔하는 기자회견을 열도록 지시했다.

이 회견에서 리용호는 북한이 미국에게 요구한 것은 제재의 '전면 해제'가 아니라 '부분 해제'였다는 식으로 회담 결렬을 '진실 게임'으로 몰고 가려고 시도했다. 북한이 11개 유엔 제재 중 요구한 5개 제재는 핵심적인 것으로서 사실상 전면 해제를 요구한 것이나 마찬가지였다.

북한이 벌인 '진실 게임'은 이번이 처음이 아니다. 1994년 10월 제네바협정 체결 이후 북한은 협정 이행 여부를 둘러싸고 미국과 진실 게임을 벌인 적이 있다. 당시는 북한에 대한 제재가 느슨했지만 현재는 대북 제재가 철저하게 유지되고 있다는 것이 커다란 차이다. 2016년부터 본격적으로 가해진 유엔 대북한 제재는 북한 정권 자체의 생존을 위협할 정도로 강력하다는 것을 이번 하노이회담을 통해서 확인할 수 있다.

하노이회담이 파국을 맞고 대북한 제재가 더욱 강력해지고 있지만 김정은 정권의 미래를 예측한다는 것은 쉽지 않다. 과거 국제정치학자들은 1989년 베를린장벽의 붕괴와 소련 몰락을 예측하지 못했다.

이것은 '현재의 현재'를 다루면서 그와 관련된 예측을 한다는 것이 얼마나 어려운 것인지를 보여준다. 그렇기 때문에 하노이 이후 김정은 정권의 미래를 생각할 때 선입견을 가지거나 매너리즘에 빠져서는 안 된다.

양손에 떡을 쥐려다가 실패하고 빈손으로 북한으로 돌아간 김정은에 대해서 일부 전문가들은 국내 권력 기반이 탄탄하기 때문에 이번 회담 파국이 김정은 권력 유지에 부정적 영향을 주지 않을 것이라고 본다. 이것은 하나의 가능성일 뿐이다. 몇 년간 지속된 제재로 인해 경제상황이 악화되면서 군부의 반발과 쿠데타의 가능성도 배제할 수 없는 상황이 전개되고 있다. 하노이 이후 모든 가능성을 열어놓고 김정은 정권의 미래를 바라보는 것이 중요하다.

하노이 이후 한국은 미국과 함께 북핵에 대한 확고한 억지력을 구축하는 것이 중요하다. 이와 동시에 북한에 자유의 바람을 불어넣어 김정은 정권을 변화시키려는 노력이 지속되어야 한다. 한국의 핵무장론과 미국 전술핵 재도입론과 미국 핵우산론은 북핵 억지를 위한 임시 처방은 될 수 있을지 몰라도 북핵 문제 해결의 궁극적 방안이 되지 못한다.

북핵 문제는 김정은 정권이 붕괴할 때 비로소 해결될 수 있을 것이다. 1993년 남아프리카공화국 백인 정부는 만델라에게 정권 교체가 이루어지는 시점에 핵을 포기했다. '남아공 모델'에서 보는 것처럼 북핵의 궁극적 해결책은 북한 레짐 체인지(regime change)에 있다는 점을 잊어서는 안 된다.

1982년 6월 영국 의회에서 행한 유명한 연설에서 레이건은 소련의 핵무기가 절대로 소련 체제를 보장해주지 못할 것이라고 힘주어 말했다. 주민의 자유를 억압하는 체제는 저항에 직면하여 반드시 무너지고 만다. 이 연설에서 그는 '민주주의국가들끼리는 서로 전쟁을 하지 않는다'는 '민주평화론'의 입장에 서서 자유세계 국가들이 소련과 동구권 국가들의 자유화를 위해 노력할 것을 촉구했다.

1987년 6월 레이건은 서베를린 브란덴부르크 문 앞에서 "고르바초프 서기장, 베를린 장벽을 허무시오!"라는 유명한 연설을 했다. 당시 베를린은 동독 영토 안에 있었고 동서로 나누어져 있었다. 서베를린은 일종의 고립된 섬과 같은 지역이었다.

이 연설 작성자 피터 로빈슨은 서베를린에 살고 있던 한 독일인과의 대화에서 힌트를 얻어서 이 구절을 연설에 넣었다고 한다. 이 연설 2년 만에 베를린장벽은 하루아침에 무너지고 말았다. 레이건 대통령이 연설에서 보여준 자유에 대한 확신과 용기가 장벽의 붕괴와 함께 소련과 동구권 전체의 몰락과 자유화를 이룩하는 데 크게 기여했다.

1963년 6월 존 F. 케네디 대통령은 서베를린을 방문했다. 그 곳에는 1961년 소련의 지시로 베를린장벽이 세워졌다. 이 장벽은 동독인들이 자유를 찾아 서베를린으로 망명하는 것을 막고 서베를린 주민들에게는 공포감을 조성하기 위해 건설되었다. 자유를 위해 싸우는 서베를린 주민들을 격려하기 위해 방문한 케네디는 연설에서 수천 년 전 세계인들에게는 로마 시민으로 불리는 것이 가장 자랑스러운 일이었다고 지적했다. 나아가 그는 "지금 자유세계의 어느 나라에 살든지 모든 사람은 베를린 시민이다. 나도 베를린 시민이다"라는 유명한 연설을 했다.

40대 최연소 대통령 케네디는 취임사에서 '뉴 프런티어정신'을 제창했다. 베를린 장벽은 소련 전체주의체제와 싸우는 최전선이었다. 케네디는 미국은 자유를 지키기 위해 베를린 장벽에 맞서 싸우는 서베를린 시민들과 자유세계의 모든 시민들과 함께 할 것이라고 선언했던 것이다.

케네디와 레이건의 연설은 김정은 정권이 북한 주민의 자유를 억압하는 한 핵무기를 갖고 있어도 생존할 수 없다는 점을 보여준다. 한국은 확고한 한미동맹을 통해서 북한 핵무기에 대한 억지력을 확보하고 동시에 북한에 자유의 바람을 불어넣는 노력을 지속적으로 해나가야 할 것이다. 하노이회담 파국 이후 한반도 평화를 유지하고 자유통일을 이룩하기 위해 자유에 대한 신념을 갖는 것이 그 어느 때보다도 중요하다고 할 수 있다.

제52강

김정은, 제2차 미북정상회담 파탄 후 군부 쿠데타 맞을 수 있다

제2차 미북정상회담이 결렬된 이후 그 여진이 계속되고 있다. 하노이를 떠나 워싱턴으로 가는 길에 방문한 공군기지에서 트럼프 대통령은 어떤 나라도 미국의 영토를 침공하거나 미국 군사력을 시험하려고 해서는 안 될 것이라고 경고했다. 이것은 핵 실험을 재개하거나 대륙간탄도미사일(ICBM)로 미국을 공격할 경우 미국의 보복을 부를 것이라는 김정은에 대한 경고이다.

하노이회담이 파국을 맞은 후 트럼프는 폭스뉴스와 가진 인터뷰에서 김정은은 자신이 도저히 받아들일 수 없는 비핵화 조건들을 제시했다고 비판했다. 김정은은 영변이라고 하는 특정 구역 내에서만 비핵화를 고집했다. 트럼프는 영변 핵시설뿐만 아니라 모든 비밀 우라늄농축 시설들에 대한 검증과 사찰과 폐기를 요구했다.

이번 회담에서 김정은은 핵무기도 갖고 제재 해제와 경제 지원을 확보하려는 양손에 떡을 쥐겠다는 전략을 추구했다. 트럼프는 김정은 양손에 떡을 쥐어줄 수는 없었다. 트럼프는 북한이 핵을 완전히 폐기하지 않으면 제재를 유지해야 한다는 입장을 견지했다. 트럼프와 김정은 사이의 현격한 견해 차이가 이번 회담을 결렬로 몰고 갔다.

이번 회담은 국력 측면에 커다란 차이가 나는 두 지도자 사이의 '비대칭적 회담'이었다. 김정은은 국력의 한계를 깨닫지 못하고 이번 회담을 사실상 군축회담으로 몰고 가려고 함으로써 트럼프의 강력한 반대에 부딪혔다. 트럼프가 기자 회담 직후 폭스뉴스와 가진 인터뷰에서 김정은이 다른 나라 지도자들과 비교해볼 때 독특한 지도자라고 한 것은 이런 의미로 해석될 수 있다. 이번 회담은 김정은의 판단 착오에 의해서 빚어진 외교적 파국이었다.

하노이회담에서 김정은은 미국의 정보 능력을 과소평가하는 잘못을 범했다. 미국은 1994년 제네바회담이 체결된 1998년부터 북한이 비밀리에 농축우라늄 시설을 만들고 있다는 것을 확인했다. 1998년 미국은 파키스탄에서 원심분리기 20개를 도입하고 1999년 일본에서 원심분리기 주파수 변환기를 수입하려다 실패했다는 것을 파악했다. 2002년 미국 CIA는 북한이 원심분리기 제작에 필요한 고강도 알루미늄을 수입했다는 것도 확인했다.

2002년 10월 북한은 평양을 방문한 제임스 켈리 국무부 동아태 차관보에게 고농축 우라늄 프로그램을 추진하고 있다는 사실을 시인했다. 이런 사실을 파악한 조지 W. 부시 대통령은 제네바협정을 파기하고 북핵 문제 해결을 위해 6자회담을 추진하게 된다. 그러나 6자회담은 소기의 성과를 거두지 못하고 북한에게 핵 개발을 위한 시간을 벌어주는 결과가 되고 말았다.

하노이회담이 결렬된 직후 3월 1일 새벽 리용호와 최선희는 긴급 기자 회견을 가졌다. 이 회담은 갑자기 열린 탓으로 기자들은 잠옷 바람으로 나와야 했다. 리용호는 북한은 유엔 제재 11개 중 북한 주민의 생활과 민수경제와 직접 관련이 있는 5개에 대한 '부분 해제'를 요구했고 '전면 해제'를 요구했다는 트럼프의 주장은 사실과 다르다고 주장했다.

김정은과 리용호가 언제부터 북한 주민 경제에 관심을 가졌는지 의문이다. 유엔 제재들이 김정은과 지배층의 호화로운 생활과 무기 개발에 방해가 되기 때문에 북한은 제재 해제를 요구했던 것이다. 미국은 5개 핵심적 제재를 해제할 경우 모든 제재를 푸는 것과 같은 실질적 효과를 가져 온다고 보고 이를 거부했다.

리용호가 해제를 요구한 5개 유엔 제재는 다음과 같다.

• 2270호(2016년 3월 2일, 4차 핵실험 후): 북한산 석탄과 철광석 수출 금지(민생목적 제외)

• 2321호(2016년 11월 30일, 5차 핵실험 후): 석탄 수출 제한(연간 4억 달러/750만 톤 상한)

• 2371호(2017년 8월 5일): 석탄과 철광석 수출 전면 중지, 북한 노동자 해외 송출 중지

• 2375호(2017년 9월 11일, 6차 핵실험 후): 원유 연간 400만 배럴 수입 동결, 정유 200만 배럴 동결

• 2379호(2017년 12월 22일): 정유 50만 수입 배럴로 제한, 북한 해외 노동자 24개월 내 모두 본국 송환

위에서 보는 것처럼 리용호가 해제를 요구한 제재들은 북한 정권의 외화벌이가 되는 핵심 수출 품목들을 묶어둔 것이다. 그동안 북한 정권은 이 품목들을 수출하여 일부만 식량 수입에 사용하고 나머지는 모두 핵과 미사일 개발과 김정은 가계와 지배세력 사치품 수입에 썼다.

미국이 북한의 요구대로 일부라도 제재를 해제할 경우 이것은 문재인 정부에게 대규모 경제협력과 지원을 할 수 있는 빌미를 주게 될 것이다. 중국과 러시아도 이를 빌미로 제재를 완화하려고 할 것이다. 이렇게 될 경우 그동안 견고하게 유지되어 왔던 대북한 제재의 둑이 무너지면서 대북한 제재 레짐은 더 이상 유지될 수 없게 될 것이다.

북핵 협상은 테이블에 마주 앉은 트럼프-김정은 사이의 1차원적 요소, 트럼프와 김정은이 각각 국내로 돌아갔을 때 회담에 대한 국내적 지지와 비판이라는 2차원적 요소, 유엔과 국제사회의 제재와 미중 패권전쟁이라는 3차원적 요소들을 종합적으로 고려할 때 제대로 이해될 수 있다. 단순히 트럼프 대 김정은 사이의 협상과 결정이라는 1차원적 측면만 봐서는 북핵 협상 과정과 결과를 올바르게 이해할 수 없다.

회담 직후 필리핀을 방문하고 있던 폼페이오는 "북한에 가해지고 있는 유엔 제재는 미국이 단독으로 가하고 있는 것이 아니라 유엔 회

원국들이 찬성표를 던진 결의안에 의한 것이다"라는 점을 지적하면서 북핵 협상의 3차원적 측면을 강조했다. 이런 3차원적 요소를 고려한다고 한다면 북한의 전면적 비핵화 없이는 미국이 유엔 제재 일부 해제를 위해 회원국들의 동의를 얻기는 매우 어려울 것이다.

북핵 회담의 2차원적 측면에서 보면 회담 결렬 이후 트럼프의 북핵 완전 폐기에 대한 국내적 지지와 그의 정치적 위상은 강화되고 있다. 야당 지도자 낸시 펠로시 하원 의장은 이번 회담과 관련하여 트럼프의 입장을 강력하게 지지한다고 말했다. 펠로시는 북한 비핵화 없이는 제재를 절대로 완화해서는 안 되고 이번 회담 결과 비핵화를 하겠다고 한 김정은의 주장은 더 이상 신뢰할 수 없게 되었다고 주장했다.

그동안 사사건건 부딪쳤던 두 사람은 하노이회담 결과와 관련해서는 의견 일치를 보았던 것이다. 트럼프 행정부와 미국 의회는 김정은이 핵을 폐기하지 않은 한 제재를 해제해서는 안 되고 핵과 미사일 실험을 재개할 경우 군사적 옵션을 선택해야 한다는 강경한 방향으로 선회하고 있다.

핵도 갖고 제재도 완화하여 양손에 떡을 쥐려했던 김정은은 빈손으로 평양으로 돌아가게 되었다. 이번 회담 실패는 김정은과 북한 군부 사이의 갈등을 조장하여 1991년 소련처럼 북한 내부 '군부 쿠데타'를 촉발시킬 가능성을 배제할 수 없다.

1986년 소련 군부는 고르바초프에게 레이건과 레이캬비크 정상회담에서 전략방위계획(SDI) 중단을 합의해 올 것을 요구했다. 레이건은 그 요구를 일언지하에 거절하고 회담장에서 일어나 나가버렸다. 이

회담 실패 이후 고르바초프와 소련 군부 사이의 갈등은 점점 심화되어 그로부터 5년 뒤 1991년 군부 쿠데타가 일어났다. 그 후유증으로 고르바초프는 실각하고 소련 국가 자체가 몰락하는 결과를 가져오고 말았다.

소련 사례에서 보는 것처럼 하노이회담 실패 후 군 경험이 전무한 김정은과 군부 사이의 갈등은 심화될 가능성을 배제할 수 없다. 미국이 제재를 완화하지 않고 고삐를 계속 조일 경우 북한 경제 상황이 더욱 악화되면서 북한 내부 균열은 더욱 심화될 것이다. 제2차 미북정상회담 이후 전개될 상황에 대해서는 3차원적 요소들을 고려하면서 북한 군부 쿠데타 등 모든 가능성을 열어놓고 보아야 할 것이다.

하노이회담의 파국으로 중국의 김정은 외교 역량에 대한 불신감도 높아질 것으로 보인다. 중국에게 북한은 미중 패권전쟁에서 완충국가로서 지정학적으로 중요한 위치를 차지하고 있다. 시진핑은 작년에 세 번, 금년 초에 한번 김정은을 만나서 북핵 문제를 조율했다. 트럼프가 기자회견에서 언급한 것처럼 미국은 김정은이 핵 폐기에 미온적이었던 것이 중국 때문이 아닌가 의심하고 있다. 미국의 압력에 직면한 중국의 대북 정책이 바뀔 것인지 눈여겨보아야 할 대목이다.

하노이회담이 파국을 맞은 직후 문재인 정부는 또 다시 중재자론을 들고 나왔다. 2018년 내내 문재인 대통령이 추진한 중재자 외교는 완전히 실패로 돌아갔고, 그 과정에서 한국은 국제사회에서 외교적 외톨이가 되고 말았다. 문재인 정부가 한미워킹그룹과 북핵 문제의 국제적 측면에 해당되는 3차원적 요소를 무시하고 남북경협과 대북 지원에 나설 경우 한국의 기업과 은행은 미국으로부터 '세컨더리 보이콧'을 당하는 결과를 가져와서 한국 안보와 경제는 커다란 위기에 직면하게 될 것이다.

제53강

김정은과 북한 군부 갈등, 드디어 표면화되다

하노이회담이 결렬된 후 처음으로 북한이 최선희 부상을 내세워 입장을 밝혔다. 북한 외무성은 제1부상이 있고 그 밑에 여러 부상들을 두고 있다. 최선희는 리용호 외상과 함께 하노이회담 파국 직후 새벽에 리용호와 기자회견을 가졌던 인물이다.

최선희는 기자회견에서 하노이에서 김정은이 트럼프 앞에서 당한 외교적 수모를 만회하고 김정은의 위신을 세우기 위한 변명을 나열하였다. 북한 주체사상에 따라서 김정은은 소위 '최고 존엄'이다. 그런데 이번 미북정상회담에서 그 존엄의 위신이 트럼프 앞에서 손상당하고 말았다. 트럼프는 김정은을 치켜세워 회담장으로 끌어낸 후 북핵 완전히 포기하겠다는 의사가 전혀 없다는 것을 확인한 후 되치기 하듯이 김정은을 땅바닥에 내던져버렸다.

최선희 기자회견에서 우리가 가장 주목해야 할 부분은 "북한 군부, 군수업계 등에서 핵을 절대 포기하면 안 된다는 무수한 청원을 김정은 위원장 앞으로 보냈음에도 김 위원장은 미국과의 신뢰를 쌓고 상호 합의된 약속들을 이행하기 위해 하노이로 갔던 것"이라고 주장한 부분이다.

김정은이 북핵 회담에 나섰지만 북한 군부는 북핵 폐기에 반대하고 있다는 사실이 이번에 확인된 것이다. 북한 내부의 핵 과학자들과 군수업계 세력들도 대가없는 북핵 포기에 반대하고 있다는 점을 최선희가 기자회견을 통해서 공개적으로 밝힌 것이다. 이런 내용은 김정은의 승인 없이는 절대로 공개될 수 없는 내용이다.

1986년 레이캬비크에서 레이건 대통령과 고르바초프 서기장 사이에 군축회담이 열렸을 때 소련 군부는 미국이 추진하던 전략방어계획(SDI)에 대한 미국의 양보 없이는 절대로 전략핵무기 감축에 동의할 수 없다고 반발했다. 소련 군부의 압력 때문에 고르바초프는 회담 막바지에 레이건에게 소련 군부의 요구 사항을 내밀었다.

레이건은 회담 이전부터 참모들에게 지금의 미사일방어체제와 유사한 SDI는 정상회담의 어젠다로 올라와서는 절대로 안 된다고 못박아두었다. 그런데 이를 어기고 고르바초프가 이 문제를 정면으로 제기하자 레이건은 회담장에서 일어나 나가버리고 회담은 거기서 끝나버렸다. 고르바초프는 글라스노스트(개방)와 페레스트로이카(개혁)를 통해 무너져가던 소련 공산체제를 구하기 위해 노력하고 있었다.

소련 군부의 반발을 무시하고 그는 1987년 미국과 중거리핵전력제한협정(INF)을 체결하고 1989년 아프가니스탄으로부터 소련군을 전격적으로 철수시켰다. 고르바초프와 소련 군부 사이의 계속된 일련의 갈등은 1991년 8월 소련 군부의 쿠데타로 폭발하고 말았다.

쿠데타 세력이 탱크를 앞세워 모스크바를 점령했을 때 당시 러시아공화국 대통령이었던 보리스 옐친은 탱크 위에 올라가 쿠데타 반대 성명을 발표하면서 저항했다. 동시에 수만 명의 모스크바 시민들이 거리로 나와서 탱크를 가로 막고 저항했다.

이런 저항에 직면해서 군부대들이 쿠데타 세력에서 이탈해서 옐친 지지로 돌아서기 시작했다. 소련 연방 공화국을 구성하고 있던 우크라이나와 카자흐스탄 등도 옐친 지지로 돌아섰다. 쿠데타 반대 시민 숫자는 100만 명으로 늘어났다. 고르바초프는 연금에 풀려나서 모스크바로 돌아왔다.

그러나 쿠데타 가담 군인들을 숙청하고 실권을 장악한 인물은 보리스 옐친이었다. 그는 소련 국회의사당 앞에 걸려 있던 소련 국기를 내리고 러시아 국기를 내걸도록 지시했다. 이로써 고르바초프는 실각하고 소련은 15개 공화국으로 해체되어 지도상에서 사라지고 말았다.

소련의 경우에서 보는 것처럼 북한 내부에도 김정은의 대미(對美) 협상노선에 반대하는 군부 세력이 존재하고 있다는 사실이 이번 최선희의 기자회견을 통해서 밝혀졌다. 이런 사실을 공개한 북한의 의도는 최선희의 말 그대로 군부의 반대에도 불구하고 트럼프와 회담에 나선 김정은의 노력을 강조하기 위한 것으로 볼 수 있다. 이런 입장은 김정은이 북한 군부를 완전히 장악하고 있다는 점을 전제로 하고 있다.

2008년 김정일이 심장발작을 일으킨 후 불과 몇 년 사이에 전혀 준비가 되지 않은 채로 김정은은 지도자로 옹립되었다. 김정일은 1970년대 중반부터 20년 넘게 권력 승계 작업을 거쳐 1994년 김일성 사망 후 권력을 장악했다.

이와 달리 김정은은 군 경험도 전혀 없고 권력 기반도 약하다. 이렇게 본다고 한다면 김정은이 북한 군부의 이해관계를 무시하고 아무런 대가 없이 북핵 폐기에 나설 경우 소련의 고르바초프처럼 북한 군부의 쿠데타를 맞을 가능성을 배제할 수 없다는 것을 알 수 있다.

최선희가 하노이회담 파국 이후 북한 군부와 군수업계의 반발을 공개한 것은 김정은이 트럼프에게 요구한 5개 유엔 제재 해제 요구를 정당화시키기 위한 것으로 볼 수도 있다. 제재 해제라는 대가 없이는 북한 내부의 반발 때문에 김정은은 핵 폐기를 할 수 없다는 것이다. 동시에 이것은 북한 핵 폐기의 금전적 대가를 요구하는 '우크라이나 모델'을 북한이 염두에 두고 있다는 것을 알 수 있다.

트럼프는 1994년 제네바합의 이후 미국 행정부들이 북한에 10억 달러가 넘는 식량과 에너지를 지원했다는 사실을 강하게 비판했다. 북한은 지원만 받고 비밀리에 핵 개발에 나서서 2006년 제1차 핵 실험에 성공했다. 트럼프 행정부 하에서 북한이 이런 지원을 또 다시 기대하는 것은 불가능할 것이다.

미국의 유명한 샘 넌과 리처드 루거 상원의원에 의해 초당적으로 만들어진 '넌-루거 법안'은 소련 붕괴 후 러시아 지역 밖에 있는 핵무기와 핵물질을 전부 폐기하기 위해 미국이 매년 4억 달러씩 4년간 총 16억 달러를 지원하기로 했다. 이 법안은 핵 폐기를 위한 '우크라이나 모델'이라고 불리기도 한다.

우크라이나는 북한과 그 상황이 완전히 다르다는 점을 이해하는 것이 중요하다. 우크라이나는 핵을 폐기할 분명한 의사를 갖고 있었던 데 반해서 김정은은 노후화 된 영변 핵시설만 폐기하고 핵무기를 그대로 보유하려는 '파키스탄 모델'을 추구하고 있다는 점이 다르다.

하노이회담 결렬 이후 김정은은 북핵 문제와 관련하여 대내적으로 커다란 압박에 직면하고 있다는 사실을 알 수 있다. 미국과 유엔과 국제사회는 북한이 핵을 완전히 폐기하지 않는 한 제재를 해제하지 않고 오히려 강화시켜 나갈 것이다. 동시에 김정은은 북한 군부와 군수업체로부터 제재 해제와 금전적 보상과 같은 대가 없이는 핵을 폐기해서는 안 된다는 대내적 압력에 직면하고 있다. 최선희 기자회견은 하노이회담 이후 김정은과 북한 군부 사이의 갈등이 표면화되고 있다는 것을 보여주고 있다.

제54강

볼턴, 하노이에서 트럼프 도와 대한민국 살렸다

2019년 2월 27일과 28일 진행된 하노이 제2차 미북정상회담에서 존 볼턴 백악관 대통령 국가안보보좌관의 활약이 매우 컸다. 회담 결렬 이후 첫 번째 일요일인 3월 3일 그는 미국 방송 대담 프로그램에 출연하여 회담 내용을 구체적으로 설명하면서 트럼프 대통령이 김정은에게 한글과 영문으로 된 '빅딜 문서'를 전달했다는 사실을 공개했다.

미국 대표적 방송사들인 ABC, CBS, NBC, Fox News는 모두 일요일 대담 프로그램을 운영한다. 주말은 휴일이어서 뉴스거리가 많지 않다. 이 대담 프로그램들에 대통령과 부통령을 비롯하여 상하원 의원들과 정부 고위관리들이 출연하여 한 주에 있었던 중요 사안들을 놓고 토론을 벌인다. 그 토론 내용은 월요일자 신문 지상에 보도되는 뉴스 사이클을 미국은 갖고 있다.

미국 방송과 언론과 관리들은 이런 방식으로 국민의 알권리를 충족시키고 여론을 형성하고 정책의 문제점들을 파악하여 바로 잡아나간다. 특히 미국 대통령은 연설과 방송 출연을 통해서 '설득권력'을 적극적으로 행사하면서 특정 정책에 대해서 국민적 공감대를 형성해 나간다. 이것이 바로 미국 민주주의가 갖고 있는 힘이다. 미국과 비교해보면 하노이회담 파국 이후 문재인 정부가 보여주고 있는 대응방식은 매우 실망스럽다.

청와대는 회담이 성공적으로 마무리될 것으로 기대한 나머지 파국으로 갈 것은 전혀 예상하지 못하고 허둥지둥하는 모습을 보여주었다. 그 이후에도 고위 안보책임자들 중 누구 하나 나서서 정부의 입장을 분명하게 밝히고 향후 대응방안을 내놓으면서 국민의 알권리를 충족시키려는 모습을 보여주지 못했다.

이번 회담에서 북한 전체주의정권의 독재자 김정은은 독단적으로 협상에 임했다가 트럼프가 회담을 중단시킴으로써 엄청난 수모를 겪었다. 이렇게 보면 자유민주주의 국가가 보장하는 언론의 자유가 얼마나 정책 결정과정과 외교 협상에서 중요한 것인지를 알 수 있다.

볼턴은 방송에서 트럼프가 건넨 '빅딜 문서'에는 비핵화 대상으로서 북한 핵무기, 미사일, 핵물질, 생화학 무기 등이 포괄적으로 들어가 있었다고 소개했다. 트럼프는 이와 관련된 모든 시설들에 대한 사찰과 검증을 요구하고 궁극적으로 완전한 폐기를 요구했다. 이런 과정의 검증을 위해서 북한은 2003년 탈퇴한 핵확산방지조약(NPT)에 복귀하고 국제원자력기구(IAEA) 사찰을 받아야 할 것이다.

김정은이 완전한 핵 포기 결정을 내리면 그에 대한 대응조치로서 미국은 김정은에게 북한 경제발전의 거대한 미래상을 제시하고 북한의 개혁과 개방을 적극 돕겠다는 입장을 분명히 했다. 그러나 회담에서 김정은은 노후화된 영변 핵원자로와 일부 우라늄 농축시설의 폐기를 제시하고 그 대가로서 유엔 핵심 제재 5개 해제를 요구함으로써 회담은 파국을 맞고 말았다.

하노이회담 직전까지 볼턴 보좌관은 전면에 나서지 않았다. '리비아모델'을 주장한 강경파 볼턴과 협상파 폼페이오-비건 사이에 북핵 문제 해결 방식을 두고 의견 대립과 갈등이 있었던 것으로 알려졌다. 이번 하노이회담에서 트럼프는 볼턴의 손을 들어주고 완전 북핵 폐기를 거부한 김정은과 회담을 중단시키고 말았다.

하노이회담은 하버드대학 그레이엄 앨리슨 교수가 1962년 쿠바 미사일 위기에 관한 연구서 《결정의 본질(Essence of Decision)》에서 전개한 미국 외교정책 결정의 세 가지 모델을 적용하여 설명하는 것이 가능하다. 국가지도자가 국가이익을 결정하고 이에 바탕을 두고 갈등 없이 일사분란하게 외교정책 결정이 이루어진다고 보는 것이 '합리적 행위자모델'이다.

그 다음으로 앨리슨이 제시하는 것이 '조직과정모델'이다. 모든 조직은 조직 운용의 표준운영절차(SOP)를 갖고 있다. 이 모델에 따르면 외교정책은 그 조직이 갖고 있는 매뉴얼에 따라서 이루어진다는 것이다. 적과 대치하고 있는 부대가 적의 공격을 받았을 때 교전수칙에 따라서 대응하는 것은 이 모델의 좋은 예이다. 핵 잠수함에서 핵무기 발사를 위해서는 네 명의 장교 모두가 합의해야 한다는 사례도 이 모델에 해당된다.

하노이회담을 설명하는 데 유용한 것은 세 번째 '관료정치모델(Bureaucratic Politics Model)'이다. 이 모델은 앞의 것들과 달리 사전에 정해진 국가이익에 따라서 외교정책결정이 이루어지지 않는다고 본다. 미국 국무부와 국방부, 국무부와 백악관 사이에 의견 대립과 갈등이 존재하고 이것들이 정책결정과정에서 조정과 절충 과정을 거쳐서 최종적 외교정책 결정이 이루어진다.

관료정치모델은 미국뿐만 아니라 여러 국가들의 외교정책 결정과정을 설명할 수 있는 보편적 이론틀을 제공하고 있다. 1948년 주한미군 철수를 둘러싸고 반대하는 국무부와 예산부족 때문에 조기철군을 주장하는 국방부 사이에 의견 대립이 발생했다. 철수를 최종적으로 결정하는 미국 국가안보회의 문서 NSC-8을 보면 1949년 6월말까지 군사고문단 500명만 남기고 철군을 주장하면서도 한국의 정치전략적 중요성을 강조하는 국무부의 입장이 부속문서로 첨부되어 있다.

이것은 미국 정부 부처 간의 의견 대립과 절충 과정을 거쳐 대통령이 최종적으로 정책 결정을 내린다는 것을 보여주는 사례이다. 태영호공사가 쓴 《3층 서기실의 암호》라는 책을 보면 북한 내부에서 '한국중시파'와 '미국담판파'로 대외정책 결정 그룹이 나누어져 있다는 것을 보여준다. 이런 사실은 북한의 대남정책과 대미외교를 설명하는 데 앨리슨의 관료정치모델이 유용하다는 것을 보여준다.

북핵 문제 해결 방법과 관련하여 볼턴과 폼페이오-비건 라인 사이에 북핵 폐기 수준과 상응조치를 두고 의견 대립이 있다는 사실이 미국 언론을 통해서 흘러나왔다. 하노이회담에서 이들 사이의 다른 의견들이 트럼프에게 보고되었고, 트럼프는 볼턴의 손을 들어주었다. 관료정치모델에 따르면 국가이익은 처음부터 정해져 있는 것이 아니다.

백악관과 국무부 사이의 서로 다른 의견들이 조정과 절충 과정을 거쳐 트럼프의 최종적 재가를 받음으로써 하노이회담에서 볼턴이 주장한 '빅딜안'이 채택되었다. 이것은 이번 회담에서 트럼프가 회담을 중단하고 걸어 나오는 데 볼턴이 결정적 영향을 미쳤다는 것을 보여준다. 앞으로 북핵 문제와 관련해서 트럼프행정부 내에서 볼턴의 영향력이 커질 것이고 하노이 이후 미국 대북정책은 제재를 더욱 강화하는 방향으로 나갈 것으로 예상된다.

미국은 3권 분립이 이루어져 있고 의회가 행정부의 외교정책에 커다란 영향을 미친다. 하노이회담 결렬 후 미국 의회는 트럼프가 북한에 대해서 기존 제재는 계속 유지하되 새로운 제재는 가하지 않겠다고 한 발언에 대해서 강하게 반발하고 나왔다. 미국 상원 은행위원회 크리스 밴 홀런 민주당 의원과 팻 투미 공화당 의원은 3월 5일 북한과 거래하는 모든 기업과 개인에게 강력한 세컨더리 보이콧을 의무적으로 부과하는 '브링크 법안(BRINK Act)'을 상정했다. 미국은 하노이회담에서 김정은의 핵 폐기 의사가 없다는 것을 확인한 후 대북한 제재를 전방위적으로 강화해가고 있다는 것을 알 수 있다.

하노이회담 결렬 후 1986년 레이캬비크회담처럼 양 정상이 다시 만나 합의에 이를 수 있다는 주장이 제기되고 있다. 실제로 레이건과 고르바초프는 1987년 12월 워싱턴에서 다시 만나 중거리핵전력폐기 협정(INF)에 합의했다. 그러나 하노이회담 결렬은 레이캬비크와 완전히 다르다는 점을 인식하는 것이 중요하다.

레이캬비크에서는 회담이 결렬되었지만 미국의 전략방어계획(SDI)를 빼고 핵무기 감축에 구체적 합의를 보았다. 하노이의 경우 미국과 북한은 북핵 폐기와 관련하여 전혀 합의점을 찾은 것이 없기 때문에 이 상태로 또 다시 제3차 미북정상회담이 열린다고 하더라도 타결점을 찾기는 쉽지 않을 것이다. 제3차 회담 개최 가능성을 낮게 보는 이유가 여기에 있다. 북한이 동창리에서 장거리 미사일을 발사할 경우 한반도 안보 상황은 한치 앞을 내다볼 수 없는 위기 국면으로 빠져들 것이다.

제55강

미국과 유엔의 강력한 제재로 몰락의 길로 내몰리는 김정은 정권

2019년 3월 12일 유엔 안보리 산하 북한 제재위원회가 380페이지에 달하는 '연례보고서'를 내놓았다. 이 보고서는 유엔안보리 결의안과 2018년 6월 싱가포르 합의를 어기고 핵과 미사일을 비밀리에 계속해서 개발해 왔다는 사실을 인공위성 사진들을 증거로 제시하면서 밝히고 있다.

이 보고서는 북한의 제재 위반 사례로서 김정은이 수입한 벤츠 사진을 공개하고 있다. 이 사진에는 2018년 9월 문재인 대통령이 평양을 방문했을 때 김정은과 같이 타고 손을 흔들면서 카프레이드를 하는 장면이 실려 있다. 문재인 정부는 이 사진을 보고서에서 빼기 위해 많은 외교적 노력을 기울였다. 북한 제재위원회는 한국 정부의 요청을 뿌리치고 한국 대통령 사진을 김정은과 같이 게재했다.

대북 제재위원회 보고서는 2018년 문재인 정부가 개성 남북연락사무소 개소를 위해 북한으로 304톤의 석유 제품을 반출한 것도 문제 삼았다. 석유 제품은 안보리 제재 품목인데도 문재인 정부가 신고하지 않고 북한 지역으로 반출했다. 문재인 정부는 석유 제품이 북한에게 이전되지 않았기 때문에 제재 위반이 아니라고 주장했다.

그러나 이 보고서는 제재 위반 판단 기준은 누구의 사용 여부가 아니라 북한 영토 안으로 위반 품목이 들어가는 것이 금지되어 있다는 점이라는 사실을 강조했다. 이번에 제재위원회가 문재인 대통령 사진을 김정은과 같이 싣고 개성 반출 석유 제품에 대해서 문제를 제기하고 몇 년 전 북한산 석탄을 러시아산으로 둔갑시켜 수입한 사실들을 적시한 것은 문재인 정부가 유엔 제재를 어길 경우 예외 없이 제재 적용 대상이 될 수 있다는 것을 강조하기 위해서이다.

이런 결정은 그동안 유엔과 미국과 국제공조에서 이탈하여 금강산 관광과 개성공단을 재개하려는 문재인 정부의 대북한 유화정책에 대한 불만의 표현이라는 것이 외교가의 관측이다. 하노이회담 결렬 이후 나온 이 보고서는 문재인 정부가 민족공조와 '우리민족끼리'라는 잘못된 노선에 서서 북한에 경제지원을 할 경우 이에 관여한 한국 은행과 기업도 '세컨더리 보이콧' 대상이 될 수 있다는 경고를 보내고 있는 것이다.

여기서 생각해 보아야 할 것은 이번 유엔 북한 보고서는 어떤 이론적 근거 하에 서 있느냐 하는 점이다. 국제정치적 사건들을 이해하기 위해서는 나름대로의 시각과 관점이 필요하다. 이런 시각과 관점이 이론적 틀이라고 할 수 있다. 우리 사회에서는 흔히 '이론'이라고 하면 비현실적인 것, 추상적인 것으로 이해하는 것이 일반적이다.

그러나 여기서 말하는 '이론'은 국제정치현실을 이해하는 데 도움을 주는 시각과 관점을 말한다. 우리가 이런 시각을 갖게 되면 우리에게 직면한 현실을 더 잘 이해할 수 있다. 이번 유엔 안보리 북한 제재 보고서도 나름대로의 이론적 틀을 갖고 상황을 분석하고 있다. 그렇기 때문에 그런 이론틀에 대한 이해는 국제정치현실을 바라보는 우리의 이해를 도와줄 뿐만 아니라 유엔 보고서라든지 여러 나라들의 외교정책을 파악하는 데에도 많은 도움을 준다.

유엔 보고서는 영국의 전략가 로버트 쿠퍼(Robert Cooper)가 제시한 '21세기 세 개의 국가군(國家群)'에 바탕을 두고 있다. 그는 토니 블레어 총리의 외교 참모였다. 그의 이론은 9·11테러 이후에 세계정세를 분석하고 미국과 영국 안보협력체제 구축 방안을 모색하기 위해 제시되었다.

그가 말하는 제1국가군은 자유민주주의와 시장경제를 실현한 국가들로서 미국, 영국, 일본, 한국 등이 여기에 속한다. 제2국가군은 소련제국에서 해방되었거나 시장경제를 도입하여 개혁과 개방을 추구하는 러시아, 동구권 국가들, 중국, 베트남 등으로 구성되어 있다.

제3국가군은 국가라는 이름만 갖고 있을 뿐 제 기능을 하지 못하는 '파탄국가(failed state)'와 무기와 마약 수출을 통해 살아가는 '불량국가(rogue state)'를 말한다. 여기에는 오사마 빈 라덴과 같은 테러집단에게 거처를 제공한 아프가니스탄과 주민을 굶겨 죽이면서도 핵과 미사일 개발과 판매에 열중인 북한이 속한다.

쿠퍼는 제1국가군에 속하는 국가들이 서로 협력하여 제3국가군에 속한 국가들이 세계평화를 해치는 활동을 막아야 하고 필요할 경우에는 군사력도 동원해야 한다고 한다. 9·11 테러 이후 미국이 아프가니스탄 전쟁에 나섰을 때 영국과 제1국가군에 속한 나라들이 다국적군을 구성하여 참전했던 것은 쿠퍼가 제시한 전략적 발상에 따른 것이었다.

쿠퍼의 전략적 발상에 따르면 핵과 미사일을 개발하여 한반도와 동북아 지역 평화뿐만 아니라 핵 확산을 통해 세계 평화를 위협하고 있는 북한은 제3국가군에 속한다. 제1국가군에 속한 나라들이 협력하여 북한의 핵 개발과 그 확산을 막기 위해 제재를 가하고 군사력을 동원하는 것도 필요하다. 이번 유엔 안보리 북한 제재 보고서는 쿠퍼가 말하는 세 가지 국가군 구분에 대한 이론틀을 바탕으로 하여 쓰여져 있다.

북한에 대한 미국과 영국 등 제1국가군의 이런 인식과 달리 문재인 정부는 대북한 유화정책을 통해서 국제공조에서 이탈하여 민족공조로 나가려고 하고 있다. 쿠퍼의 이론틀에 비추어보면 이런 문재인 정부의 대북정책은 제1국가군에 속한 나라가 제3국가군에 속한 불량국가 북한과 연대하려는 아주 잘못된 전략적 판단에 서 있다는 것을 알 수 있다.

이런 그릇된 전략적 판단에 서서 금강산관광과 개성공단사업을 재개할 경우 문재인의 대북정책은 제1국가군에 속한 미국과 유엔과 정면으로 대립될 수밖에 없다. 이렇게 될 경우 한국은 제1국가군에 속하면서도 북한처럼 불량국가로 국가적 위상이 떨어지고 마는 결과를 가져올 것이다.

이번 유엔 보고서가 김정은과 함께 문재인 대통령이 북한으로 수입 금지된 벤츠를 타고 있는 사진을 게재한 것은 불량국가 북한과 한국이 연대할 경우 '세컨더리 보이콧'과 유엔 제재 대상이 될 수 있다는 분명한 경고를 보낸 것으로 봐야 할 것이다.

제56강

미국 상원, 대북한 초강력 금융제재 법안 제출하다

하노이회담 결렬 후 빈손으로 되돌아온 김정은은 3월 6일 평양에서 열린 '제2차 전국 당초급선전일꾼대회'에 보낸 서한에서 흰쌀밥과 고깃국을 인민들에게 먹이려는 김일성과 김정일의 평생 염원이 아직 실현되지 못했다고 지적했다. 김정은은 악화되는 경제 위기를 '자력갱생과 자급자족 노선'으로 풀어가야 한다고 주장했다.

21세기에 아직도 흰쌀밥과 고깃국 이야기를 꺼내는 것은 상식적으로 이해가 되지 않는다. 북한이 개혁과 개방을 하지 않고 자력갱생 노선을 추구해서는 경제위기가 해소될 수 없다. 김정은이 하노이회담에서 핵 포기를 하지 않겠다는 점을 분명히 함으로써 북한은 앞으로 계속된 유엔과 국제사회의 제재에 직면할 것이다. 이렇게 되면 북한 경제위기는 더욱 심화될 것이다.

일꾼대회가 처음 열린 것은 2001년이었다. 6천명이 모인 이번 제2차 선전일꾼대회는 18년 만에 열린 것으로서 하노이회담 파국 이후 악화되는 북한 경제위기의 책임을 외부의 탓으로 돌리기 위한 선전 활동의 일환으로 봐야 할 것이다. 김정은은 미국과 유엔의 '대북한 적대시정책' 때문에 경제가 어려워졌다고 주장하고 있다. 김정은 정권이 '선군정치'를 내세워 핵과 미사일 개발에 국가의 모든 자원을 전용함으로써 주민의 경제적 생활이 궁핍해진 것이 아니라 미국과 유엔 제재에 그 책임을 전가하고 있는 것이다.

이것은 본말이 전도된 주장이라고 하지 않을 수 없다. 1998년 노벨경제학상을 수상한 인도 경제학자 아마르티아 센은 '민주주의'가 국가의 기근과 식량 문제를 해결하는 가장 좋은 방법이라는 점을 강조하고 있다. 인도의 경우 1947년 독립 이후 한 번도 기근(飢饉)이 발생하지 않았다는 것은 국가의 식량 상황이 투명하게 대내외적으로 공개될 수 있고 그에 대한 대책을 갖고 있어야한 집권할 수 있는 인도 민주주의의 제도적 특징 때문이라는 점을 그는 강조하고 있다.

아마르티아 센의 주장대로 북한을 지금의 경제 파탄 상황으로 몰고 간 책임을 지고 김정은이 권력에서 물러나고 북한의 민주화가 이루어지면 식량 문제는 금방 해결될 수 있을 것이다. 김정은이 식량배급권을 무기로 하여 북한 주민을 노예로 만들고 전체주의 독재체제를 유지하려고 하기 때문에 북한 식량 문제가 해결되지 않는 것이다.

북한이 핵을 포기하지 않은 한 미국과 유엔과 국제사회의 더욱 강화된 제재로 인하여 북한 경제상황은 앞으로 더욱 악화될 것으로 보인다. 하노이회담 파국 이후 3월 5일 미국 상원은 '브링크(BRINK) 법안'이라고 하는 초강력 대북한 금융제재 법안을 제출했다. 이 법안은 막강한 영향력을 가진 상원 은행위원회 크리스 밴 홀런 민주당 의원과 팻 투미 공화당 의원이 초당적으로 발의했다. 이 법안은 북한에 억류되었다가 고문으로 숨진 버지니아대학생 오토 웜비어를 추모하기 위해 '오토 웜비어 대북한 은행 거래 제한 법안'으로 명명되었다.

이와 유사한 법안은 2017년 11월 미 상원 은행위원회에서 만장일치로 통과되었다. 그런데 미국과 북한 사이에 싱가포르 정상회담이 개최되면서 상원은 이 법안을 본회의 표결에 부치지 않고 폐기시켰다. 2019년 2월말 제2차 하노이 미북정상회담이 파국으로 끝나고 북한이 핵을 포기할 의사가 없다는 사실이 분명해지면서 미 상원이 먼저 북한에 대한 초강경 금융제재 카드를 꺼내들었다.

새로운 대북 제재 법안은 김정은 정권과 거래하는 모든 해외 금융기관과 북한 정권에 협력하는 개인에 대해서 거래 규모에 상관없이 '세컨더리 보이콧'을 의무적으로 부과하도록 규정하고 있다. 여기서 '세컨더리 보이콧'은 미국이 미국과 북한 기업 사이에 거래를 못하게 하는 직접 제재와 달리 북한과 거래하는 제3국의 은행과 기업이 미국 은행과 기업과 일체 거래를 못하도록 하는 매우 강력한 제재 방식이다. 한국의 기업과 은행이 미국의 제재를 어기고 북한과 거래할 경우 바로 '세컨더리 보이콧' 대상이 되는 것이다.

달러는 세계 기축통화이다. 국제금융거래를 위해서 세계 모든 은행들은 미국 내에 은행 계좌를 개설하고 미국 금융시스템을 이용하여 거래를 한다. 세컨더리 보이콧을 당하면 미국 내에 있는 계좌가 폐쇄되고 신규 계좌 개설도 불가능하고 되고 미국 금융망으로부터 퇴출당

한다. 이렇게 될 경우 은행은 구멍가게 수준으로 전락하거나 문을 닫아야 한다.

미 상원의 새로운 제재 법안이 상정된 직후 미 재무부 금융범죄단속반은 전 세계 금융기관들에게 미국과 유엔이 북한에 가한 금융 제재를 충실히 이행하지 않을 경우 피해를 입을 수 있다는 경고문을 발표했다. 2016년 3월 결의된 유엔 안보리 제재 제2270호는 북한과 합작회사 설립과 사전 승인 없이 북한과 금융 거래를 금지시키고 있다.

2016년 11월 발표된 유엔 제재 제2321호는 이 결의한 발표 후 90일 이내에 모든 나라에 있는 북한 은행 지점을 폐쇄하고 일체 금융거래를 중지할 것을 요구하고 있다. 북한 노동자들과 개인들이 외국 은행을 통해서 북한으로 송금하는 것도 중지시켰다.

은행 통로가 막히면서 북한은 대규모 현찰을 사용할 수밖에 없게 되었다. 이 결의안은 북한이 대량 현금을 사용하는 것을 철저히 감시할 것을 요구하고 있다. 2019년 3월 12일 발표된 유엔 안보리 북한 제재위원회 보고서를 보면 북한이 배에 대량 현금을 숨겼다가 발각되어 압수된 사진이 실려 있다.

세계 38개 국가로 구성된 국가 간 국제기구 자금세탁방지기구(FATF)는 자금세탁, 테러자금 조달, 대량살상무기 자금 지원을 막기 위해 설립되었다. 최근 이 기구는 북한 관련 제재를 이행하는 데 있어서 많은 세계 금융기관들이 결함을 갖고 있다는 점을 지적하고 이를 보완하여 대북 금융제재를 철저하게 이행해야 한다는 권고 조치를 발동했다.

3월 12일 발표된 유엔 안보리 북한 제재위원회 보고서는 북한 정찰총국이 유럽의 5개 국가들에서 불법적으로 여전히 금융 거래를 하다가 적발된 사실을 지적하고 있다. 미국 재무성은 이런 일이 재발할 경우 해당 금융기관은 미국의 '세컨더리 보이콧' 대상이 된다는 점을 경고하고 있다.

미 상원의 새로운 대북한 금융제재 법안과 미 재무부의 경고문은 하노이회담 결렬 이후 북한에 대한 금융제재가 더욱 강력해질 것이라는 사실을 보여준다. 김정은이 핵을 폐기하지 않고 북핵 경제위기의 책임을 외부 세계로 돌리는 한 북한 주민이 흰쌀밥에 고깃국을 먹기는 힘들어질 것이다. 계속되는 북한 경제위기는 북한 주민의 불만을 가중시켜 김정은 정권을 위기로 몰고 갈 것이 분명하다.

제57강

볼턴, 북한을 인간 지옥으로 만든 김정은 정권 반드시 붕괴시킨다

하노이 제2차 미북정상회담에서 보기 드문 장면이 목격되었다. 확대정상회의에 참석한 존 볼턴 백악관 국가안보보좌관 앞자리에 북한 측이 카운터 파트를 앉히지 않고 자리를 비워 둔 것이다. 이것은 북핵 해결 모델로서 '리비아 모델'과 북한 레짐 체인지를 주장해온 볼턴에 대한 북한의 불만 표시였다.

하노이회담 결과를 보면 볼턴의 생각이 트럼프 대통령에게 커다란 영향을 미친 것으로 보인다. 국내 일부 전문가들은 그동안 모습을 드러내지 않던 볼턴이 확대회의에 배석한 것이 회담 결렬의 '신호'였다고 분석했다. 과거 정부에서 고위직을 지낸 전직 관리는 볼턴은 "한반도 문제와 관련해 매우 재수 없는 사람"이라는 인신공격성 발언을 하기도 했다.

미국에서는 학생을 가르칠 때 글을 쓴 사람의 견해와 객관적 사실(fact)을 구분하는 연습을 많이 시킨다. 토론 과정에서는 상대방을 인신공격해서는 안 되고 상대방의 의견에 대한 찬성과 반대 입장을 논리적으로 제시하도록 학생들은 교육받는다. 하노이회담 결과가 자신에게 불만족스럽다고 해서 전직 관리처럼 볼턴을 인신공격한다고 해서 문제가 해결되는 것은 아니다.

하노이회담 이후 볼턴은 트럼프에게 가장 영향력 있는 보좌관으로 떠올랐다. 볼턴의 국제정치관이 무엇인지를 이해하고 그에 기초하여 향후 미국의 북핵 대응과 대북정책이 어떤 방향으로 갈 것인지를 분석하는 것이 중요한 과제로 떠오르고 있다. 볼턴에 대한 인신공격성 발언을 지양하고 볼턴의 전략관에 대한 이해를 바탕으로 한미 간에 공통분모를 찾으려는 노력이 절실히 요청된다.

볼턴은 예일대학을 졸업하고 예일대학 법률대학원을 마친 후 변호사가 되었다. 예일대학을 졸업한 딘 애치슨 전국무장관처럼 그는 변호사로서 활동하지 않고 일찍이 외교관의 길을 택했다. 조지 W. 부시 행정부 시절 국무부의 군축담당 차관보와 유엔대사를 지냈다.

볼턴은 2006년 10월 9일 북한이 제1차 핵실험을 했을 때 유엔대사로서 유엔안보리의 대북 제재를 이끌어낸 인물이다. 그는 북한에 대한 사치품 수출을 금지시키면서 "김정일도 다이어트가 필요하다"는 유명한 말을 남겼다. 이때부터 그는 북한이 스스로 핵을 포기하지 않을 것이기 때문에 북핵 문제 해결은 북한 레짐 체인지를 통해서만 가능하다는 분명한 입장을 갖게 되었다.

2007년 볼턴은 《항복은 선택이 아니다》라는 책에서 북한이 1994년 제네바협정을 어기고 어떻게 농축우라늄 관련 시설들을 수입하고 파키스탄 칸 박사의 도움으로 우라늄 농축 방식의 핵 개발에 착수했는지를 상세하게 분석하고 있다. 그의 분석은 2002년 공개된 일련의 CIA 비밀문서들에 의해서 확인되고 있다.

볼턴은 국제정치를 '제로섬 게임'으로 본다는 특징을 가지고 있다. '제로섬'이라고 하는 것은 적에게 이익이 되는 것은 자국(自國)과 동맹국에게는 손해가 된다는 것을 의미한다. 이런 관점에 설 경우 북한과 같은 적대국가와의 타협은 지양되어야 한다. 그는 클린턴 행정부가 합의한 1994년 제네바협정은 북한에게 불필요한 양보를 한 아주 잘못된 합의였다고 비판했다. 그의 주장대로 제네바협정은 북한에게 10억 달러가 넘는 에너지와 식량을 지원했지만 북한의 핵 개발을 저지하지 못했다.

그는 북한과 이란과 이라크와 같은 '존재론적 위협' 국가들에 대해 유화정책을 취해서는 안 된다는 분명한 입장을 갖고 있다. 그는 국제정치에서 '우적(友敵)관계'를 분명히 파악하는 것이 중요하다고 생각한다. 그는 현실주의적 국제정치관을 갖고 있다는 것을 알 수 있다.

유엔대사를 마친 후 그는 '미국 기업연구소(AEI)'에 연구원으로 있으면서 미국이 국제기구보다는 국가이익을 우선시해야 한다는 현실주의적 입장을 내세우는 여러 편의 글을 썼다. 미국에서는 전략가들의 성향을 글로벌리스트와 내셔널리스트로 구분한다. 볼턴은 자신을 내셔널리스트로 분류하는 데 반대한다. 그는 스스로를 미국 '국익우선주의자(pro-American)'로 생각한다.

2016년 대선에서 트럼프는 '미국우선주의'를 내세워 대통령에 당선되었다. 그의 정책은 국제기구가 주도하는 다자주의를 거부하고 미국의 국익을 우선시한다. 그가 오바마 행정부가 합의한 파리협정에서 탈퇴하고 북미자유무역협정(NAFTA) 개정에 적극 나선 것도 그 이유 때문이다. 그는 나토와 한국과 같은 동맹국이 '무임승차'하지 말고 미군의 주둔비를 더 부담해야 한다고 요구하고 있다.

볼턴은 트럼프의 '미국우선주의'를 가장 잘 뒷받침할 수 있는 국제정치관과 국가전략을 갖고 있는 인물이다. 밥 우드워드가 쓴 책《공포》를 보면 대통령 당선자 시절 트럼프는 국가안보보좌관 후보자로서 군 출신 허버트 맥매스트와 존 볼턴을 인터뷰했다. 첫 번째 라운드 인터뷰에서 트럼프는 누구를 지명해야 할지 결론을 내지 못했다. 두 번째 인터뷰에서 그는 초대 보좌관으로 맥매스트를 임명했다.

이런 사실은 맥매스트가 물러나고 나면 그 다음 보좌관은 볼턴이 임명될 것이라는 것을 쉽게 예상해볼 수 있다. 미국과 같은 선진 국가에서 장관이나 보좌관은 그 인력풀이 이미 정해져 있다. 후진국처럼 선거 캠프 출신이기 때문에 인맥을 통한 로비에 의해서 고위직이 임명되는 경우는 드물다. 2018년 4월 볼턴이 국가안보보좌관에 임명되었을 때 일부 언론은 의외라는 반응을 보였지만《공포》라는 책을 통해 그 배경을 본다고 하면 그의 임명은 정해진 수순이었다.

우적(友敵)관계에 대한 뚜렷한 인식을 가진 볼턴은 '전부(全部)' 아니면 '전무(全無)'라는 '빅딜론'을 추구하고 있다. 하노이회담 이후 온건파로 분류되던 폼페이오와 비건도 '스몰딜'을 부정하고 '빅딜론'으로 돌아섰다. 볼턴은 북핵을 완전히 폐지하지 않는 한 북한을 인간 지옥으로 만든 김정은 정권과는 절대로 타협이 없다는 입장을 갖고 있다. 트럼프와 볼턴이 주도하는 대북한 원칙론에 직면하여 북한이 핵을 포기하지 않을 경우 소련처럼 붕괴의 길로 갈 가능성이 점점 높아지고 있다.

제58강

제2차 미북정상회담 파국 이후 트럼프, 김정은 핵·미사일 실험하면 군사공격한다

2019년 2월 27일부터 28일까지 이틀간 예정되었던 제2차 미북정상회담이 공동선언문도 채택하지 못하고 결렬되고 말았다. 2월 28일 오찬과 공동선언 서명식이 예정되어 있었지만 트럼프 대통령과 김정은은 북핵 문제와 관련하여 합의에 이르지 못하고 회담이 파국을 맞고 말았다.

회담이 결렬된 직후 트럼프 대통령은 폼페이오 국무장관과 함께 예정보다 일찍 기자회견을 열었다. 트럼프는 미국이 북핵의 전면적 폐기를 요구했지만 북한은 영변 핵시설 폐기와 그에 상응하여 유엔 제재의 '전면적 해제'를 요구했다고 말했다. 트럼프는 노후화된 영변뿐만 아니라 모든 지하 농축우라늄 시설들의 사찰과 검증과 폐기를 요구했다. 미북 사이에 비핵화와 관련하여 현격한 의견 차이가 드러남으로써 회담은 파국을 맞고 말았다.

트럼프는 회담에서 미국이 그동안 인공위성을 통하여 파악한 북한의 지하 농축우라늄 시설과 관련된 자료들을 제시했을 때 김정은이 깜짝 놀랐다고 말했다. 미국이 그동안 북한에게 핵 리스트를 내놓으라고 한 것은 미국이 파악한 것과 북한의 주장을 대조해보겠다는 것이었다. 북한은 자신들의 핵 시설들을 지하에 감출 수 있다고 생각했지만 미국의 인공위성 추적을 피할 수는 없었다.

트럼프는 북한과 실무 협의를 계속하고 정상회담 가능성도 열어두었다. 이것은 외교적 수사에 불과하다. 이번 정상회담에서 양측의 비핵화에 관한 의견이 첨예하게 대립되었기 때문에 향후 실무회담에서 이를 조정한다는 것은 쉽지 않을 것이다. 트럼프는 북한이 핵을 완전히 폐기하지 않는 한 제재 해제는 없다고 못 박았다.

그는 북한이 핵과 미사일 실험을 더 이상 하지 않는 한 새로운 제재는 가하지 않을 것이라고 했다. 그러나 만약 북한이 핵실험을 재개한다고 하면 트럼프는 제재를 더욱 강화하고 플랜 B, 즉 군사적 옵션을 선택할 수밖에 없을 것이다.

이번 회담 결과를 보면 트럼프가 비합리적이라는 주장은 설득력이 없다는 것을 알 수 있다. 그는 제재를 해제할 경우 북한에 대한 레버리지가 완전히 없어진다는 분명한 전략적 판단을 하고 있다. 그동안 미국 언론을 중심으로 이루어진 트럼프에 대한 부정적 평가는 이번 회담 결과를 통해 재고되어야 할 것이다.

트럼프는 오바마 행정부의 '전략적 인내 정책'을 강하게 비판했다. 그 정책은 '인내'만 있지 '전략'은 없었다는 것이다. 그는 취임 직후부터 북한에 대해서 최대의 압박전략을 구사하여 소파에 앉아 있던 김정은을 회담장으로 끌어내고 완전 핵 폐기 의사가 없다는 것을 확인하고 회담을 중단했던 것이다.

우리 정부와 국민들은 미국을 비판하기 전에 "어떻게 되겠지"하는 '의존적 안보문화'에서 하루 빨리 벗어나야 한다. 북핵 문제가 미국이 처리할 문제라고 내버려 두어서는 안 된다. 북핵이 우리 발등의 불이라는 인식을 갖고 한미공조와 국제공조를 통해 이 문제에 적극적으로 대처해나가야 한다.

이번처럼 정상회담이 결렬된 예로서 1986년 레이건과 고르바쵸프 사이의 레이캬비크 정상회담을 들 수 있다. 이 회담도 하노이회담처럼 1박 2일로 진행되었다. 핵과 미사일 감축과 관련된 모든 합의가 이루어진 후 열린 2일째 회담에서 고르바쵸프가 레이건 대통령이 추진하던 전략방어계획(SDI)의 실전 배치 보류를 요구했고 레이건이 이를 일언지하에 거절함으로써 회담은 중단되고 말았다.

전략방어계획은 소련 군부에게는 엄청난 압박이었다. 소련 군부는 고르바쵸프 서기장에게 국방비를 증액해 주든지 정상회담을 통해 전략방어계획 보류를 얻어낼 것을 요구했다. 악화일로를 걷고 있던 소련 경제 때문에 고르바쵸프는 국방비를 증액해 줄 수 없었다. 그는 레이건과 회담에서 전략방어계획 보류를 요구했지만 거부당하고 빈손으로 소련으로 돌아가지 않을 수 없었다.

이 회담 결렬 이후 고르바쵸프는 미국의 압력에 굴복하여 1987년 12월 중거리핵전력폐기조약(INF)를 체결해야만 했다. 1989년 그는 아프가니스탄으로부터 소련군을 철수시켰다. 소련 군부의 불만이 커지면서 급기야 1991년 8월 군부 쿠데타가 일어났다. 쿠데타는 수습되었지만 그 여파로 고르바쵸프는 실각하고 소련이라는 국가가 몰락하고 말았다.

회담 결렬 후 기자회견에서 트럼프는 중국에 대해서 강한 불만을 표출했다. 이것은 이번 미북회담을 트럼프와 김정은 사이의 1차원적 관점에서만 봐서는 안된다는 것을 의미한다. 미중 패권전쟁이라는 글로벌한 3차원적 요소가 북핵회담에 영향을 미치고 있다는 점을 잊어서는 안된다.

트럼프는 미국과 유엔과 국제사회가 북한에 대해서 제재를 가해 앞문을 틀어막으면 중국이 뒷문을 열어두어 제재 효과가 반감된다고 중국을 비판하고 있다. 북한은 중국에게 완충국가로서 지정학적으로 매우 중요하다. 중국에게 북핵은 전략적 부담이 아니라 전략적 자산이다.

트럼프의 입장에서 북한 핵 보유는 전후 70년간 동북아 지역에 유지되어온 국제정치질서가 완전히 무너지는 것을 의미한다. 북한의 핵 보유는 일본의 핵무장으로 이어지는 핵 도미노 현상과 함께 핵확산 레짐이 무너지는 것을 의미한다. 이런 점에서 트럼프는 북핵 보유를 절대로 인정할 수 없는 것이다.

북한에 대한 제재를 지속하고 강화하는 것은 북한에서 장마당을 더욱 활성화시켜 북한 내부의 변화를 촉진하는 데 기여하게 될 것이다. 태영호공사가 《3층 서기실의 암호》에서 주장하는 것처럼 제재 때문에 북한이 석탄을 수출하지 못할 경우 국가가 정하는 가격보다 몇 십배 비싼 장마당으로 석탄이 흘러들어갈 수밖에 없다. 장마당은 상품의 교환 뿐만 아니라 정보의 유통 장소이기도 하다. 장마당이 점점 커지면 북한정권의 주민에 대한 통제력은 약화되고 북한 사회는 내부로부터 변화하게 될 것이다.

하노이회담 직전까지 존재감이 가장 없었던 지도자는 문재인 대통령이었다. 문재인 대통령은 2018년 내내 중재자론을 내세워 북핵 폐기가 완전히 되지 않았는데 이를 촉진하기 위해 제재 완화를 미국과 유엔과 국제사회에 요구하고 다녔다. 이 과정에서 한국은 국제사회에서 외교적 외톨이가 되고 말았다.

청와대는 회담 결렬 직전까지 회담에서 어떤 합의가 나올 것으로 기대하고 있었다. 회담이 파국을 맞자 청와대는 허둥지둥하면서 갈피를 잡지 못하는 모습을 보였다. 국가안보를 떠맡은 정부는 미북 회담 타결 뿐만 아니라 결렬에 대한 대비책도 마련해 두어야 했다. 청와대의 허둥지둥하는 모습은 국민을 크게 실망시키고 안보불안감을 가중시키고 있다.

문재인 정부는 북핵이 완전히 폐기되지도 않았는데 제재 해제를 요구하거나 중재자를 하겠다는 외교적 잘못을 더 이상 범해서는 안된다. 앞으로 북핵 위기가 장기화될 것에 대비하여 한미동맹 강화를 통해 대북한 핵 억지력을 완벽하게 구축해서 국민을 안심시켜야 한다. 한미공조와 국제공조를 더욱 강화하고 한미일 협력체제도 재구축해나가는 것도 북핵 문제의 완전한 해결을 위해 매우 중요하다.

제59강

하노이 결렬 이후, 남북한 민족공조는 '한미동맹 파국' 불러 온다

2019년 3·1운동 100주년 기념사에서 문재인 대통령은 '신한반도체제론'을 제시했다. 그는 "신한반도체제는 우리가 주도하는 100년의 질서입니다. 국민과 함께, 남북이 함께, 새로운 평화협력의 질서를 만들어낼 것"이라고 주장했다. 그는 이 체제를 '평화협력공동체'와 '경제협력공동체'로 규정했다.

여기서 우리가 우선 살펴보아야 할 용어는 '체제'이다. 남북한이 하나의 체제를 이룬다고 하는 것은 남북한이 서로 유기적으로 연결되어 서로 영향을 주고받을 때 비로소 가능하다. '체제'는 국가들의 조직들이 기능적으로 서로 연결되어 있을 때 이를 설명하기 위해 발전된 학문적 개념이다.

북한 경제는 파국을 맞고 있다. 남북한이 하나의 체제를 형성하고 있었다고 한다면 남한은 북한 경제 파탄의 직접적 영향을 받았을 것이다. 그런데 남한에서 그런 현상은 일어나지 않고 있다. 이것은 남북한이 경제적 차원에서는 하나의 체제를 구성하고 있지 않다는 것을 의미한다. 북한 경제가 어려워져도 남한 경제에 영향이 없다고 한다면 남북한은 하나의 체제를 구성하지 않고 서로 따로 떨어져 사는 것이 한국에게는 이익이 된다는 결론에 도달하게 된다.

그런데 문재인 대통령은 '신한반도체제론'에서 주장하는 것처럼 남북한이 하나의 '경제협력공동체'로 엮어져야 하는지 이해하기 어렵다. 2018년에 채택된 4·27남북공동선언은 '민족경제의 균형적 발전'이라는 용어를 사용하고 있다. 남북한이 하나의 체제를 구성하고 있지도 않는데 이런 용어를 사용한다고 하는 것은 경제적으로 발전한 한국이 일방적으로 북한에게 돈을 갖다 주고 대규모 경제지원을 하겠다는 것으로밖에 이해할 수 없다.

국가들이 하나의 체제를 형성하기 위해서는 정치체제와 경제 운영원리의 동질성이 확보되어야 한다. 그 대표적인 사례가 28개 국가로 구성된 유럽연합이다. 이들 국가들은 모두 자유민주주의체제와 시장경제 원리를 갖고 있다. 이런 동질성을 바탕으로 유럽 국가들은 유럽연합이라는 하나의 '체제'를 구성하여 단일통화를 만들고 관세장벽을 허물고 유럽통합이 가능해지는 것이다.

남북한은 정치체제와 경제 운영원리가 완전히 다르다. 그렇기 때문에 남북한이 문재인 대통령이 말하는 '신한반도체제'처럼 하나의 체제를 형성하기 위해서는 북한 체제가 한국의 자유민주주의체제로 체제 전환이 일어나지 않으면 안 된다. 그런데 문재인 대통령은 기념사에서 '신한반도체제' 형성의 전제 조건은 무엇이며 그런 조건을 어떻게 창출하겠다고 하는 말은 전혀 하지 않고 있다.

유럽연합의 경우 28개 국가들이 하나의 체제를 형성하고 있기 때문에 그리스가 포퓰리즘정책으로 국가재정을 남발하고 재정보고서를 조작하여 경제위기에 직면했을 때 독일 등 유럽 국가들이 모두 경제적으로 부정적 영향을 받았다. 동서독이 통일되기 이전에는 서로 정치경제체제가 달라서 하나의 체제를 형성하지 않았다. 독일 통일 당시 두 나라의 화폐 가치는 4 대 1이었다.

동독의 체제 전환 이후 정치경제체제의 동질성이 확보된 이후 서독이 동독 화폐를 1 대 1로 바꾸어줌으로써 동서독은 비로소 하나이 체제를 구성해 나갔던 것이다. 남북한은 정치체제의 동질성이 확보되어 있지 않기 때문에 하나의 체제를 형성하고 있지 않다. 북한의 전체주의체제가 자유민주주의체제로 바뀌고 현재 북한의 정체불명의 경제체제가 시장경제로 바뀌어야만 '신한반도체제'가 형성될 수 있는 여건이 마련되는 것이다.

이런 조건이 충족되지 않은 상황에서 '신한반도체제'가 '평화협력공동체'이고 '경제협력공동체'라고 하는 것은 선언적 의미를 갖고 있을 뿐 현실적 의미를 갖기는 어렵다. 북한이 핵을 완전히 폐기하지도 않았는데 '평화공동체'가 만들어지는 것은 불가능하다. 남북한이 경제 운영원리가 완전히 다른데 '경제공동체'를 만든다는 것도 현실성이 없다.

기념사에서 문재인 대통령은 '남북한이 지난해 군사적 적대행위의 종식을 선언'했다고 말하고 있다. 그러나 북한을 실질적으로 지배하고 있는 조선노동당 규약은 대한민국 자유민주주의체제를 전복하고 공산화하겠다는 내용을 담고 있다. 이런 적대적 내용의 규약을 내버려둔 채 남북한 사이의 적대행위를 종식하자고 아무리 선언해 보아도 실질적으로 평화공동체는 이루어질 수 없는 것이다.

그렇다고 한다면 기념사의 '신한반도체제론'이 딛고 서 있는 생각의 근거와 그 전제는 무엇인가? 그 전제는 남북한이 '하나의 민족'이라는 것이다. 이질적 정치경제체제를 갖고 있는 남북한은 하나의 체제를 구성할 수 없기 때문에 '민족공조론'과 '우리민족끼리'라는 '민족'을 그 전제로 깔지 않고서는 '신한반도체제론'이 성립할 수 없는 것이다.

이처럼 '신한반도체제론'은 남북한이 하나의 민족이라는 아주 잘못된 전제를 딛고 서 있다는 사실을 알 수 있다. 그런데 남북관계를 '민족'이라는 안경을 쓰고 보면 남한북 사이의 정치경제체제의 차이점이 전혀 보이지 않을 뿐만 아니라 북한이 대한민국의 생존을 위협하는 '실존적 적(敵)'이라는 사실이 파악되지 않는다.

칼 슈미트는 정치의 본질이 '우적관계(友敵關係)'를 구분하는 것이라고 했다. 북한이 '민족'이라는 명분을 내세우고 있지만 핵을 개발해서 우리의 생존을 위협하고 있다. 그런데 이런 위협적 요인을 무시하고 북한과 '신한반도체제'를 구성해야 한다는 명분을 내세워 북한에 대규모 경제지원을 하겠다는 것은 한국의 경제뿐만 아니라 안보를 커다란 위험에 빠뜨리는 것이다.

'민족'이라고 하면 혈연적 요소와 문화적 차원을 갖고 있다. 종족으로서 단일 민족 혹은 하나의 민족이라는 주장은 신화에 불과하다는 것이 이미 널리 받아들여지고 있다. 그럼에도 불구하고 우리 사회에는 남북한이 하나의 핏줄이라는 잘못된 신화가 널려 퍼져 있다. 이런 그릇된 신화를 이용하여 북한이 민족공조론이라든지 우리민족끼리라는 선전과 선동을 통해서 우리의 의식을 마비시키고 있는 것이다. 우리는 '남북한이 하나의 민족'이라는 신화로부터 하루빨리 벗어나야 한다.

문화적 차원의 민족은 언어와 역사를 공유하는 공동체의 특징을 강조한다. 문화적 차원에서 하나의 민족이라고 하는 것이 항상 하나의 국가를 구성해야 한다는 당위적 주장의 근거가 되지 못한다. 영국과 미국은 영어를 공유하고 있지만 하나의 국가가 아니다. 나아가 하나의 언어를 공유한다고 해서 하나의 국가가 될 필요도 없다. 남북관계를 볼 때 종족적, 문화적 차원에서 벗어나서 남북한 사이에 존재하는 정치경제체제의 차이점을 직시하는 것이 중요하다.

문재인 대통령이 말하는 '신한반도체제론'은 남북한 정치경제체제의 차이점을 무시하고 '남북한이 하나의 민족'이라는 전제에 설 때에만 가능한 것이다. 그러나 남북관계를 종족적, 문화적 민족의 관점에서 생각하려고 하는 것은 잘못된 것이다. 남북한이 정치경제체제가 완전히 다르기 때문에 남북한은 하나의 체제로 묶는다는 것을 불가능하다. 그럼에도 불구하고 '신한반도체제'는 북한 체제의 변화를 꾀하기보다는 남한이 북한을 경제적으로 지원하겠다는 얘기밖에 되지 않는다.

제2차 하노이 미북정상회담이 파국을 맞은 이후 미국과 국제사회는 북한에 대한 제재의 고삐를 더욱 바짝 죄고 있다. 이런 상황에서 문재인 정부가 '신한반도체제론'을 내세워 북한에 대규모 지원을 할 경우 한국의 은행과 기업은 미국의 '세컨더리 보이콧'을 당할 가능성을 배제할 수 없다. 그렇게 될 경우 '신한반도체제'는 한국에게 새로운 경제적 파국을 불러오는 결과를 낳고 말 것이다.

이제 우리는 더 이상 남북관계를 종족적, 문화적 차원에서 '하나의 민족'이라는 신화를 통해 바라보는 시각에서 하루빨리 벗어나야 한다. 남북한은 정치체제 차원에서 서로 다르다는 점을 분명하게 인식하는 것이 중요하다. 2018년 평창 올림픽에서 아이스하키 단일팀을 구성하여 '하나의 민족'의 이름으로 한국 젊은 선수들의 '개인적 권리'를 박탈하려고 했을 때 우리 젊은이들 대다수가 강하게 반발했다. 그들의 생각 저변에는 '남북한은 서로 다르다'는 인식이 깔려 있었던 것이다.

북한이 핵을 완전히 폐기하지 않고 스스로 개혁과 개방 노선을 추구하지 않는 한 남북한은 서로 떨어져서 분리된 채로 지내는 것이 낫다. 이것이 《한국 자유민주주의와 그 적들》이라는 책에서 노재봉 전국무총리가 주장한 '분리를 통한 통일론(unification through separation)'이다. 북핵에 대해서 억지력을 갖추고 분리된 상태에서 지내다가 북한이 점진적으로 자유민주주의와 시장경제 체제로 바뀌었을 때 동서독처럼 하나의 체제를 구성하고 통일을 실현하는 것이 올바른 길이다.

하나의 체제 구성을 위한 여건이 전혀 조성되지 않았음에도 불구하고 하노이회담 결렬 이후 민족공조론에 입각하여 '신한반도체제'를 형성하려는 시도는 한미동맹의 파탄을 불러올 것이다.

제60강

'남북이 하나의 민족'이라는 신화가 북핵 해결 가로막고 있다

제2차 미북정상회담이 결렬됨으로써 북핵 문제 해결은 장기적 국면으로 들어갔다. 북핵 위기가 장기화되면서 우리 사회에서 한국도 핵을 개발해야 한다는 '핵 보유론'과 미국의 '전술핵 재도입론'이 심각하게 제기되고 논의되는 것은 당연하다고 할 수 있다. 이 두 가지 입장도 북핵 문제에 대응하는 방안이 될 수 있다.

그렇지만 이런 방안들은 북한 핵의 존재를 인정한 바탕 위에 서 있다는 점에서 북핵 문제의 근본적 해결책은 되지 못한다. 북핵 문제는 김정은 전체주의의체제가 파괴될 때 비로소 완전히 해결될 수 있다는 점을 잊어서는 안 된다.

그동안 우리 사회에서는 북핵 문제를 핵무기라는 '하드웨어적 측면'에 초점을 맞추어서 논의하고 그 대응방안을 모색해 왔다. 그런 사고도 그 나름대로 군사적 억지력의 측면에서 대책을 강구한다는 점에서 커다란 의미를 찾을 수 있다. 제2차 미북정상회담 이후 북핵 위기가 장기 국면으로 들어서면서 하드웨어적 측면과 동시에 '소프트웨어적 측면', 즉 한국인의 남북관계에 대한 '의식의 문제'에 관심을 돌려야 할 때가 되었다.

남북관계를 바라보는 시각에 부정적 영향을 미치는 의식과 사고는 '남북이 하나의 민족'이라는 생각이다. 혈연과 언어와 역사와 문화를 공유하는 전근대적 공동체로서 '하나의 민족'이라는 신화는 북핵 해결을 가로막는 커다란 의식상의 장애물이 되고 있다.

'하나의 민족'이라는 관점에 설 경우 남한은 자유민주주의체제이고 북한은 전체주의체제라고 하는 정치체제의 차이점이 가려져서 보이지 않게 된다. 북한에 대한 유화정책도 민족공조론과 '우리민족끼리'라는 선전과 선동에 의해서 정당화된다. 북한의 핵이 한국인의 생존과 자유와 번영을 직접 위협하고 있음에도 불구하고 북한이 그 핵을 같은 민족인 한국인에게는 사용하지 않을 것이라고 하는 허위의식도 허구적 '하나의 민족 관념'과 밀접하게 연관되어 있다.

북한이 선전과 선동 문구로 내세우는 '하나의 민족 관념'에 바탕을 둔 민족공조론과 우리민족끼리는 남북 지도자들 사이의 합의문에도 들어가 있다. 2000년 6·15공동선언은 제1항에서 "남과 북은 나라의 통일문제를 그 주인인 우리 민족끼리 힘을 합쳐 자주적으로 해결해 나가기로 하였다"고 적고 있다. 여기서 '우리민족끼리'는 반외세를 지향하고 있다는 것을 알 수 있다.

4·27판문점선언은 "남과 북은 우리 민족의 운명은 우리 스스로 결정한다는 민족 자주의 원칙을 확인"하고 "민족경제의 균형적 발전"을

도모하기로 합의했다. 이 선언문은 '민족공조'와 '균형'이라는 말을 내세워 한국의 북한에 대한 무조건적 경제지원을 정당화시키고 있다.

'하나의 민족'이라는 의식이 남북관계에 미치는 여러 가지 측면에서의 부정적 영향을 본다고 한다면 이런 '의식의 문제'에 대한 비판적 인식과 극복 없이는 남북관계를 올바른 궤도에 올려놓을 수 없고 북핵 문제 해결도 요원하다고 할 수 있다.

2018년 평창 동계올림픽 아이스하키 남북 단일팀이 구성되었을 때 한 여론 조사에 따르면 한국 젊은이들의 82%가 이 문제에 대해서 강한 의문을 제기했다. 한국의 젊은 선수들은 몇 년 동안 이 대회를 위해 모든 것을 희생해 왔다.

그런데 느닷없이 문재인 정부가 '남북이 하나의 민족'이라는 명분을 내세워 단일팀을 구성하는 바람에 일부 선수들은 그토록 열망하던 올림픽 시합에 출전할 수 있는 '개인적 권리'를 박탈당하고 말았다. 한국 젊은이들은 '민족'이라는 이름으로 '개인의 권리'를 박탈하는 문재인 정부의 대북정책에 동의할 수 없다는 것이다.

2018년 평창 올림픽 참석을 겨냥하여 김정은은 신년사에서 동계올림픽을 "민족의 대사(大事)"로 규정했다. 이 올림픽은 역대 한국 정부들이 수차례에 걸친 스포츠 외교를 통해서 몇 번의 좌절을 맛본 후 성사시킨 외교 업적이었다. 이런 사실에 비추어볼 때 평창 올림픽은 김정은의 억지 주장처럼 '민족의 대사'가 아니라 '대한민국의 스포츠 이벤트'였다.

문재인 정부와 김정은 정권은 '민족'을 연결고리로 내세워 아이스

하키 단일팀을 구성하고 평창 올림픽을 '민족의 축제'로 포장하고 선전하려고 했다. 남북 단일팀에 대한 한국 젊은이들의 반발은 '남북이 하나의 민족'이라는 허구적 주장과 '민족공조론'과 '우리민족끼리'라는 북한의 선전·선동에 비판적 인식을 드러낸 것이었다.

평창 올림픽에 참석한 북한 대표단은 도착하자마자 '우리는 하나다'라고 큰 소리로 외쳤다. 이것은 '남북이 하나의 민족'이라는 선전과 선동을 사전에 잘 짜여진 각본에 따라서 외치고, 한국 언론과 방송이 그것을 보도하게 하여 한국 사회를 민족공조론으로 세뇌시키려는 시도였다. 단일팀 구성에 비판적이었던 한국 젊은이들은 북한 대표단의 이런 선전에 대항해서 '남북은 하나가 아니다' '남북은 서로 다르다'라는 생각을 표출했던 것이다.

한국 젊은이들의 이런 인식은 2018년 12월 국회 외교통일위원회의 '통일외교안보 청년의식 실태조사' 보고서를 보면 잘 드러난다. 이 보고서 조사 대상은 전국에 거주하는 4년제 대학생 1,059명이다. '통일이 필요한가'라는 질문에 대해서 53%가 필요하다고 답했고, 10%만이 전혀 필요하지 않다고 답했다. 통일이 필요하다고 한 응답자들에게 '왜 필요한가'라고 물었을 때 '같은 민족이기 때문에'라는 답은 19%, '한국경제 성장을 위해'라는 답은 33%, '남북 간 전쟁 위협을 없애기 위해'라는 답은 28%였다.

이 보고서를 보면 남북한이 '같은 민족'이기 때문에 통일을 해야 한다는 대학생들 중 응답자 비율은 매우 낮다. 이런 생각은 올림픽 단일팀에 대한 젊은이들의 부정적 인식과 밀접하게 연결되어 있다. 일반인들을 대상으로 한 조사에서도 '같은 민족이니까' 통일을 해야 한다는 답변은 2007년 50%에서 2017년 40%로 10% 이상 크게 줄어들고 있다.

이런 조사 결과는 남북관계를 '민족이라는 특수 관계'로 볼 것이 아니라 사실상 '국가 대 국가'의 관계로 봐야 한다는 인식의 변화와 연결된다는 점에서 매우 중요한 의미를 갖고 있다. 위의 외통위 조사를 보면 대학생들의 40%가 북한을 국가로 인정해야 한다고 답했고, 국가로 인정해서는 안 된다는 답변은 29%였다. '민족'이 아니라 '국가와 체제'라는 관점에서 남북관계를 직시해야 한다고 생각하는 한국 젊은이들의 비율이 점차 높아가고 있다.

오늘날 남북한을 뒤덮고 있는 '하나의 민족'이라는 허구적 이데올로기의 뿌리는 서구에서 등장한 '낭만적 민족주의(romantic nationalism)'에서 찾을 수 있다. 구한말 한국인은 근대성과 근대국가를 추구해 나가는 과정에서 이를 위한 개혁의 노력이 좌절됨으로써 식민지로 전락했다.

그 결과 한국인이 수용한 '민족주의'는 혈연과 언어와 문화를 공유하는 공동체인 '민족'을 개인의 자유와 권리를 보장받는 '국민'으로 승화시킨 '시민적 민족주의(civic nationalism)'가 아니었다. 국가를 빼앗긴 한국인이 수용한 민족주의는 독일의 '정치적 낭만주의' 영향을 크게 받은 '낭만적 민족주의'였다.

근대성 추구 과정에서 유럽의 다른 국가들에 뒤쳐져서 후진국에 머물고 있던 독일은 프랑스 계몽주의와 합리주의에 반대하여 독일 특유의 언어와 문화와 역사와 혈연을 강조하는 정감(情感)에 호소하는 정치적 낭만주의를 추구했다. 1808년 피히테가 독일이 나폴레옹의 점령 하에 들어간 후 행한 '독일 국민에게 고함'이라는 연설은 이런 독일식 정치적 낭만주의의 정수를 보여준다.

그의 주장은 '문화적 민족주의'라고도 불리지만 정치적 낭만주의의 강한 영향을 받았다는 점에서 '낭만적 민족주의'와 그 맥이 닿아 있다. 독일의 낭만적 민족주의는 자유와 평등과 같은 이념보다는 집단으로서 전통을 공유하는 혈연으로서의 민족을 강조함으로써 자유민주주의가 아니라 전체주의와 같은 체제와도 연결될 수 있는 위험성은 내재하고 있었다.

국권을 상실한 한국인은 독립운동을 추구하는 과정에서 프랑스와 같은 선진형 '시민적 민족주의'가 아니라 독일과 같은 후진형 '낭만적 민족주의'를 일본을 거쳐 받아들이게 되었다. 개인의 자유와 평등 원리에 기초한 '시민적 민족주의'를 채택하여 새로운 '국민'을 단위로 하여 성립된 근대국가는 자유민주주의체제를 국가 운영 원리로 채택할 수 있다.

그러나 식민 제국과 싸워서 독립을 쟁취하는 과정에서는 개인의 자유와 권리는 보류되고 혈연적, 문화적 민족이라는 '집단적 개체'의 결집과 독립이 우선순위로 두어지는 '저항적 민족주의'로 발전한다. 이런 저항적 민족주의에 내재된 정치적 낭만주의는 식민지에서 해방된 남북한에서도 여전히 커다란 영향력을 발휘하게 되었다.

한국 사회는 개인의 자유와 권리를 중시하는 자유민주주의를 이념으로 채택한 1948년 대한민국의 건국을 통하여 '낭만적 민주주의'를 벗어나서 '시민적 민족주의(civic nationalism)'로 나아갔다. 그럼에도 불구하고 물에 젖은 스펀지에 붉은 잉크를 뿌리면 금방 전체로 퍼지듯이 한국 사회에 '낭만적 민족주의'의 환상과 신화가 매우 강하게 뿌리를 내리고 있기 때문에 '민족공조론'과 '우리민족끼리'라는 북한의 시대착오적 선전과 선동이 한국 사회에 쉽게 먹혀들고 있다.

이런 허구적 민족 이데올로기는 핵무기를 갖고 한국인을 위협하고 있는 북한을 실존적 위협으로서 주적(主敵)으로 규정하는 것조차 어렵게 만든다. 2018년 《국방백서》가 북핵 위협을 인정하면서도 북한에 대한 주적 규정을 삭제한 것은 '낭만적 민족주의'의 부정적 영향이 군 내부에 미치고 있다는 것을 보여준다. '낭만적 민족주의'의 입장에 젖어 주적을 상실한 군대는 더 이상 영토국가와 군사국가를 그 특징으로 하는 근대국가의 군대라고 할 수 없다.

낭만적 민족주의적 정서가 강력한 영향을 미치고 있는 상황에서 북핵 문제를 해결하고 자유민주주의에 입각한 통일을 달성하기 위해서는 '분리를 통한 통일론(unification through separation)'을 적극 검토할 필요가 있다. 이 주장은 《한국 자유민주주의와 그 적들》이라는 책에서 노재봉(盧在鳳) 전 국무총리에 의해 제시되었다. 이 전략의 핵심은 지금까지처럼 남북관계를 민족 간의 특수한 관계라는 시각에서 바라보지 말고 '정상적인 국가 대 국가의 관계'라는 관점에서 보고 통일 전략을 입안하고 추진해나가자는 발상이다.

통일은 두 국가로 나누어져 있는 남북한이 하나로 통합되어 단일한 근대국민국가라는 국가형태를 완결 짓는 것을 의미한다. 남북한은 자유민주주의와 전체주의라는 완전히 이질적 정치체제로 갈라져 있다. 통일은 국가형태의 차원에서 뿐만 아니라 정치체제의 차원에서 이질적 체제를 동질적 체제로 통합시키는 것을 의미한다. 통일은 1991년 기본합의서가 명시하고 있는 것처럼 '민족통일' 문제가 아니라 '체제통일' 문제라는 것을 알 수 있다.

과거 한국 정부가 내놓은 '민족공동체 통일방안'의 경우도 통일한국의 정치체제가 어떤 것이 되어야 하는지가 불분명하다. '민족공동체'는 그 자체가 선험적으로 하나의 정치질서를 갖고 있는 것이 아니다. 그것은 이 공동체가 정치적 상황에 따라서 어떤 정치체제와도 결합될 수 있다는 것을 의미한다.

그렇기 때문에 이 공동체와 정치체제와의 연관성을 분명히 제시해 주는 것이 필요하다. 이 통일방안을 제시하면서 한국 정부가 체제문제는 통일국가를 만들어나가는 과정에서 남북한이 서로 의논해서 처리한다고 한 것은 커다란 문제라고 하지 않을 수 없다.

'분리를 통한 통일론'을 뒷받침할 수 있는 사실적 근거로서 제시될 수 있는 것은 현재 남북한에 존재하는 두 개의 국민은 동질성은 전혀 없는 완전히 이질적 집단이라는 사실이다. 굳이 동질적인 것을 찾는다고 한다면 종족적, 언어적, 문화적, 역사적 차원에서의 '민족'뿐이다.

이것은 현재 한반도 상에 정치적으로 두 개의 '국민'이 존재하고 있고, 이들 서로 다른 국민을 구성원으로 하는 두 개의 '국가'가 존재하고 있다는 것을 의미한다. 그 두 개의 국가는 서로 완전히 이질적 정치체제를 갖고 있기 때문에 서로 적대적 관계에 놓여 있고 생사를 건 실존적 투쟁을 벌이고 있다.

이런 양상은 전체주의국가 북한이 남한의 적화통일을 목표로 하는 혁명적 성격을 가진 정치체제이기 때문에 더욱 심화된다. 남북관계를 낭만적으로 종족적, 문화적 민족이라는 관점에서 볼 경우 남북한이 처해 있는 적대관계라든지 실존적 투쟁의 관계가 가려지거나 희석될 가능성이 매우 높기 때문에 '하나의 민족'이라는 신화에서 벗어나서 남북관계를 여느 국가들과 마찬가지로 국가 대 국가의 관계로 보고 통일전략을 수립해나가는 것이 현실적인 전략이 될 수 있다는 것이 '분리를 통한 통일론'의 핵심 내용이다.

여기서 '분리(separation)'라고 하는 것은 한국이 정치체제가 다른 북한과는 통일을 할 수 없기 때문에 따로 떨어져서 국가 대 국가의 관계를 유지하면서 북한체제가 자유민주주의로 변할 때까지 대북한 군사적 억지체제를 확고히 구축하고 기다리자는 것이다. 이렇게 하면 역설적이게도 북핵 위기로 인하여 한반도 안보 위기가 매우 심각한 상황에서 한반도에서 핵전쟁을 억지하면서 오히려 한국 주도의 통일의 길이 더 빨리 열릴 가능성이 있다는 것이 새로운 통일론의 발상이다.

새로운 통일전략은 한국으로 하여금 북한의 인권문제를 더욱 객관적으로 보고 대처하는 것을 가능하게 할 것이다. 유엔은 북한의 열악한 인권 상황 개선을 위해서 2006년부터 2018년까지 14년간 계속해서 북한인권결의안을 채택해오고 있다. 북한 주민의 인권 상황이 개선되어 자결권을 행사할 수 있는 여건이 마련되는 것은 평화통일을 앞당기게 될 것이다.

1975년 소련과 동구권의 인권 개선을 주요한 목표로 내세운 '헬싱키 협정'은 사회주의권의 민주화를 촉진시키는 계기가 되었다. '민족'이라는 신화를 걷어내고 남북관계를 '특수관계'가 아니라 국가 대 국가의 관점에서 바라보고 헬싱키 협정처럼 한국이 국제사회와 함께 북한에 대한 압력을 계속 가한다면 통일의 여건은 훨씬 더 앞당겨질 수 있을 것이다.

북핵 문제의 경우에도 한미동맹을 더욱 강화시키고 대북한 핵억지력을 유지하면서 북한이 내부로부터 스스로 변할 때까지 '분리'해두고 기다리자는 것이 새로운 통일전략의 발상이다. 지금까지 민족의 입장이나 경제적, 기능주의적 접근방식에 입각한 햇볕정책이라든지 비핵·개방 3000이라든지 한반도 신뢰프로세스와 같은 대북정책은 소기의 성과를 거두지 못하고 실패로 돌아가고 말았다.

이런 실패한 과거 대북정책을 더 이상 되풀이하지 말고 북한 전체주의체제의 성격을 분명하게 재규정하고 낭만적 민족주의적 사고에서 벗어나서 '분리를 통한 통일론'을 추진하는 것이 한반도 평화를 유지하고 평화통일의 시기를 훨씬 더 앞당기는 데 기여할 수 있을 것이다.

새로운 통일전략은 통일을 결코 포기하는 것이 아니라 통일을 서둘지 말고 장기적 관점에서 접근하자는 것이다. 서독은 동서독이 1972년 유엔에 동시가입한 후 독일민족의 관점이 아니라 동독 대 서독을 국가 대 국가의 관점에서 통일문제에 접근했다. 그리고 소련의 붕괴와 함께 동독이 민주화되면서 동독 주민들이 자결권을 행사하여 서독으로 통합을 결의함으로써 평화통일을 이룩했다. 남북한의 경우에도 두 개의 국가로 '분리'된 채로 있다가 북한 체제가 변화하여 정치체제의 동질성이 확보되면 평화통일은 어렵지 않을 것이다.

새로운 통일전략은 북한 붕괴 시 남한 내에서 통일문제를 둘러싸고 남남갈등이 생겨나는 것을 사전에 방지할 수 있을 것이다. 남남갈등은 북핵 문제와 북한의 위협에 대응하는 데 필요한 남한 내부의 강력한 일체감 형성을 저해하고 있다. 대북정책을 둘러싸고 남한 내에서 벌어지고 있는 남남갈등은 남북관계를 종족적, 낭만적 민족주의적 관점에서 접근하기 때문에 발생하는 것이다.

낭만적 민족주의적 입장은 한반도에서 미국을 배제하기만 하면 같은 민족인 남북 간에 평화와 통일이 쉽게 이루어질 것이라는 근거 없는 생각을 낳는다. 이런 사고는 한미동맹을 약화시키고 북핵 문제 해결을 어렵게 한다. 하노이회담 결렬 이후 북핵 문제는 '하드웨어적 측면'에만 초점을 맞추지 않고, '소프트웨어적 측면'에 대한 비판적 인식을 바탕으로 '남북한이 하나의 민족'이라는 허구적 민족이데올로기를 극복할 때 그 해결의 실마리를 찾을 수 있을 것이다.

미중 패권전쟁과 위기의 대한민국

초판 1쇄 인쇄 2019년 3월 30일
1쇄 발행 2019년 4월 05일

지은이 | 김영호

펴낸곳 | 북앤피플
대　표 | 김진술
펴낸이 | 김혜숙
디자인 | 박원섭

등　록 | 제2016-000006호(2012. 4. 13)
주　소 | 서울시 송파구 성내천로37길 37, 112-302
전　화 | 02-2277-0220
팩　스 | 02-2277-0280
이메일 | jujucc@naver.com

ISBN 978-89-97871-40-7 03340